SUBSCRIPTION
ECONOMY

구독경제

安福双 编著 / 이혁진 · 장몽택 · 장일주 · 짱신단 · 루안시 · 배기형 옮김

三英社

서 언

이 책은 넷플릭스를 대표하는 구독 경제를 논의한다. 독자들은 이 책을 통하여 구독 모델과 신문 구독과 같은 전통적인 구독 모델과의 차이점을 알 수 있다.

우리 생활 속에서 구독은 여러 곳에서 발견할 수 있다. 이러한 상황을 상상해 보자. 휴대 전화에서 구독 신문을 읽은 후 주방으로 들어가고, 오늘의 식자재 구독 박스를 열고 새우 튀김밥을 준비한 다음, 텐센트 비디오에서 구독 회원으로 최신 영화를 본다. 어느 정도 주의를 기울이지 않았다면 우리가 이미 완전히 구독 모델에 빠져 있을 것이다.

넷플릭스가 발전한 후에 각 분야에서 구독 모델이 채택되고 있기 때문에 저자는 인터넷, 빅데이터, 인공지능 환경 하에 생겨난 새로운 비즈니스 모델을 의도적으로 정리하였다. 왜 구독 경제가 급진전되는가? 어떤 추진력이 있는가? 어떻게 구독 기업을 만들 수 있는가?

이 책은 다음과 같이 하고자 노력하였다.

(1) 논리적 추론과 순수한 문자 표현 대신 데이터를 이용한다.
(2) 시각화를 최대한 이용하고 데이터를 그래프로 표시하고 비즈니스 모델, 논리적 추론 등을 그림으로 직관적으로 제시하여 독자들이 쉽게 읽을 수 있도록 한다.
(3) 사례 및 이야기를 추가한다. 비즈니스 모델에 대한 생각은 진지하고 심각하며 사례와 이야기는 읽기 프로세스를 더 쉽고 즐겁게 한다.
(4) 깊은 이치를 간단명료하게 표현한다.
(5) 객관적인 입장을 유지한다. 새로운 비즈니스 모델은 무제한으로 과장되면 안된다. 구독 경제는 단점이 있고, 특정한 적용 시나리오가 있다.
(6) 현지화이다. 책에는 많은 중국 사례가 있으며 현지화 사례는 더 많은 영감을 줄 수 있다.

독자들이 쉽고 즐거운 독서 경험을 할 수 있고, 동시에 영감을 받아 얻을 수 있는 책이 되기를 바란다. 이제 구독 투어를 시작한다.

2020년 1월

안복쌍

Contents

제1편　글로벌 구독 추세

제 1 장　구독모델의 시도 / 19

제 2 장　대기업들이 구독 모델을 시도하고 있다 / 62

제 3 장 　구독기업 성장 / 82

Contents

제4장 생태계 흥기 / 96

제5장 도대체 구독경제는 무엇인가? / 107

제 6 장　구독경제는 왜 일어날까 / 121

Contents

제 9 장   온디맨드 서비스 / 177

제 10 장   고속 진화 / 194

Contents

제 13 장   추세 전망 / 236

제3편   구독 변화의 가이드

제 14 장   적합한 제품과 환경 / 259

Contents

제 15 장 당면한 도전 / 266

제 16 장 7가지 프로세스 / 282

Contents

글로벌
구독 추세

1

영국과 미국, 중국과 베트남까지 의류와 맥주 산업부터 화장품, 온라인 음악과 농기계 등 전 세계에는 많은 분야 중에서 구독모델을 실행하고 있는 기업들이 있다.

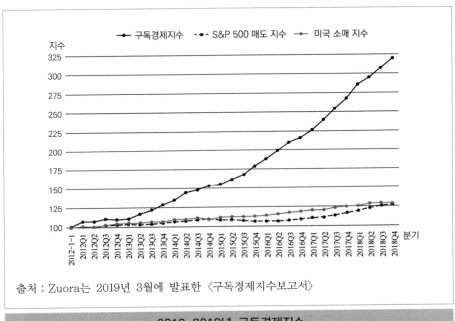

출처 : Zuora는 2019년 3월에 발표한 〈구독경제지수보고서〉

2012-2018년 구독경제지수

Zuora는 구독과 요금계산 및 지불에 관한 서비스를 제공하는 미국의 기업이다. 매년 서비스를 받았던 구독기업의 데이터를 바탕으로 Zuora가 구독경제지수를 설정하고 계산한다. 이 지수는 소프트웨어, 사물간 인터넷, 미디어, 텔레콤 등 다양한 산업이 포함되며 전 세계 수백 개의 구독기업의 성장상황을 반영할 수 있다.

2019년 3월 Zuora가 발표한 〈구독경제지수보고서〉에 따라 2012-2018년 구독경제지수와 관련된 상황은 위 그림처럼 나타났다. 즉, 구독경제는 2012년부터 급성장하기 시작하였으며 구독경제지수가 미국소매지수와 S&P500지수에 비하여 늘 높다는 것을 볼 수 있다.

전 세계적으로 보면 2019년 유럽의 구독경제 발전 수준은 북미보다 높다. 이는 유럽의 구독경제지수는 187인데 북미는 171뿐이기 때문이다. 또한, 2016년부터 2018년까지 유럽의 구독기업 CAGR(Compound Annual Growth Rate)는 25.6%이고 연평균 성장률은 23%로 미국보다 높게 나타났다.

한편 아시아 구독경제지수는 호주, 뉴질랜드, 일본 등에 있는 구독기업만을 포함하고 있으며, 글로벌구독경제지수보다 완만하게 성장하고 있다. 그러나 아시아 구독경제지수의 성장률은 2018년 1년간 16%(100부터 116까지)로 성장하였으며 호주 S&P200 지수의 10배, 뉴질랜드 NZX-50 지수의 4배, 니케이 지수의 2.5배로 나타났다.

조사 및 연구기관인 Gartner에 따르면 2023년에는 75% 기업의 구독 서비스를 제공할 것이라고 예측하였다.

구독경제는 활발히 발전하고 있다. 2011년부터 2016년까지 구독경제 시장규모가 5700만 달러부터 26억 달러로 성장하고, 연평균 성장률이 100%를 초과하였으며, 2019년 3월까지 전 세계에서 구독 제품이나 서비스를 제공하는 기업은 28,000개를 초과하였다.

제1장 구독모델의 시도

1.1 동영상

1. 개요

동영상 분야에서 넷플릭스는 멤버십 구독모델을 적용한 성공 기업으로 세계 10대 인터넷 기업 중의 하나이다. 넷플릭스는 보스턴컨설팅이 선정한 2018년 세계에서 가장 혁신적인 기업 중 하나이며, 2018년 가장 혁신적인 기업은 〈표 1-1〉처럼 나타나고 있다.

〈표 1-1〉 2018년 글로벌 가장 혁신적인 기업

순위	기업	순위	기업
1	애플	11	에어비앤비
2	구글	12	SpaceX
3	마이크로소프트	13	넷플릭스
4	아마존	14	텐센트
5	삼성	15	휴렛 팩커드
6	테슬라	16	시스코 시스템즈
7	메타(Facebook)	17	토요타
8	IBM	18	제너럴 일렉트릭
9	우버	19	orange
10	알리바바	20	메리어트인터내셔널

아마존은 2016년 4월 미국에서 독립적인 Prime Video 동영상 스트리밍 서비스를 제공하기 시작하였다. Strategy Analytics가 제공된 데이터에 따라 Prime Video는 넷플릭스에 이어 미국에서 두 번째 동영상 스트리밍 서비스 기업이 되었다. 아마존 Prime 서비스 이용자 수량을 포함하지 않는 경우 Prime Video의 시장점유율은 25%로 세 번째 동영상 스트리밍 서비스 기업 Hulu(13%)보다 높다.

광고 모델을 이용한 전통적인 동영상 플랫폼은 회원가입 구독모델을 실행하고 있다. 2010년 Hulu는 구독 서비스(Hulu Plus)를 제공하기 시작하였으며 2016년 8월 무료 시청 모델을 중지하고 Yahoo View에 무료 서비스 권한을 부여하였다. YouTube도 2015년 10월 유료주문 서비스(YouTube Red)를 시작하였다.

회원가입 구독모델은 중국 동영상 산업의 발전 핫이슈가 되어 특히 2016년 더욱 약진하였다. Yien Data에 따라 2016년 중국 동영상 유료 실사용자 규모는 7,500만 명이 되었으며, 성장률은 241%가 되었기 때문에 중국은 북미, 유럽에 이어 세계 3위의 동영상 유료 시장이 되었다. 또한 2016년 러에코, 아이치이와 텐센트의 유료 동영상 회원 규모가 모두 2,000만 명을 초과하였다. 2019년 텐센트의 유료 동영상 회원 규모가 1.06억 명으로 성장하였으며 아이치이의 규모는 1.07억 명에 도달하였다.

〈2019년 중국 인터넷 동영상 발전 연구 보고서〉에 의하면 중국 인터넷 동영상 사용자 규모는 6.12억 명에 달하고 그 중에 유료 사용자 규모는 3.4억 명에 도달하였으며, 유료 구독 수입은 동영상 플랫폼 총수입의 34.5%를 차지하였다.

2. 사례 : 넷플릭스

넷플릭스는 1997년 온라인 영화 대여 사업자로 시작하였다. 이는 전통적인 오프라인 DVD 대여점과 달리 O2O 대여 서비스 모델(즉, '온라인에서 선택 및 결제'+'오프라인 대여')을 실행함을 통하여 2002년 미국 나스닥에 상장되었다. 2018년 5월 24일 넷플릭스의 시장 가치는 오래된 브랜드 CMCSA를 초과하였으며 그해 5월 25일에 Disney도 초과하였고 1,609억 달러에 도달하며 넷플릭스는 세계에서 가장 가치 있는 미디어 회사가 되었다.

2005년 설립된 미국 온라인 동영상 서비스업자 YouTube는 전 세계에서 온라인 동영상 시장점유율이 가장 높은 사이트가 되었다. 이처럼 온라인 동영상 서비스업자의 발전이 경쟁과 위기를 초래하였기에 2007년 넷플릭스는 유료 구독모델과 관련된 동영상 스트리밍 서비스를 제공하기 시작하였다.

2007년부터 2010년까지 넷플릭스 스트리밍 서비스를 구독한 미국 사용자들이 매년 평균 240만 명 증가하였다. 또한 2010년에 넷플릭스는 글로벌 전략을 진행한 후 그의 글로벌 사용자들도 매년 평균 700만 명 증가하였다. 2011년 넷플릭스가 사업을 스트리밍 구독 서비스와 DVD 대여 서비스를 두 가지 영역으로 분할하였다. 기술이 발전하면서 넷플릭스가 스트리밍 구독과 관련된 서비스를 점차 중시하였고, 넷플릭스의 비즈니스 모델은 [그림 1-1]과 같다.

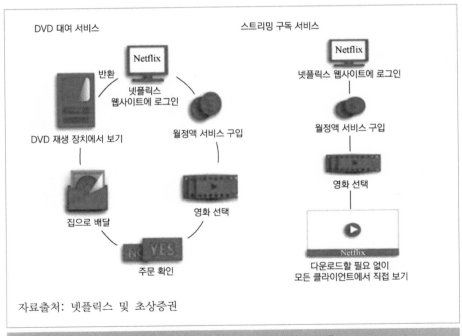

자료출처: 넷플릭스 및 초상증권

[그림 1-1] 넷플릭스의 비즈니스 모델

비즈니스 모델의 변화 때문에 넷플릭스의 스트리밍 사용자 규모는 미국에서 가장 크고 넷플릭스도 전 세계에서 유료 사용자 규모가 가장 큰 동영상 플랫폼이 되었다. 지속적으로 투자하나 수익을 내기 어려운 수많은 동영상 사이트와 달리 넷플릭스는 수년째 흑자를 내고 있다. 2017년 넷플릭스의 영업소득이 116.93억 달러(성장률 32.41%), 순수익이 5억 9,700만 달러(성장률 219.74%)에 이르렀으며 유료 회원수는 1억 3900만 명으로 2,900만 명 증가하였다. 또한 넷플릭스는 미국영화협회에 가입하고 할리우드 7위 영화 제작사가 되었다.

2019년 3분기 넷플릭스는 전 세계 190여 개국에 1억6400만 명 이상의 회원(이 중 미국 유료 가입자와 국제 유료 가입자가 절반씩)을 보유하고 있으며, 회원들은 오리지널 드라마, 영화, 다큐멘터리, 특집영화 등 매일 1억4000만 시간 이상의 프로그램을 즐기고 있다. 거대한 회원 규모는 넷플릭스의 수익 성장의 중요한 밑거름이다. 2007년부터 스트리밍에 뛰어든 넷플릭스는 2020년 초에 1,855억 달러를 넘어섰다.

넷플릭스는 멤버십 월정액 요금제를 주로 채택하고 있으며 점차 단일 요금제에서 계층형 요금제로 다양해지고 있다. 2020년의 요금제는 월 8.99달러이며, 2대의 단말기에서 계정을 사용할 수 있어 가구당 50달러의 케이블 TV 요금에 비하여 매력적이다. 넷플릭스 동영상 플랫폼에는 대량의 동영상 콘텐츠가 모여 있어 이용자가 원하는 동영상을 선택하여 유료로 시청할 수 있으며, 디스플레이가 친근하고 광고 없이 어디서나 볼 수 있다. 또한 동영상 추천 성공률을 높이고 마케팅 비용을 낮추기 위하여 빅데이터 알고리즘 분석을 바탕으로 추천 엔진과 결합하여 사용자 습관 수요를 심화시킨다.

2014년 전에 넷플릭스의 구독 가격은 〈표 1-2〉와 같다.

〈표 1-2〉 넷플릭스의 구독 가격

시간	형식	가격(달러/월)	비고
2013년 전	스트리밍+DVD 대여	9.99	끼워 팜

2013년	스트리밍 동영상 1	6.99	기기 1대 사용 가능
2013년	스트리밍 동영상 2	7.99	기기 2대 사용 가능
2014년 5월	스트리밍 동영상 1	7.99	기기 1대 사용 가능
2014년 5월	스트리밍 동영상 2	8.99	기기 2대 사용 가능
2014년 10월	4K 초고화질 영상, 가족 패키지	11.99	친구나 가족과 공유가능, 기기 4대 사용 가능

넷플릭스는 회원 충성도가 높고, 구독 가격을 인상하는 상황에서도 유료 회원 규모를 유지할 수 있다. 또한, 자체 제작 프리미엄 콘텐츠는 가격결정력 및 구독자 충성도를 높였다. 요금제는 2014년, 2015년, 2017년 세 차례 인상되고 두 번째 표준 요금제(듀얼스크린 HD)는 가격이 최초 7.99달러에서 10.99달러로 올랐으나 회원수도 플러스 성장을 유지하였다. 넷플릭스의 회원수 변화는 [그림 1-2]와 같다. 월정액 증가와 회원수 증가의 시너지 효과로 영업이익이 빠르게 증가하였다. 회원수와 영업수익 및 주가가 양의 상관관계로 현저하게 나타났다.

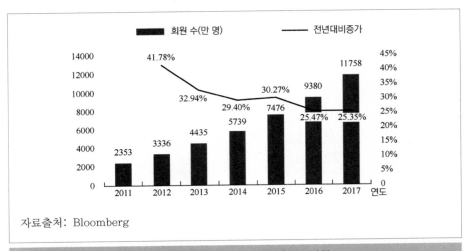

자료출처: Bloomberg

[그림 1-2] 넷플릭스의 회원수 변화

과거 자료에 의하면 넷플릭스에 대하여 회원수와 영업수익이 동시에 상승하였다고 하였다. 즉, 회원수는 1,400만 명(2010년 1/4분기)이 1억 2,500만 명(2018년 1/4분기)으로 상승하였으며, 영업수익은 4억 9,400만 달러(2010년 1/4분기)가 37억 300만 달러(2018년 1/4분기)로 상승하였다. 주식분할과 배당금 등 특별한 요인의 영향을 제외해도 회원수와 전복권 주가가 동시에 상승하였다. 즉, 주가는 10.53달러(2010년 일사분기)가 295.35달러(2018년 일사분기)로 상승하여 연평균 복합성장률은 10.98%로 나타났다.

이처럼 넷플릭스의 성공으로 전통적인 케이블TV와 테크 자이언트도 구독모델을 이용하기 시작하여 동영상 구독에 대한 경쟁을 초래하였다. 따라서 구독모델은 점차 대세가 되었다.

미국에서 구독 모델을 이용한 주요 동영상 플랫폼은 〈표 1-3〉과 같다.

〈표 1-3〉 미국에서의 구독 모델을 이용한 주요 동영상 플랫폼

유형	동영상 플랫폼	소속 회사	구독가격(달러/월)	구독 수(만 명)
닷컴기업	Netflix	넷플릭스	7.99(기본 회원)	16,400
			10.99(일반 회원)	
			13.99(프리미엄 회원)	
	Prime Video	아마존	8.99(기본 회원)	2,600
			12.99(프리미엄 회원)	
	YouTube Red	구글	9.99	150
케이블 텔레비전과 통신기업	HBO Now, HBO Go	HBO	14.99	500
	CBS All Access	CBS	5.99	200
	Xfinity	컴캐스트	4.99	–
	DirecTV Now	AT&T	35(기본 회원)	
			50(일반 회원)	
문화 엔터테인먼트 기업	Hulu	Disney	7.99(기본 회원)	1,700
			11.99(일반 회원)	
			39.99(프리미엄 회원)	
	Acom TV	RLJ 엔터테인먼트	4.99	–

미국의 동영상 구독 수입은 현저하게 증가하고 있다. Statista에 의하면 2020년 미국의 동영상 구독 수입은 103억6,000만 달러에 이를 것으로 전망되며 최근 몇 년간 미국의 일일 TV 시청시간과 케이블TV 가입자 수가 감소하고 있어 동영상 분야의 구독시대가 도래하고 있다.

넷플릭스 등 해외 동영상 구독 플랫폼의 영향을 받아 중국에 있는 동영상 플랫폼의 모델도 '무료+광고'가 유료 구독으로 변하여 텐센트, 유쿠와 아이치이 등 회원 구독모델을 이용하고 있다.

1.2 음악

1. 개요

음악 스트리밍은 멤버십 유료 앱이 가장 성숙한 분야 중 하나로 스포티파이와 애플뮤직이 대표적이다. 2006년 설립된 세계 최대 음악 스트리밍 서비스 업체인 스포티파이는 월 구독자 1억 명, 애플뮤직은 월 구독자 4000만 명을 보유하고 있다. 단말기의 강점에 의지하여 2015년 6월에 110개국에 음악 스트리밍 서비스 애플뮤직을 선보인 애플은 1년 반 만에 유료 구독자 2000만 명을 돌파하였다.

아마존은 2016년 10월 새로운 음악 스트리밍 서비스 아마존 뮤직 언리미티드(Amazon Music Unlimited)를 출시하였고, 경쟁사 가격의 절반인 월 4달러의 에코(Echo) 기기 전용 구독 프로그램도 내놨다. 이 외에도 구미 등 지역에서 판도라뮤직, 랩소디, 디저, 타이달, 구글플레이뮤직 등 영향력 있는 음악 스트리밍 서비스 업체들이 많이 존재하고 있다.

무료 서비스를 지속적으로 제공하면서 중국에서 인터넷 음악은 이미 회원들의 유료화로 발전도 빠르다. 쿠거우는 2015년 말부터 유료 서비스를 시작하여 1년 안에 유료 구독자가 1,000만 명을 초과하였고, 큐큐음악의 유료 구독자도 2016년 1,000만 명, 넷이즈뮤직 유료 구독자는 2016년 상반기에 3배로 증가하였다.

동영상 분야와 마찬가지로 음악 분야에서도 기본적으로 '스트리밍+구독'의 변화가 동시에 일어나고 있다.

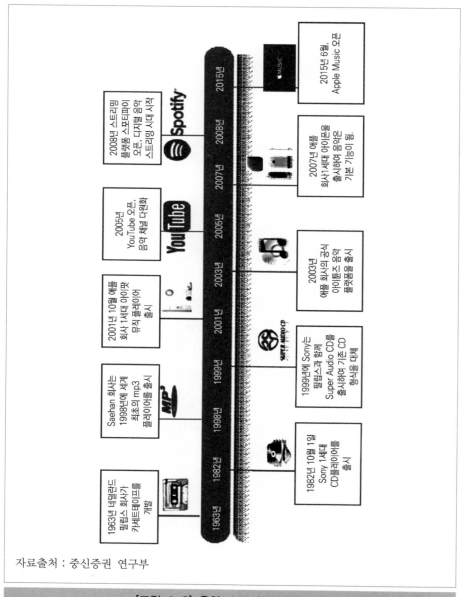

자료출처 : 중신증권 연구부

[그림 1-3] 음악 스트리밍 발전 과정

글로벌 음악업계가 구조적으로 변화하면서 음반 판매가 급격히 위축되고 있는 가운데 스트리밍이 유료 다운로드 대신 디지털 음악의 주요 형태로 자리 잡고 있다. 음악 스트리밍 발전 과정은 [그림 1-3]과 같다.

IFPI가 발표된 〈2018년 글로벌 음악 보고서〉에 따라 디지털 음악 수익은 전 세계 음악 녹음 수익의 절반 이상(54%)을 차지하였다고 하였다. 유료 구독자수의 증가는 수입 증가에 큰 원동력이 된다. 세계 음악 스트리밍 유료 구독자 수 변화는 [그림 1-4]와 같다.

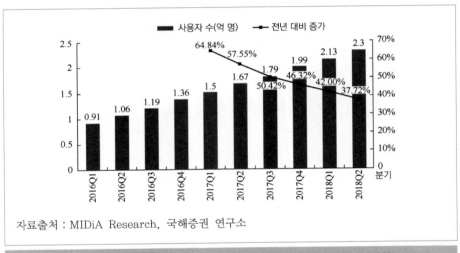

자료출처 : MIDiA Research, 국해증권 연구소

[그림 1-4] 전세계 음악 스트리밍 유료 구독 가입자 수 변화

인터넷 자이언트, 음악 스트리밍 전문 회사들이 음악 스트리밍 시장을 선점하고 있다. 2018년 상반기 전 세계 음악 스트리밍 시장 유료 구독자는 2억3,000만 명으로 2017년 동기 대비 37.72%, 2017년 말 1억9,900만 명보다 16% 증가하였다. 2018년 상반기 전 세계 음악 스트리밍 구독 매출은 34억 9,800만 달러에 달하였다. 시장점유율은 스포티지가 36%로 1위, 유료 구독자가 8,300만 명, 애플뮤직이 19%로 4위, 유료 구독자가 4,350만 명, 아마존이 12%로 3위, 유료 구독자가 2790만 명, 텐센트 뮤직이 8%로 4위, 유료 구독자가 1760만 명에 이른다. 디저와 구글에 소속한 유료 음악 콘텐츠, 판

도라뮤직이 각각 3%의 점유율을 차지하였다. 2018년 상반기 글로벌 음악 스트리밍 유료 구독자 수와 시장점유율은 [그림 1-5]와 같다.

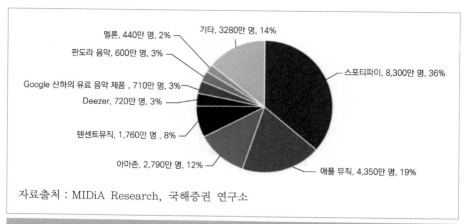

자료출처 : MIDiA Research, 국해증권 연구소

[그림 1-5] 2018년 상반기 전 세계 음악 스트리밍 유료 구독 가입자 수 및 시장 점유율

　유료 구독모델은 이용자의 요구를 더 잘 충족시킬 수 있고, 자유도, 가성비 등의 측면에서 더욱 매력적이며, 이미 음악 스트리밍의 발전 추세가 되었다. 판도라 뮤직은 광고 수입 증가가 부진하기에 최근에 유료 구독 사업에도 적극적으로 배치하고 있다.

　판도라 뮤직은 세 가지 음악 서비스를 제공하고 있다. 첫째, 광고 지원 라디오 서비스이다. 사용자가 무료로 이용할 수 있으나 광고를 받아야 한다. 둘째, 유료 라디오 서비스인 판도라 뮤직 플러스다. 유료 사용자가 광고를 볼 필요는 없지만 원하는 대로 노래를 선택할 수 없으며 요금제는 4.99달러/월이다. 마지막으로 스포티파이 및 애플뮤직이 제공된 유료 서비스처럼 주문형 서비스 구독이고 판도라 뮤직 고급의 서비스이다. 유료 사용자가 자신만의 플레이리스트를 만들 수 있으며 매월 9.99달러를 결제한다.

　음악 스트리밍 유료 수입이 음악 산업의 총수입에서 차지하는 비중은 [그림 1-6]과 같다.

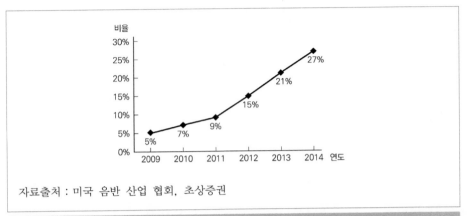

자료출처 : 미국 음반 산업 협회, 초상증권

[그림 1-6] 음악 스트리밍 유료 수입이 음악 산업 총수입에서 차지하는 비율

2. 사례 : 스포티파이

스포티파이는 캐나다, 덴마크, 프랑스, 노르웨이, 싱가포르, 일본, 미국, 중국(주로 홍콩 지역), 폴란드·네덜란드, 스페인, 벨기에 등 61개국에서 사업을 하고 있다. 스포티파이의 발전 과정은 [그림 1-7]에 나타나 있다.

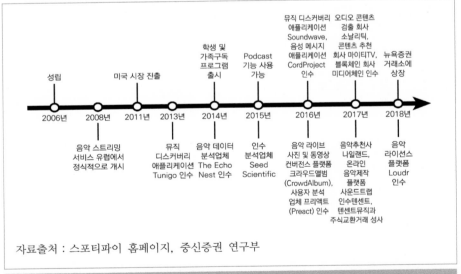

자료출처 : 스포티파이 홈페이지, 중신증권 연구부

[그림 1-7] 스포티파이의 발전 과정

2015년 7월 스포티파이 최초의 알고리즘 기반 플레이리스트 기능을 이용하기 시작하였다. 예를 들어 사용자의 취향과 청취 습관에 따라 매주 월요일 30곡의 플레이리스트를 제공할 수 있다. 이 기능은 많은 신규 사용자를 유치하는 동시에 새로운 아티스트 및 새로운 음악 작품을 유치하는 플랫폼 요소가 된다.

2016년부터 스포티파이는 Release Radar를 제공한다. 매주 금요일 사용자에게 관심을 가지거나 자주 듣는 가수의 신곡 목록을 제공하여 사용자 참여도와 고객 만족도를 높이고, 유료 구독자 수의 급속한 증가를 촉진한다. 스포티파이의 유료 구독자 수량 변화는 [그림 1-8]과 같다.

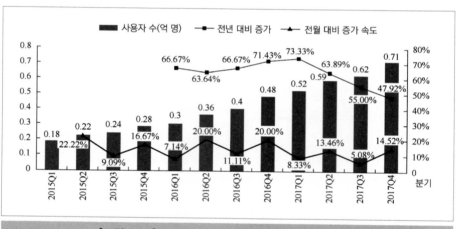

[그림 1-8] 스포티파이 유료 구독 가입자 수 변화

2017년 4분기까지 스포티파이에서 매월 사용자 수는 1억5,900만 명으로 2016년 동기 대비 29.27% 증가하였으며, 이 중 유료 구독자 수는 7,100만 명으로 47.92%, 전 분기(2017년 3분기) 대비 14.52% 증가하여 스포티파이는 전 세계 정품 음악 스트리밍 구독 서비스 1위를 차지하였다.

스포티파이는 2018년 4월 3일 미국 뉴욕 증권거래소에 상장되었다.

스포티파이가 무료 부가가치모델을 이용하면서 사용자는 30일 안에 유료 기능을 무료로 체험할 수 있다. 이 무료 부가가치모델을 통하여 사용자 침투율을 높일 수 있을 뿐만 아니라, 무료 이용자를 유료 구독자로 양성 발전 시킬 수 있다. 권익 측면에 무료 이용자는 온라인으로 노래를 재생할 수 있으나, 다운로드가 불가능하고 이용 중 노래 전환 틈에 나오는 오디오나 동영상 광고를 건너뛸 수 없다.

수익구조를 보면 유료 사업 수익은 구독료에서 약 90%, 광고 사업 수익은 광고에서 약 10% 나온다. 2015년부터 2017년까지 스포티파이의 유료 사업 수익은 각각 17억 4,400만 유로, 26억 5,700만 유로, 36억 7,400만 유로로 전체 수입에서 차지하는 비중이 각각 89.9%, 90%, 89.8%인 데 비하여 광고 사업 수익은 10%뿐이다.

스포티파이는 다양한 유료 요금제를 제공하고 있으며, 가족, 개인, 학생 요금제 등 현지 사용자의 구매 능력과 의도에 맞는 다양한 요금제를 제공하고 있다. 가족 패키지의 요금은 월 14.99달러이며, 1명의 유료 가입자 및 5명 이하의 가입자를 대상으로 한다. 개인 패키지의 요금은 월 9.99달러로 회원에게 30일 동안 고급 계정을 무료로 사용할 수 있는 권한을 부여한다. 학생들을 위하여 5달러/월 할인된 가격을 제공한다.

1.3 게임

2019년 3월 게임 개발자 콘퍼런스(GDC)에서 구글은 야심만만한 클라우드 게임 구독 계획을 발표하였다. 게임업계로서는 클라우드 게임 구독이라는 새로운 시대의 개막을 알리는 신호다. 그러나 게임 콘솔 오프라인 소매점에 대하여 이는 좋은 소식이 아니다.

현재의 게임은 PC든, 모바일이든, 콘솔이든 게임 화면의 렌더링, 게임의 연산 등이 모두 로컬 PC나 모바일이나 콘솔에서 작동한다. 반면에 클라우드 게임은 이 모든 작업을 클라우드에 있는 강력한 서버로 옮긴 후 렌더링한 게임 화면을 모바일이나 컴퓨터 등 단말기로 전송하여 마치 온라인 동영상을 재생하는 것처럼 하고 있다. 클라우드의 작업 과정은 [그림 1-9]와 같다.

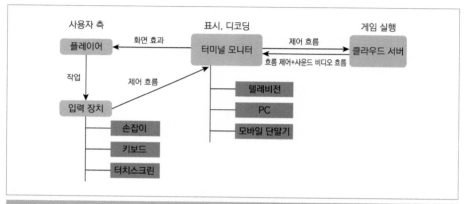

[그림 1-9] 클라우드 게임의 작동 절차

1. 클라우드 게임의 구독에 대한 우위

전통적인 로컬 게임에 비하여 클라우드 게임의 우위는 다음과 같다.

(1) 게이머에 대한 하드웨어 요구는 크게 낮아진다

경이로운 게임 〈배틀그라운드〉의 경우 게임이 원활하게 돌아가려면 PC는 최소 6코어 CPU, 16GB 램, GTX 1070 이상의 그래픽 카드, 하드웨어 비용은 최소 7~8천 위안이 필요하다.

그러나 클라우드 게임은 게이머의 단말기에 대한 과도한 요구 없이 저성능 PC, 업무용 노트북 등이 모두 가능하며 엑스박스 게임기, PS 게임기, 고성능 PC 등을 배치할 필요가 없다.

(2) 멀티플랫폼에서 전환한다

상상해보라. 밖에서 태블릿PC로 '협사냥카5'를 하고 통근도로에서 휴대전화로 계속 놀다가 집에 돌아와 스마트TV에서 아까의 진도를 계속하면 얼마나 상쾌하고 쾌적한지!

다시 말하면 클라우드 게임은 서로 다른 시스템과 단말기의 한계를 뛰어넘어 여러 단말기를 끊김 없이 주고받을 수 있는 매끄러운 게임 경험을 제공한다.

(3) 즉시 플레이와 다운로드로 가능하다

클라우드 게임은 온라인 동영상과 마찬가지로 미리 다운로드를 하는 필요 없이 누르면 즐길 수 있어 대중들에게 편리하다.

스펙이 높은 로컬 게임의 경우 사용자가 플레이하기 전에 큰 게임 설치 파일을 내려받아 로컬에 설치해야 하는 번거로움이 있다. 이런 방식을 클라우드 게임은 완전히 없애고 동영상을 보는 것처럼 쉽고 편리하게 게임을 할 수 있도록 할 것이다. 또한 이용자가 새로운 게임을 경험하는 데 드는 시행착오 비용도 크게 낮아지고 싫어하는 게임은 언제든 포기한 후 원하는 다른 게임을 하면 된다. 클라우드 게임 구독은 기술 혁명뿐만 아니라 비즈니스 모델의 거대한 혁신이다.

클라우드 게임 구독의 수익 모델은 다음과 같다. 수익은 광고나 내부 구매가 아니라 주로 게임 콘텐츠 판매에서 발생한다. 단일 게임 대신에 월정액/연간으로 결제하고 전체 게임 라이브러리를 즐길 수 있다. 따라서 게임 이용자들이 적은 돈으로 다양한 게임을 할 수 있다는 점이 매력적이다.

게임 〈어쌔신 크리드 오디세이〉를 예를 들면 공식 추천 4K 화질에 필요한 스펙은 인텔 코어 i7-7700 프로세서, 16GB 메모리, 지포스 GTX 1080 그래픽, 46GB 저장공간으로 하드웨어 가격은 약 22,000위안이다. 5년 감가상각이고 하루 평균 5시간 사용으로 계산하면 시간당 평균 비용은 2.47위안이다.

반면에 클라우드 게임 구독료는 보통 19달러/월이고 시간당 평균 비용은 0.2위안으로 10배 이상 차이가 난다. 또한 전통적인 모델에서는 게임 개당 수십 위안, 심지어 수백 위안의 비용이 들었으나 클라우드 게임 구독 모델에서 19달러로 한 달에 수백 개의 게임을 즐길 수 있다. 따라서 클라우드 게임 구독은 전통적인 게임 모델에 비하여 압착식이라는 장점이 있다.

즉, 클라우드 게임 구독은 미래의 추세가 되고 먼저 클라우드 게임 구독 서비스를 제공하는 기업은 게임업계의 미래를 좌지우지할 수 있다.

2. 대기업 '게임 구독' 진입

이미 2010년 스타트업 OnLive가 클라우드 게임 구독을 시도하였다. 최근 몇 년간에 글로벌 과학기술 거두들은 클라우드 게임 구독 플랫폼을 끊임없이 출시하였다. 저자 불완전 통계에 따르면 2020년 6월 10일까지 클라우드 게임 구독을 제공하는 플랫폼은 모두 30여 개지만 대부분 초기 시도 단계에 있다. 부분 클라우드 게임 플랫폼의 경우는 〈표 1-4〉와 같다.

〈표 1-4〉 부분 클라우드 게임 플랫폼의 상황

회사	플랫폼	오픈 시간	지지하는 단말기	게임 수량 (개)	구독 요금 (달러/월)
마이크로소프트	Project xCloud	2017년	Xbox, 컴퓨터	100여	–
텐센트	텐센트 플레이	2019년	스마트폰	14	–
소니	PS NOW	2015년	PS, 스마트TV, 태블릿, 스마트폰	750	19.99
구글	Project Stream (Stadia)	2019년	홈페이지, 컴퓨터, 태블릿, 스마트폰, 스마트TV	22	10

해외의 마이크로소프트, 아마존과 구글, 중국의 텐센트와 알리바바 등 거두 기업은 클라우드 게임 영역에 진입하며 애플 회사도 이 영역에 진입할 계획이 있다고 하였다.

먼저, 클라우드 게임에 구독모델에 거대한 이윤이 존재한다.

현재 전 세계 게이머는 약 20억 명으로 20%(약 4억 명)를 클라우드 게임 구독자로 전환하여 1인당 월 10달러씩 요금을 내면 연간 시장규모는 480억 달러에 이른다. 클라우드 게임 구독 침투율이 동영상 스트리밍의 80%에 이른다면 시장규모는 몇 배 더 커질 수 있다.

둘째, 지금은 클라우드 게임 구독 분야에 진입하는 적기이다.

2010년 클라우드 게임 구독을 시도했던 OnLive가 2년 안 되어 파산한 이유는 당시 인터넷 대역폭이 클라우드 게임 구독의 고속 데이터 전송 수요를 충족시키지 못하였기 때문이다. 클라우드 게임은 동영상 스트리밍과 달리 실시간 상호작용뿐 아니라 게임 중에 물리적 엔진, 조명 효과 등을 처리해야 하기에 데이터 전송량이 많고 고속 전송도 필요하였다. 0.5초의 지연은 플레이어가 게임에서 질 수도 있고 좋지 않은 플레이 체험도 초래할 수 있다.

그러나 5G가 상용화되는 것은 클라우드 게임 구독 대역폭 수요를 충분히 충족시킬 수 있다. 4K TV, 스마트폰 등 고화질 스크린이 대중화되면서 클라우드 플랫폼이 렌더링한 고품질 화면도 완벽하게 구현할 수 있게 되었다. 또한 클라우드 게임 구독은 대규모 데이터센터의 지원이 필요하다. 데이터센터와 가까울수록 클라우드 게임 구독자 체험이 좋다. 시스코에 따르면 2021년 초대규모 데이터센터 수가 2016년 338개에서 628개로 늘어나 사용자 체험을 높일 수 있을 것으로 전망하고 있다.

지금까지 클라우드 게임에 대한 주요한 플랫폼 게이머는 주로 세 가지가 있다.

(1) 게임 기업(하드웨어, 발행, 연구개발 기업 포함), 예를 들어 소니, 닌텐도, 마이크로소프트와 일렉트로닉 아츠 등이 있다.

이미 충성도 높은 게임이용자들이 대거 포진하여 있고, 풍부한 게임콘텐츠를 클라우드 게임 구독 플랫폼으로 빠르게 이전할 수 있다는 것은 상술한 기업의 장점이다. 소니는 클라우드 게임 구독 분야에서 신속하게 성장하여 리서치 기관 슈퍼데이터에 따르면 2018년 3분기에 1억4,300만 달러의 매출로 다른 클라우드 게임 구독 플랫폼을 압도하였다.

(2) 클라우드 컴퓨팅 서비스를 제공하는 기업(예를 들어 구글, 마이크로소프트, 아마존)이 존재하고 있다.

클라우드 게임 구독의 핵심 기술에 클라우드, 분산 컴퓨팅, 빅데이터, 인공지능 등이 포함된다. 이러한 기술은 클라우드 컴퓨팅 플랫폼을 가진 기업들이 잘하는 분야이다. 2018년에 크롬 브라우저에서 클라우드 게임 구독 서비스인 Project Stream을 테스트한 구글의 강력한 기술은 게임 효과를 매우

놀라게 하였다. 일반 게이머들이 직접 웹브라우저를 통하여 〈어쌔신 크리드:
오디세이〉를 매끄럽게 실행할 수 있고([그림 1-10]) 초당 프레임 수가 60에
이를 정도로 전반적인 게임 경험은 로컬 게임과 매우 유사하다고 평가하
였다.

[그림 1-10] 구글 클라우드 게임 '어쌔신조 오디세이' 실행 화면

(3) China Mobile과 Version과 같은 전기통신 및 광대역 사업자가 있다.

통신과 광대역 사업자들은 5G 시대에 단 하나의 데이터 채널로 그치는 것
을 달가워하지 않고 자체 채널을 활용하여 데이터를 침전시켜 더 큰 수익을
낼 수 있을 것으로 기대하고 있다. 그러나 클라우드 게임 구독은 강력한 클
라우드 컴퓨팅 기술뿐만 아니라 톱 게임을 끌어들일 수 있는 게임 콘텐츠
운영과 이용자 운영 능력도 요구한다.

그런 점에서 통신과 광대역 사업자들의 기회는 많지 않더라도 클라우드
컴퓨팅 서비스를 제공하는 기업은 기회가 있고 독자적인 서드파티 플랫폼이
라는 강점이 있어 게임 콘텐츠가 제대로 운영되면 한 자리를 차지할 수 있
을 것으로 기대된다. 게임업체들은 자체 보유된 게임과 다른 플랫폼의 게임
균형을 어떻게 잡느냐가 큰 문제가 된다.

예를 들어 마이크로소프트의 클라우드 게임 구독 플랫폼은 PS, 닌텐도 게
임을 지원할 것인가? 아니면 자체 보유된 Xbox 플랫폼만 지원하는가? 종합

적으로 볼 때 마이크로소프트는 Azure 클라우드 플랫폼과 Xbox 게임 플랫폼이 있어 가장 잠재력이 있다.

클라우드 게임 구독에 진입된 스타트업은 많은데 종합적인 클라우드 게임 구독은 과점 시장이 되어 스타트업은 거의 기회가 없다. 그러나 세분화된 수직 클라우드 게임 구독 분야에서는 인디 게임에 집중하는 JUMP 클라우드 게임 구독 플랫폼과 같은 많은 스타트업에 대하여 기회가 있다.

3. 클라우드 게임 구독의 영향

거두 기업들의 시장 진입은 클라우드 게임 구독의 대중화를 크게 촉진하고 게임 산업도 급변시킬 것이다. 비디오 스트리밍으로 DVD가 사라지는 것처럼 게임 콘솔은 클라우드 게임 구독이 발전된 후 극소수 게이머의 선택이 될 것이다. 이와 동시에 게임 본체를 주로 판매하는 오프라인 소매점도 사라질 것이다. 게임 기업 유비소프트의 질레모 총재는 소니의 PS5가 마지막 게임 콘솔이 될 것이며, 이후 게임 콘솔은 게임 스트리밍 기기와 구독 서비스로 대체할 것이라고 하였다. 클라우드가 가져온 변화는 [그림 1-11]과 같다.

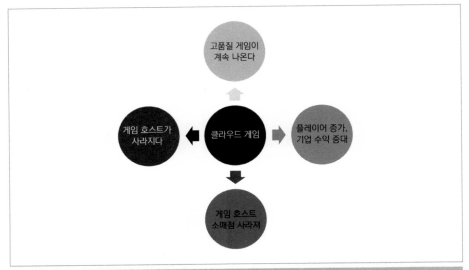

[그림 1-11] 클라우드 게임의 변화

문턱이 낮아지면 게이머의 범위가 넓어져 게이머 수가 많이 늘어날 수밖에 없다. Nvidia에 따르면 현재 보유하고 있는 PC로 대형 게임을 할 수 없는 사용자 수는 약 10억 명에 달한다. 이 중 사용자 대부분이 클라우드 게임 구독자로 전환할 가능성이 있다.

클라우드 게임은 대부분 저렴한 구독료를 이용자가 부담하기 때문에 비용에 민감한 게이머들을 끌어들인다. 또한 클라우드 게임 구독에 다양한 게임 콘텐츠 라이브러리가 있으며 추천 엔진을 통하여 게임과 플레이어를 정확하게 매칭하고 게이머는 원하는 게임을 쉽게 찾을 수 있다. 더 많은 게이머가 있고 소비시간이 길며 소비금액이 높은 것은 모든 게임 시장 확대와 기업들의 소득향상을 의미한다.

그러나 모든 게임 기업들이 게임 시장 확대로 인한 수익을 받을 수 없다. 고품질 게임을 개발할 수 있는 게임 기업만이 수익을 받을 수 있다. 다시 말하면 표절 등을 통하여 질이 낮은 게임을 생산하는 기업은 파산하기 쉽다.

클라우드 게임 구독은 사용자 단말의 하드웨어 제약이 없어지기에 게임 개발자는 단말의 적응에 대한 걱정 없이 게임 개발에 전념할 수 있으며, 클라우드 게임 구독 플랫폼은 게임 콘텐츠를 여러 플랫폼에 한 번에 배포할 수 있다. 현재 많은 게임 스튜디오는 안드로이드, iOS, 컴퓨터, TV 등 시스템이나 단말기를 대상으로만 게임을 개발할 수 있을 정도로 규모가 작은데 미래에 이러한 경우는 존재하지 않을 것이다.

클라우드 게임은 다운로드와 설치가 필요 없어 짧은 시간에 다양한 게임을 즐길 수 있어, 이용자들의 신규 게임 이용 비용을 크게 줄일 수 있다. 고품질의 게임은 게이머에게 더 쉽게 노출될 수 있으며 플레이 혁신과 게임 운영에 대한 게이머의 요구도 높아진다.

또한 유료 구독 모델은 고품질의 게임에 대한 사용자 요구와 클라우드 게임 구독 플랫폼의 수익 요구를 통일시켜 클라우드 게임 구독 플랫폼이 고품질의 게임을 도입하고 추천 엔진을 통하여 게이머와 게임을 정확하게 매칭함으로써 게이머가 관심 있는 게임을 구하는 시간과 비용을 단축할 수 있다.

넷플릭스가 시작한 동영상 스트리밍이 영화 산업을 변하시킨 것처럼 구글, 마이크로소프트와 소니 등이 시작한 클라우드 게임 구독도 게임 산업을 크게 변화시킬 것이다. 짧은 시간 후에 사람들이 누구나 클라우드 게임 구독 플랫폼에서 게임 작품을 '주문'할 수 있는 시대가 시작될 것이다.

1.4 신문출판

유료 회원은 미디어 콘텐츠 분야에서 가장 빠르게 활용된다. 인터넷이 발달한 초기에 유럽과 미국의 많은 미디어는 인터넷 매체로 전환하였으며, 포털사이트의 무료 구독 서비스와 함께 〈뉴욕타임스〉, 〈로스앤젤레스 타임스〉, 〈이코노미스트〉 등 회원 구독 서비스를 제공하며 광고주와 독자에게 요금을 동시적으로 부과하는 비즈니스 모델을 확립하였다.

그러나 최근 몇 년 동안 일부 새로운 인터넷 매체들은 무료 구독을 포기하고 유료 회원 모델을 이용하고 있다. 2013년 말 설립된 The Information의 연간 회원비는 399달러에 달하고 유료 구독자만 제공된 서비스를 이용할 수 있다.

중국에서 인터넷 문학에 대하여 회원 유료화 모델의 도입은 비교적 빠른 편이다. 중문닷컴은 2003년 처음으로 온라인 유료 리딩 서비스를 시작하였으며, 등급에 따라 다른 가격 할인을 받을 수 있다. 몇 년 후에 만화 분야에도 유료 독서가 도입되었다. 이처럼 중국의 유료 구독 발전에 좋은 시장 육성 역할을 하고 있다.

1. 신문

신문 구독은 지금도 이어지고 있으나 비즈니스 모델은 광고 모델로 변하고 있다. 인터넷 무료 콘텐츠로 인하여 전통적인 신문이 점차 철수되고 있다.

2007-2011년 동안 유럽과 미국에서 신문산업은 어려워지면서 미국, 영국, 캐나다와 일본 등 전통적인 신문산업 강국들도 거의 불황을 겪었다. 그동안 미국에서는 300여 개의 신문사가 문을 닫았고 1823년 설립된 The Argus

Champion도 불가피하였다. 확장에서 수축까지 최근 30년간 미국 신문산업은 몇몇 기업의 도산이 아닌 전반적으로 위축되었다. 빠르게 사라진 미국 신문 명단에는 한때 빛났던 Rocky Mountain News 등이 포함되어 있다. [그림 1-12]처럼 미국 신문 발행 부수의 변화가 나타났다.

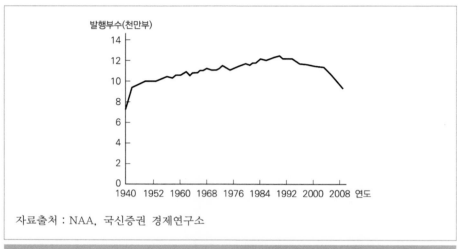

자료출처 : NAA, 국신증권 경제연구소

[그림 1-12] 미국 신문 발행 부수의 연도별 변화

2012년 〈독일 파이낸셜 타임즈〉는 파산하였으며 뉘른베르크 석간신문, 프랑크푸르트 리뷰는 파산하였다. 또한 2012년 10월에 스페인의 유력 일간지 네이션이 1/3을 감원하면서 아일랜드의 지역신문뿐만 아니라 헝가리, 폴란드, 이탈리아, 스페인과 그리스에 있는 신문도 큰 타격을 입었다.

유럽신문산업출판인협회 통계에 따르면 상술한 나라의 신문 발행 부수는 2008년부터 2010년까지 10% 정도 감소하였다고 한다. 일부 신문의 뉴스 네트워크화에 대한 노력은 재무상황의 악화를 막지 못하였다. 2013년 여름에 워터게이트 사건을 보도하여 한때 이름이 세상에 널리 알려진 〈워싱턴포스트〉를 아마존 창업자 제프 베이조스가 인수하였다.

중국도 2005년부터 2015년까지 새로운 기술로 인하여 신문산업도 어려움에 직면하였다. 인터넷 보급으로 전통적인 신문업계의 구독자가 적어지면서 스마트 모바일 기기의 빠른 침투도 신문 구독자의 이탈을 초래하였다. 따라서 10년간에 구독자의 이탈과 판매량 감소는 신문산업의 수입에 직접적인 영향을 미쳤다. 2012년 신문산업의 수입증가율은 GDP의 성장률보다 훨씬 낮은 마이너스를 기록하였다. 신문산업의 광고수입은 신문산업의 주요 수입원으로써 2012년에 감소세로 나타나 중국 신문산업 30년 만에 처음으로 광고수입과 발행수입이 동시에 하락하였다.

바이두의 2012년 순이익은 110억 5,000만 위안이고 같은 기간에 전국적인 페이퍼 미디어 그룹의 순이익을 합친 것보다 많았다. 페이퍼 미디어 그룹과 바이두의 순이익에 대한 비교 현황은 [그림 1-13]과 같다.

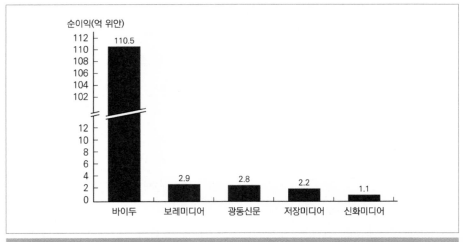

[그림 1-13] 페이퍼 그룹과 바이두 순이익 비교

전통적인 신문 시장이 급격히 위축되고 있어 신문산업의 '엄동'이 왔다. 위기를 맞아 많은 신문들이 구독 환경에서 새로운 기회를 찾고자 디지털화를 진행하기 시작하였다. 해외 〈뉴욕타임스〉와 〈파이낸셜타임스〉, 중국의 〈파이낸셜뉴스〉는 디지털화의 대표가 되었다.

런던에 본사를 둔 〈파이낸셜타임스〉는 2018년까지 세계에 약 600명의 기자와 하루 평균 210만 명의 독자를 보유하고 있었다. 1995년 〈파이낸셜타임스〉가 인터넷 콘텐츠를 도입하였고, 2002년에 인터넷 콘텐츠에 대한 유료 구독 서비스를 처음으로 시도하였다.

유료 구독 서비스에는 두 가지 종류가 있다. 첫째, 모든 FT 뉴스, 정보 검색 기능, FT 리서치, FT 관찰 섹션과 개인 사무 조직 시스템을 포함하는 서비스를 연간 75파운드로 제공하며, 둘째, 연간 200파운드로 전 세계 55개국 18,000개 이상의 기업과 관련된 심층 정보와 금융 데이터 및 500개 세계 최고의 미디어 1,200만 편의 기사를 포함하는 전문 표준 연구와 모니터링 도구를 제공한다.

2018년 〈파이낸셜타임스〉의 중국어판도 구독 서비스를 제공하기 시작하였고 독자들이 연간 198위안으로 딥러닝 기사 선정, 중국어 · 영어 이중언어 콘텐츠, 금융영어 속독 훈련 등 서비스를 받을 수 있다.

2002년 〈파이낸셜타임스〉가 유료 구독제를 도입하였을 때 매체 임원들은 인터넷 시대에 성공할 수 있는 유일한 방법은 콘텐츠 무료 제공이라며 〈파이낸셜타임스〉가 인터넷 콘텐츠를 유료로 제공하는 것은 이질적인 행위라고 지적하였다. 그러나 위기와 기회가 공존하는 오늘날 〈파이낸셜타임스〉의 유료 구독 혁신은 업계의 벤치마킹이 되었다.

2012년 〈파이낸셜타임스〉는 구독자 수를 60만2,000건으로 기록하여 5년 전보다 28%나 늘었다. 또한 디지털 구독이 처음으로 인쇄 구독(디지털 구독 31만 6,000부, 인쇄 구독 28만 6,000부)을 초과하였다. 2018년 〈파이낸셜타임스〉 CEO 존 리딩은 미국 매체와의 인터뷰에서 사용자 유료 구독 수입이 광고수입을 초과하여 주요한 수입이 되었으며 사용자 유료 구독 수입이 전체 수입의 약 3분의 2를 차지한다고 밝혔다. 또한 〈파이낸셜타임스〉의 유료 구독자 90만 명 중에 디지털 구독자는 3분의 2를 차지하였다.

2019년 3월 춘계 발표회에서 애플은 뉴스 구독 서비스인 Apple News+를 출시하였다. Apple News+는 기존 Apple News 무료 플랫폼을 바탕으로 월정액 구독 서비스를 제공하고 있으며, 미국판의 요금은 월 9.99달러이다. Apple News+에는 〈내셔널지오그래픽〉, 〈피플〉, 〈팝사이언스〉, 〈억만장자〉, 〈뉴요커〉 등 300여 개의 인기 잡지가 포함되고 있으며 〈로스앤젤레스타임스)와 〈월스트리트저널〉의 일부와 신예 디지털미디어의 콘텐츠도 포함되고 있다. 애플은 개별 구독을 한다면 연간 총비용이 최소 8000달러는 든다고 밝혔다.

2. 도서출판

도서출판을 언급하면 Kindle Unlimited 구독 서비스를 사용하는 경험이 있는 사람이 많은 것 같다.

2014년 아마존에서는 미국에서 Kindle Unlimited 구독 서비스를 제공하기 시작하여 사용자들이 월불이나 연회비로 아마존의 책을 구독한다(이 서비스는 2016년 중국에서 제공되기 시작하였다). 독자가 월마다 9.99 달러를 지불하여 전자책과 오디오 북 70만 권을 열독할 수 있다. 웨이보에는 텍스트 형식의 지식은 수도꼭지와 가스처럼 켜면 바로 나오고 정신문명이 기본적인 생활자원이 되는 느낌이 좋다고 하는 평가가 있었다. 레드다이얼, 옐로다이얼 등의 성공 경험을 바탕으로 QQ리딩도 월불서고(包月書庫)를 제공하였다. 또한 넷이즈는 하루 1시간 무료 독서라는 계기를 잡고 콘텐츠 구입을 시간 구입으로 바꾸었다.

Kindle Unlimited 구독 서비스, QQ 독서의 월불서고와 넷이즈 워뉴이독서는 책과 서비스를 판매하는 것인데, 유료 콘텐츠와 달리 주기적인 구독 서비스를 주로 제공하고 있다.

지금 전자책 판매 모델은 여전히 단일권 구매 위주지만 구독 모델은 미래의 주요 비즈니스 모델이 될 것이다. 현재 각 리딩 플랫폼은 자체 멤버십 리딩 시스템을 출시하여 풍부한 콘텐츠와 특권으로 이용자들의 구매를 유도하고 있다. 회원가입 모델은 챕터별, 원금별 모델에 비하여 상대적으로 가격이 낮다. 디지털 독서의 선호도가 높아지면서 동영상 사이트처럼 디지털 도서의 회원 구독이 디지털 도서의 주요 비즈니스 모델로 자리 잡아 플랫폼별로 비즈니스 가치를 창출할 것으로 보인다. 관련 데이터를 보면 현재 중국 주류 리딩 플랫폼의 구독료는 월 10위안 또는 연 120위안 정도다. 주류 리딩 플랫폼의 구독 서비스에 대한 비교는 〈표 1-5〉와 같다.

〈표 1-5〉 주류 리딩 플랫폼의 구독 서비스에 대한 비교

플랫폼	가격	회원권익	장단점
아마존 중국 (Kindle Unlimited)	1개월: 12위안 연회비: 118위안	• 다양한 클라이언트로 읽기 • 도서 8여만권 제한없이 읽기	• 장점: 문학작품은 다양한 언어로 되어 있으며 모든 도서는 무료로 읽을 수 있음 • 단점: 도서 품목에 제한이 있음
징동 리더 (VIP)	1개월: 12위안 3개월: 30위안 6개월: 50위안 연회비: 90위안	수시로 징동 독서클라이언트를 통하여 디지털 도서를 온라인으로 읽고 중국어 디지털 도서 1000권의 원활한 독서를 지원함	• 장점: 가격이 다른 플랫폼보다 낮음 • 단점: 도서의 수량과 종류에는 한계가 있으며 가성비가 상대적으로 낮음
장웨iReader (VIP 회원)	1개월: 10위안 6개월: 78위안 연회비: 118위안	무료 VIP 서고 중 10만여 권 도서 읽기, 유료 도서 20% 할인 구매, 잡지 무료 읽기, VIP 출석체크권 증정	• 장점: 무료 서적의 종류가 많고, 상품권은 유료 서적을 구입할 수 있으며, 인터넷 최대의 '원스톱' 디지털 리딩 플랫폼
QQ리더 (VIP 회원)	1개월: 12위안 3개월: 40위안 6개월: 78위안 연회비: 128위안	독서 10만여 권 무료 열람, 소설 온라인 듣기 20% 할인 구매	• 장점: 인터넷 문학 도서 종류 가장 다양함 • 단점: 가격이 다른 플랫폼보다 높음

출처: 아마존중국, 당당, 징동 리더, 장웨iReader, QQ 리더 등 홈페이지

새 디지털 독서 리더 플랫폼은 구독 서비스를 제공하고 있을 뿐만 아니라 많은 전통적인 출판사도 구독 서비스를 출시한다.

교육출판사 Cengage는 2018년 8월 Cengage Unlimited 구독 서비스를 출시하며 학생들이 학기마다 119.99달러를 지불하여 모든 디지털 제품을 사용할 수 있다. 이는 미국 고등교육출판사가 처음으로 출시하는 구독 서비스다. 2019년 2월 Cengage Unlimited에 있는 구독량은 100만을 초과한다. 구독 서비스는 출판사가 해적판으로 잃은 시장점유율과 2차 시장을 회복하도록 돕는 한편, 그동안 학생들이 구매하지 않았던 '추천독서'에 대한 인세도 증액한다.

1.5 쇼핑

왕융칭은 포모사플라스틱 그룹을 창립하여 리카싱과 함께 세계적으로 유명한 중국호상이다. 머리가 좋은 장사꾼으로 왕융칭은 쌀 구독을 일찍 시작하였다.

1932년 16세의 나이로 대만 자이에 쌀가게를 차린 왕융칭은 어려운 창업 여행을 떠났다. 그때 손님들은 쌀을 사서 집으로 직접 운반하였다. 이것은 젊은이들에게는 별거 아니지만, 나이 든 사람들에게는 매우 불편했다. 집안 일에 신경쓸 겨를이 없는 젊은 층이 많아 노년층보다 쌀을 사려는 고객이 많았다. 왕융칭은 이 점에 주목하여 쌀을 고객의 집으로 보내기 시작하였다.

새 고객에게 쌀을 보내면 왕융칭은 이 집의 쌀독의 용량을 적어 놓고, 식구가 몇 명인지, 어른 몇 명, 어린이 몇 명인지, 식사량은 한 사람당 얼마인지 등을 물어서 다음에 쌀 구입 시기를 가늠하여 수첩에 적어둔다. 고객이 찾아오기 전에 미리 정해진 양의 쌀을 집까지 배달해 준다. 사실상 이것은 쌀 구독의 쇼핑 모델이다. 왕융칭은 이 정교한 서비스로 많은 고객을 확보하였고 작은 쌀가게에서 시작하여 대만 최고의 부자가 될 때까지 사업을 확장하였다.

전자상거래가 계속 발전함에 따라 많은 새로운 모델이 나타나면서 구독 전자상거래플랫폼이 빠르게 발전하고 있다. 각 영역의 구독기업은 〈표 1-6〉과 같다.

〈표 1-6〉 분야별 구독기업

영역	구독기업
남성용품	Trendy Butler, Bespoke Post, Bombfell, Manpacks, Five Four Club, Hall & Madden, Curator and Mule, Trunk Club, Alpha Outpost
여성용품	JustFab, Stitch Fix, Le Tote, AdoreMe, Gwynnie Bee, MeUndies, FabFitFun, Wantable, Sweatstyle,

애기용품	Dollar Shave Club, Ipsy, Glossybox, BirchBox, Julep Beauty, Bellabox, Scentbird
애완동물 용품	BarkBox, The Farmer's Dog, Woufbox, Pupbox
주류	Brew Publik, Splash Wines, Bright Cellars
커피, 차	Sudden Coffee, Bean Box, Craft Coffee, Perfect Coffee
신선 제품	Imperfect Produce, Blue Apron, Purple Carrot, Home Chef, Hello Fresh, okliang
완구, 파생상품	Loot Crate, Qiao, Lootaku, Hasbro Gaming Crate

구독 내비게이션 웹 사이트 My Subscription Addiction에 발표한 데이터에 의하면 전세계에서 쇼핑 구독 사이트 수량은 3,000여 개가 있다고 하였다. Hitwise가 발표된 〈2018 미국 구독 케이스 시장조사보고서〉에 따라 2018년에 미국 쇼핑 구독 사이트에 대한 방문량은 2017년보다 24% 증가하였다. 이 중에 선호도 상위 9개 쇼핑 구독 사이트는 Ipsy, Blue Apron, Hello Fresh, Stitch Fix, Dollar Shave Club, Home Chef, FabFitFun, BirchBox, Loot Crate로 화장품, 식재료, 의류, 면도기, 애니메이션 등 다양한 분류를 포괄하고 있다.

유튜브 뷰티 동영상 '왕훙'—미국 국적의 베트남계 Michelle Phan는 가장 인기 있는 구독 사이트 Ipsy를 창립하였다. 매월 사용자에게 맞춤형 뷰티 선물세트 Glam Bag를 제공하는데 판매가격이 10달러다. 이 세트에서는 다양한 브랜드의 뷰티 제품 5개 시제품이 포함되며 유명한 브랜드나 소규모 뷰티 스타트업 브랜드가 있다. 이를 통하여 시제품 피드백을 받고 있다. 미국의 다른 뷰티 선물세트 구독 서비스 플랫폼은 BirchBox, Sephora, BoxyCharm, Beauty Army, Glossybox, Sample Society, TestTube, Sindulge, MyGlam와 Goodebox 등이 있다.

The Honest Company는 2012년 신생아 가정에 독성이 없는 천연 모자용품을 전문적으로 공급하기 위하여 설립된 모자용품 전문 온라인 쇼핑몰이다. The Honest Company는 매출량의 30%가 오프라인에서, 나머지는 온라인 판매에서 나오는데 이 중 온라인 판매의 60%는 다양한 제품 패키지를 월 단위로 주문하는 것이다. 사용자는 무료 체험복을 수령하면 자동으로 구독 서비스에 가입할 수 있어 기저귀 등을 정기적으로 받는다. 2018년 The Honest Company는 2억 달러의 전략적 투자를 받았다.

Stitch Fix는 2011년 설립된 회사로 주로 여장 구독 서비스를 제공하고 있는데 경영프로세스는 다음과 같다. 고객이 착용 스타일 선호 설문지를 작성하고 주문 주기(2주에 한 번부터 분기마다 한 번까지)를 선택하며 스타일리스트가 스타일을 골라 스타일링 비용을 20달러 받고 고객은 5벌의 옷과 코디 방법이 담긴 박스를 받고 입어본 후 구매나 환불을 결정한다.

Stitch Fix는 2017년 말 나스닥 IPO에 성공하여 시가총액이 26억 달러를 초과하였다. Stitch Fix는 2018 회계연도에 12억 달러, 순이익 4,500만 달러, 2019 회계연도의 1분기 3억6,600만 달러를 벌어들였다. 미국 유명한 비즈니스 잡지 Fast Comany가 발표한 '2019년 50대 혁신정신기업' 5위에 Stitch Fix가 올랐다.

2014년 남장 구독자 Trunk Club이 3억5,000만 달러에 미국의 거대 소매업체 Nordstrom에 인수되면서 구독자가 시장의 주목을 받는 신개념으로 떠오르고 'Champzee' 'Abox' 같은 구독자가 생겨났다. 2018년에 'Champzee'는 빠르게 A1, A2, A3라운드 융자를 완료하였고 각각 SIG, Sky9 Capital, 앤트그룹이 투자하였으며, A1 라운드 전체 융자액은 3,000만 달러에 육박하며, 중국 구독 전자상거래 분야에서 융자액이 가장 높은 창업 아이템이 되었다.

Purple Carrot은 2014년 설립되어 2018년 400만 달러의 전략자금을 받아 누적 1,000만 달러의 융자를 받았다. 이 회사는 사용자에게 식물 기반의 순수 식사와 조리하기 쉬운 메뉴를 제공하고, 정해진 시간에 사용자의 집으로 배송하여 사용자가 직접 요리한다. 두 가지 종류의 구독 패키지는 사용자가 선택할 수 있다. 하나는 기본 패키지로, 매주 세 가지의 다른 도시락들이 있다. 가격은 72달러/주다. 다른 하나는 TB12로, 매주 세 가지의 고단백 글루텐 프리 도시락들이 제공되며 가격은 78달러/주다. 두 가지 세트 모두 1~2명이 먹을 수 있는 양이다.

Dollar Shave Club은 2011년 7월 설립된 일용품 구독 전문기업으로 잘 알려져 있다. 월별 주문 모델은 아주 간단하다. 고객은 월마다 일정한 비용(최소 1달러, 택배비와 수수료 2달러)만 내면 집 앞까지 면도기가 바로 배달된다. 그 외에 다른 두 가지 구독 패키지가 있다. 사용자는 배송비, 수수료 등을 추가로 내지 않고 월 6달러 또는 9달러를 지불한다.

최근 몇 년간 제품라인을 확대하여 지금까지 면도기 외에도 헤어스프레이, 생리대, 면도용 거품 등 관련 제품군의 월별 구독 서비스를 제공하며 새로운 구독 패키지를 계속하게 출시하고 있다. 2017년 유니레버는 Dollar Shave Club을 10억 달러에 인수하였다.

Ipsy, Dollar Shave Club, Stich Fix 등 성공사례에 힘입어 전통 유통업체들도 물 구독 모델을 시험적으로 도입하고 있다.

2015년 화장품 소매상 Sephora는 매월 주문 프로그램 'Play!'를 출시한다고 발표하고, 우선 미국 일부 지역에서 실시하였다. 구독 케이스 Play! 10,000개는 미국 보스턴과 오하이오주에서 먼저 월 10달러로 판매되어 Sephora Collection Rouge Infusion 립스틱, Marc Jacobs Beauty 하이라이너, Ole Henriksen Sheer Transformation 크림, Bumble and Bumble 헤어 오일 Glow Super Cleans 클렌저 등 5가지 브랜드의 뷰티 시용품이 제공되었다. 이와 동시에 Play!가 사용 팁, 재미 지식, 뷰티 튜토리얼 등도 제공하고, 매월 케이스에서 다양한 샘플이 증정되었다.

2018년 맥킨지 보고서에 따르면 구독 전자상거래는 2011년부터 2016년까지 연평균 약 100%의 폭발적인 성장을 경험하였으며 출시된 구독 케이스의 종류는 세 가지로 나눌 수 있다.

(1) 개인화 구독 케이스 : 소비자 취향에 따라 BirchBox와 같은 개인화 상품을 제공한다.

(2) 보충 구독 케이스 : Dollar Shave Club과 같은 안정적인 소비재(예: 면도기)를 제공한다.

(3) 선택 구독 케이스 : 소비자가 구매할 수 있는 제품(예: 식품)에 대한 독점적인 제품 또는 할인(예: NatureBox)을 제공한다.

맥킨지의 보고서에 따르면 개인화된 구독 케이스가 가장 인기 있다고 한다.

1.6 자동차와 운행

인터넷 예약차 업체인 우버와 리프트는 이동 시간, 노선 및 시장 수요와 교통 상황에 따라 승객들이 매번 지불하는 요금이 달라지는 동적 가격 메커니즘을 시행해 왔으나 두 회사가 모두 구독 모델로 전환하기 시작하였다.

우버는 2018년 월정액 구독 서비스 Ride Pass를 출시하였다. Ride Pass는 로스앤젤레스, 오스틴, 올랜도, 덴버, 마이애미 등 5개 도시에서 출시되었으며 구독가격은 월마다 14.99달러(로스앤젤레스에서 월마다 24.99달러)다. 우버는 이 서비스를 구독하면 우버X와 우버 Pool의 서비스 요금을 낮게 유지하여 승객의 월 이동 비용을 최대 15%까지 절감할 수 있다고 밝혔다. Ride Pass의 요금은 날씨, 교통상황 등에 영향을 받지 않고 월마다 이용 가능 횟수에 제한이 없다.

리프트는 구독 서비스 All Access Plan을 출시하며 구독 가격은 월 299달러이며, 이동 횟수는 30회이다. 탑승 횟수가 30회를 넘으면 요금을 내야 하지만 5%를 할인받을 수 있다.

온라인 차량 예약의 충격으로 인하여 주요 전통 자동차 제조업체들도 자동차 구독 모델을 모색하고 있다.

2017년 제너럴 모터스 산하 브랜드 캐딜락은 소비자가 결제만 완료하면 캐딜락을 운전할 수 있는 럭셔리카 구독 서비스 BOOK을 출시한다고 발표하였다. 세단이나 SUV는 주행거리 제한이 없다. 구독 서비스는 월 단위로 청구되며, 비용에 차량 유지비, 보험료 및 기타 관련 비용이 포함된다. 이와 동시에 사용자는 회원가입 시 관련 배경 및 운전 기록을 확인해야 하며 500달러의 등록비를 지불해야 한다. 이 구독 서비스는 회원들이 자유를 만끽할 수 있으며 모바일 앱을 통하여 출시 예정인 럭셔리카를 예약할 수 있다. XT5 크로스오버, CT6 세단, 에스컬레이드, V시리즈 퍼포먼스 스포츠카 등 거의 모든 캐딜락 모델을 예약할 수 있으며 월 비용은 약 1,500달러다.

2018년 미국에서 벤츠는 자동차 구독 서비스 Mercedes-Benz Collection을 출시하였다. 이 서비스는 3단계로 나누고 1등급은 월 구독료 1095달러로 C300, CLA45, GLC300 등 시리즈 차량을 사용할 수 있고 2등급은 월 구독료 1595달러로 E300, E400과 스포츠카를 사용할 수 있으며 3등급은 월 구독료 2995달러로 GLE63S SUV, GLS550 등 고급차를 사용할 수 있다. 또한, 구독 서비스에는 보험 가입, 정비 등 관련된 서비스가 포함되고 마일리지 제한이 없다.

이 밖에 볼보, 포르쉐, BMW, 도요타도 각각 자동차 구독 서비스를 내놓고 있다. IHS Markit은 2023년까지 자동차 구독 서비스의 시장 규모 60억달러, 총이익률 20~30%를 달성할 것으로 전망하였다.

스타트업 Surf Air는 회원제인 항공 서비스 회사로서 미국 캘리포니아와 인기 도시 간에 단거리 여행 서비스를 제공하며, 빠른 비즈니스와 레저 여행을 원하는 고객에게 럭셔리한 개인 Pilatus PC-12N 항공 서비스를 제공한다.

Surf Air 회원은 월 790달러 회원으로 같은 시간에 2편, 월 990달러 회원으로 4편, 월 1490달러 회원으로 6편이 동시에 예약될 수 있다. 오리지널 멤버는 무제한 무료 하객증을 받을 수 있고 친척과 친구들을 초대하여 함께 비행할 수 있다. 8인승 소형 항공기로 가죽시트에 넓은 레저 및 작업공간을 갖춰 일등석에 앉은 듯한 느낌을 준다. 또한 항공편은 승무원을 두지 않고 탑승구에서 의전 서비스를 제공하여 승객의 이륙 전·착륙 후 수요를 충족시킨다.

사실 '무한 비행'을 선보인 항공사는 Surf Air가 처음이 아니다. 제트블루(JetBlue)와 Sun Country는 미국의 여러 도시와 멕시코, 카리브해 등을 운항하는 월 699달러와 월 499달러짜리 '한 달 무제한 비행 프로그램'을 출시하였다.

1.7 생활서비스

미국 배달 회사 DoorDash는 2013년 창립되었다. 2018년 DoorDash는 구독 서비스를 출시하여 소비자가 월마다 9.99달러만 지불하면 무제한 무료배송 서비스를 받을 수 있다. Wendy's, The Cheesecake Factory, California Pizza Kitchen, White Castle 등 수백 개의 레스토랑을 선택할 수 있다. 레스토랑이 DashPass 목록에 있고 주문 금액이 15달러 이상이면 구독자는 무료배송 서비스를 받을 수 있다. 사용자는 언제든지 구독을 취소할 수 있다.

Kettlebell Kitchen은 2013년 설립되었으며 건강 관리, 체중 감소, 피트니스 등 목표를 달성할 수 있도록 소비자의 맞춤형 식단 계획에 전념하고 있다. Kettlebell Kitchen은 수많은 헬스장과 제휴를 맺어 소비자들이 편리하게 물건을 받을 수 있도록 하며 매장에서도 배달 서비스를 제공하고 있다. 음식물은 Kettlebell Kitchen의 핵심으로 매주 메뉴를 업데이트하며 Kettlebell Kitchen은 일반 건강 식단 외에도 케톤 생성, 비건 채식, 저탄수, 고탄수 등 다양한 식단 솔루션을 제공하여 다양한 소비자의 요구를 충족시킨다. 2018년 Kettlebell Kitchen은 2,670만 달러의 B 라운드 파이낸싱을 받았다고 발표하였다.

Yota 등 스타트업 회사도 건강 음식물에 대한 구독 서비스를 제공하고 있다.

소셜 측면에서 Hinge는 먼저 페이스북을 통하여 사용자 프로필을 만들고 연령, 약속 장소 등 사용자의 정보와 선호도를 파악한 후 사용자가 선택할 수 있는 잠재적 짝을 제공한다. 사용자는 수락 또는 수락 여부를 선택할 수 있으며 쌍별 결과는 쌍방이 수락하기로 선택한 경우에만 표시된다.

기본 버전의 Hinge 서비스는 무료이며, 사용자는 성별, 연령, 신장 등에 따라 친구를 선택할 수 있다. 그러나 이용자가 데이트 서비스를 더 많이 받으려면 프리미엄 멤버십 서비스에 가입해야 한다. 프리미엄 회원에게는 '좋아요' '누가 좋아요를 눌러주는지 보기' 등의 특전이 월 12.99달러, 3개월

20.99달러, 6개월 29.99달러다.

Sensor Tower의 서드 파티 데이터에 따르면 2019년 2월까지 Hinge는 전세계적으로 550만 건의 다운로드를 기록하였으며 2018년에 520만 달러의 수익을 창출하였다.

1.8 소프트웨어 및 인터넷

마이크로소프트에는 2011년 오피스 365를 출시한 것은 비즈니스 모델에 대한 중요한 전환을 나타냈다. 오피스 365에 최신 버전의 오피스 세트가 포함되고 있으며, 여러 장치에 오피스 애플리케이션을 설치할 수 있도록 지원하며, 구독 방식으로 사용자가 연별 또는 월별 요금을 유연하게 선택할 수 있다. 2020년 연간 99달러 또는 월 10달러만 내면 다양한 마이크로소프트 오피스 소프트웨어 서비스를 이용할 수 있다.

전 마이크로소프트 선임 책임자 Tren Griffin에 따르면 오피스 매절제를 오피스 365 구독제로 바꾼 후 사용자가 크게 늘어 2019년 가입자 수는 2억 1,400만 명에 달하였다고 하였다. 구독제는 이미 소프트웨어 업계의 표준 모델이 되었다. 마이크로소프트뿐 아니라 Autodesk, Oracle, Adobe 등 전세계 유명한 소프트웨어 회사들도 이미 구독 서비스를 출시하여 전통적인 라이선스 모델에서 구독으로 전환하고 있다.

Adobe의 주요 제품은 그래픽 디자인, 영상 편집 및 웹 개발 소프트웨어로 콘텐츠 제작 분야에서 절대적인 우위를 가지고 있다. Photoshop, Acrobat, CS 키트 등 대표적인 제품을 보유하고 있으며 업계의 절대적인 선두주자다.

Adobe가 전환되기 전에 상대적으로 포화 상태의 시장으로 인하여 회사의 수익과 이익은 크게 변동하였다. 2012년 Adobe는 구독제 전환을 시도하기 시작하였고 Creative Cloud(CC) 구독 서비스를 출시하였다. 2013년 초 클라우드 구독의 전환을 촉진한 후 CC가 주력이 되어 CS 키트를 업데이트하지 않을 것이라고 발표하였다. 이후 Adobe의 구독 수입 비중은 빠르게 높아졌고 2014년 50%에 달하였고 2017년 84%까지 올랐다. 구독 모델은 Adobe의 순이자율과 순자산수익률을 빠르게 끌어올렸다.

2013년부터 2016년까지 Adobe의 영업이익은 40억 5천만 달러에서 58억 5천만 달러로 연평균 복합 성장률은 13.0%, 순이익은 2억 9천만 달러에서 11억 7천만 달러로 연평균 복합성장률은 59.1%였다.

Adobe는 클라우드 구독 서비스로 전환한 뒤 기존 보유량을 구독자로 전환하고 구독료를 주영업이익으로 삼으면서 수익모델이 바뀌었기에 수익, 현금흐름, 이익률, 순자산수익률 등 각종 지표가 장기간 안정적으로 상승하며 주가를 장기적으로 끌어올렸다.

사람들은 사회에서 신분을 드러내야 하기에 회원들의 유료 구독은 자연적 토양을 가지고 있다. 소셜네트워크서비스는 회원을 일반회원과 고급회원으로 구분하는 경우가 많은데 고급회원은 일정한 특권과 부가가치 서비스를 누릴 수 있다. 글로벌 프로소셜 회사 중 독일 Xing과 프랑스 Viadeo는 각각 매출의 50%, 40%를 회원 가입서비스에서 벌어들이고 있으며, 미국 LinkedIn은 2003년 출시되어 2007년 프리미엄 회원 가입서비스를 출시하여 수입원의 17%를 여전히 회원가입 서비스에서 창출하고 있다.

중국에서 QQ슈퍼멤버는 대표적인 유료 구독 서비스다. 또한 구독 모델은 결혼 및 연애 소셜 영역에 있는 앱도 많이 사용되며 Jiayuan에는 절반 수익 이상을 회원 구독 서비스에서 얻는다.

1.9 은행금융

현재 많은 해외 은행들이 구독 서비스를 시도하고 있다. 비교적 대표적인 두 은행이 First Financial Bank와 허곡국민은행이다.

미국 텍사스주에 위치한 First Financial Bank는 혁신적인 구독모델로 은행업계에서 핀테크상을 수상한 바 있다. 이 은행의 고객은 월 6달러만 내면 체크카드/인터넷뱅킹/모바일뱅킹, 무료 전자계산서, 종이계산서, 휴대전화 보

호, 1만 달러 여행 상해보험, 도로지원, 도난방지 보장, 잡화점 쿠폰, 쇼핑/
외식/여행 할인, 의료건강 할인 등 다양한 서비스를 받을 수 있다. 또한 카
드를 한 번 쓸 때마다 월정액이 0.1% 감소된다. 즉, 카드 사용 횟수가 많아
지면 구독료가 제로에 가까울 수 있다.

First Financial Bank에 있는 구독 서비스는 〈표 1-7〉과 같다.

〈표 1-7〉 First Financial Bank의 구독 서비스 종류

계좌종류	고급 계좌	중급 계좌	저축 예금 계좌	유산 계좌	무료 계좌
무료 체크카드/ 인터넷뱅킹/ 모바일뱅킹	√	√	√	√	√
무료 전자계산서	√	√	√	√	√
종이계산서	2달러	2달러	2달러	2달러	2달러
휴대전화 보호	×	√	×	×	×
1만 달러 여행 상해보험	×	√	×	×	×
도로지원	×	√	×	×	×
도난방지 보장	×	√	×	×	×
잡화점 쿠폰	×	√	×	×	×
쇼핑/외식/ 여행 할인	×	√	×	×	×
의료건강 할인	×	√	×	×	×
무료 환어음/ 보증수표/공증	√	×	×	×	×
이자	√	×	√	√	×
해외 ATM 매월 반환	최고 15달러	–	최고 6달러	최고 10달러	–
무료 브랜드 수표	√	×	√	√	×
월정액	12달러	6달러	6달러	0달러	0달러

이 구독 계획이 발표된 후 First Financial Bank 이용자의 35%가 구독한 것은 구독 서비스의 인기를 실감케 하였다.

2018년 12월 미국 오클라호마주 리버밸리 국민은행과 핀테크 업체 Meed가 제휴되어 월간 구독 요금제가 출시되었는데 세부 항목은 아래와 같다.

(1) 즉시 계좌이체 – 사용자는 언제 어디서나 편리하게 돈을 받거나 지불할 수 있다.

(2) 저축 목표 – 사용자가 여행을 준비하든 집을 사기 위하여 준비하든 저축 목표를 설정한 후 추적할 수 있다.

(3) 담보 대출 – 사용자가 현금을 급하게 사용할 때 예금계좌를 담보로 대출받을 수 있으며 계좌 잔액에 영향을 미치지 않는다.

(4) 단체 생명 보험 – 가입자는 별도의 비용 없이 단체 생명 보험을 받을 수 있다.

(5) 서비스 옵션 – 이용자는 수표, 저축, 국내이체, 국제이체 등의 서비스를 받을 수 있다.

사용자는 매달 9.95달러만 지불하면 위에 있는 모든 서비스를 이용할 수 있다. 하곡국민은행은 이 구독 서비스로 이용자들에게 혁신적인 소비 경험을 선사하고 차별화를 만들어 경쟁 우위를 만들겠다는 계획이다.

First Financial Bank와 허곡국민은행이 맹목적으로 따라가는 것이 아니라, 구독모델이 전통적인 은행 업무에 대하여 큰 의미를 갖는다는 점을 분명히 한 것이다.

은행의 경우 이 새로운 비즈니스 모델을 구독하면 사용자에게 적어도 다음과 같은 이점이 있다.

(1) 저비용

First Financial Bank의 모든 서비스를 단독으로 구매하면 최소 수십 달러가 들지만 구독하는 경우 사용자는 6달러를 내면 모든 서비스를 받을 수 있다. 따라서 구독은 개별 구매보다 사용자에게 비용면에서 더 효율적이다.

(2) 개인화된 경험

동영상 구독 사이트는 강력한 추천 엔진을 갖추고 있어 대량의 동영상 콘텐츠와 사용자의 수요를 정확하게 일치시킬 수 있어 같은 사이트에서 사용자마다 보는 콘텐츠가 다르다.

은행도 이러한 모델을 이용할 수 있고 일련의 금융 서비스 항목과 사용자의 수요를 정확하게 일치시킬 수 있다. 따라서 사용자의 수요가 충족되고 점성과 충성도가 증가하며 은행 수입과 사용자 수량도 현저히 증가할 것이다.

(3) 편리하고 유연함

월 단위로 구독료를 내고 필요 없을 때 언제든지 취소할 수 있어 사용자에게 매우 높은 자유도를 준다. 사용자는 자신의 수요에 따라 금융 서비스를 구독할 수 있어 낭비를 줄일 수 있고 유연하다.

은행이 구독 모델을 시도하는 과정에서 사용자에게 진정한 가치를 제공하는 것이 중요하다. 일부 은행은 마케팅 광고를 좋아하여 현재 금융 서비스에 서비스 요금만 추가하고 월정액으로 변경되었다. 그러나 구독 모델로 사업을 개혁하겠다고 하니 실패할 수밖에 없다.

은행은 반드시 사용자의 수요에 따라 사용자에게 매력적인 서비스 항목을 제공해야 한다. 예를 들어, 빠른 대출, 예산 통제 등이 있다. 또한 다른 사람들을 대상으로 다른 구독 서비스를 제공해야 한다. 부가가치 서비스는 가치가 있으면 사용자들이 비용을 낼 것이다.

CitizenMe의 영국 조사에 따르면 은행 이용자의 71.7%는 은행에 비용을 낸 경험이 없으나 44.6%가 당좌대월 서비스, 현금 반환 등과 같은 추가 부가가치 서비스를 받기 위하여 비용을 지불할 의향이 있다고 하였다.

또한 은행에는 구독자들에게 구독 서비스를 공유하도록 장려할 수 있다. 구독자가 자신의 계정을 친척과 친구에게 공유하고, 친척과 친구에게 구독 서비스를 시작하거나 추천하면 은행은 구독 할인 등 특정 보상을 제공하여 더 많은 사용자를 유치할 수 있다.

높은 전환비용 때문에 사용자들은 항상 계좌이체를 바꾸지 않아 은행 수량은 많은데 경쟁은 치열하지 않다. 이로 인하여 많은 은행들이 고객에게 진정으로 가치 있는 서비스를 제공할 동기가 없어졌다. 구독 모델은 은행이 고객 관계를 어떻게 재구축할지, 가입자에게 해지되지 않는 금융 서비스를 어떻게 제공할지 등을 고민하게 한다. 이 새로운 비즈니스 모델을 구독하려 는 은행이 점점 더 많아질 것으로 예상된다.

1.10 교육과 육성

현재 구독 모델은 프로그래밍 교육, 음악 교육 및 기타 교육 분야에 적용 되었다.

TreeHouse는 온라인 프로그래밍 교육 플랫폼으로 2010년에 설립되었다. 사이트에서 Objective-C, HTML5, JavaScript, Ruby 등을 포함한 교육용 동영상을 찾아볼 수 있으며, TreeHouse는 Local WordPress Development, Git Basics 등의 맞춤형 교육용 동영상을 제공하고 있다. 현재 1000개가 넘 는 온라인 교육 영상을 공개하였으며 모든 동영상은 TreeHouse에 있는 전 임교사가 녹화하였다.

TreeHouse에는 무료가 아닌 14일 무료 체험 기간이 지나면 사용자는 TreeHouse에 비용을 지불해야 한다. TreeHouse는 월 25달러 기본인 서비 스와 월 49달러 고급인 서비스를 제공한다.

2012년 TreeHouse는 투자 475만 달러를 받고 투자로 360만 달러의 영업 이익을 올렸고 활성 가입자는 1만8700명이었다.

2014년 TreeHouse는 B라운드 파이낸싱을 완료하여 융자금 1,300만 달러 를 달성하였고, 7만 명이 넘는 유료 가입자를 보유하고 있으며 이 중 절반 은 미국 이외 지역이었다.

2018년 TreeHouse는 전 세계 190개국에서 28만6,000명의 구독자를 보유 하고 있으며 연간 1500만 달러 이상의 수입을 올리고 있다.

TreeHouse의 사례로 온라인 교육이 구독제에 의존하는 것은 이윤을 얻을 수 있다. 이 과정에서 핵심 사용자를 유지하는 것이 제일 중요하다. 만약 제공되는 서비스가 사용자에게 문제를 해결하고 가치를 가져다 줄 수 있다면 사용자는 비용을 지불할 것이기 때문이다.

2016년 5월 5일 교사 온라인 수업 서비스 Teachable은 Accomplice Ventures가 이끌고 Naval Ravikant와 Learn Capital이 따라가는 250만 달러의 엔젤 라운드 파이낸싱 완료를 발표하였다.

2014년 뉴욕에서 설립된 Teachable에는 교사들이 온라인 수업을 만들고 관리하며 판매할 수 있는 플랫폼이다. 이 플랫폼에서 교사들은 온라인 학교를 빠르게 만들 수 있다. Teachable에는 교사들한테 수업 내용을 정리하고, 지불 문제를 해결하고, 수업 관련 데이터 분석을 얻을 수 있도록 도와주며, 교사들이 브랜드와 가격 책정권을 보유한다.

교사가 Teachtable에 등록하면 개인화 맞춤형 사이트를 만들고 온라인 수업에 대한 업로드와 편집을 할 수 있다. 동시에 플랫폼에는 온라인 테스트, 온라인 포럼과 학생 피드백 등을 포함한 교육용 학습 도구 세트를 제공하며, 수업이 완료된 후 교사에게 데이터 분석 기능을 제공하여 학생 목록 및 수업 상황을 관리한다.

Teachtable의 매출은 주로 교사의 구독료에서 나오며 교사는 월 0~299달러의 요금제를 선택할 수 있다. 또한 이 플랫폼에는 교사에게 1달러와 플랫폼 수업 매출의 10%를 부과하는 기본 버전을 개발하였다. 무료 수업의 경우 교사에게 비용을 청구하지 않는다.

Teachtable에는 과목당 평균 5000달러 이상의 수익을 올리고 있으며 iOS 개발을 가르치는 한 교사의 경우 100만 달러의 수업료를 받았다고 밝혔다.

MasterClass와 Lynda 등 온라인 수업 사이트와 달리 Teachtable에는 교사를 위한 서비스를 제공하며 교사가 독자적으로 학생과 수업을 관리한다. 즉, 플랫폼 자체는 학생들에게 수업 자원 라이브러리를 직접 개방하지 않는다.

1.11 의료건강

미국에서는 환자가 병원에 가려면 보통 몇 주 또는 몇 달 전에 의사를 예약하고 의사의 일상적인 일정에 따라 진료 시간을 결정해야 한다. 약속일이 되면 환자가 프런트 데스크에서 장시간 줄을 서서 기다리며 번거로운 인적 사항을 작성해야 하지만, 결국 의사와 소통하는 시간은 5분을 넘지 않을 수 있다.

긴 예약, 긴 대기시간, 시끄러운 환경 및 높은 비용은 미국 의료 산업의 주요 문제가 된다. 미국 헬스케어 업체 One Medical은 구독 모델을 활용하여 이 문제점을 해결하려 하고 있다.

One Medical을 통하여 사용자는 언제 어디서나 의사 예약은 물론 당일 의사 예약까지 할 수 있다. 진료소 방문 시 환자의 대기시간은 5분을 넘지 않지만 의사와 하루 종일 상담하는 것이 가능하다. 피부 트러블 등 작은 문제라면 One Medical 공식 홈페이지 또는 모바일 앱에서 24시간(24h×7) 가상 케어를 받을 수 있다. 이러한 서비스를 이용하려면 연간 약 200달러 (149~199달러)를 지불하면 된다.

One Medical은 효율적인 의료 절차와 양질의 의료 서비스를 통하여 사용자를 유치하고 합리적인 가격으로 고품질의 1차 의료 서비스를 제공할 것을 약속한다. 2019년에 2007년에 설립된 One Medical은 미국 8개 도시(보스턴, 시카고, 로스앤젤레스, 뉴욕, 피닉스, 시애틀, 샌프란시스코 베이 에어리어, 워싱턴)에 60개 이상의 매장을 개설하였다. One Medical은 쇼핑몰, 오피스텔, 주민 커뮤니티 등 유동인구가 많은 곳에 진료소를 넓게 퍼트려 최대한 회원에게 가깝게 설치되어 회원들의 이동비용을 절감한다.

미국의 다른 의료기관과 달리 One Medical 클리닉은 하루 약 16명의 환자를 받아 업계 기준인 25명보다 낮기에 회원이 다른 클리닉에 비하여 진료시간이 훨씬 많아 하루에 예약 의사와 상담할 수 있다. 동시에 One Medical은 강력한 IT 시스템으로 인력 작업을 대체하여 진료소의 의사 수량을 업계 표준 4.5명에서 1.5명으로 줄여 관리 비용을 절감하면서 진료소의 운영 효율성이 높아졌다.

2016년 1월 One Medical 회원 Melia Robinson은 After trying One Medical, I could never use a regular doctor again을 제목으로 원메디컬을 찬양하는 블로그를 만들며 자신이 진료소에 들어가 진료하고 돈을 지불하기까지 걸린 시간은 25분 정도였다고 밝혔다. 효율적인 의료 체험으로 일반 의료기관에서 의료 서비스를 받고 싶지 않았다. 의료 서비스 외에도 의약품, 건강 제품 등도 구독 모델을 적용할 수 있다.

Multiply Labs는 3D 프린팅 기술을 사용하여 고객을 위한 개인 영양제 알약을 맞춤 제작한다. 이는 사용자가 필요에 따라 알약을 주문하고 특정 시간에 카페인을 방출하는 등 약물의 발효 시간을 조절할 수 있음을 의미하며 사람들을 활기차게 만든다.

구독 서비스를 통하여 사용자는 필요한 모든 영양제를 맞춤형 3D 프린팅 알약 조각으로 포장할 수 있으며, 알약을 복용한 후 알약은 사용자의 필요에 따라 정기적으로 다양한 영양제를 방출할 수 있다. 알약 한 봉지(알약 15개 포함, 15일 사용)의 비용은 19달러다.

Multiply Labs의 구독 알약은 [그림 1-14]와 같다. Multiply Labs는 매핑 알고리즘을 통하여 소비자에게 맞춤형 알약을 추천할 수 있으며 영양제의 종류와 양은 고객의 실제 요구에 완전히 맞출 뿐만 아니라 사용자에게 필요하지 않은 영양소는 없다.

자료출처 : Multiply Labs 공식 홈페이지

[그림 1-14] Multiply Labs의 구독 알약

이것은 사회에 큰 영향을 미친다. 음식의 건강 중요성을 진정할 수 있는 사람은 많지 않다. 우리는 시간을 줄이기 위하여 너무 많은 냉동식품과 가공식품을 먹고 영양제에 대하여 알고 있지만, 몸에 좋다고 장담할 수 없는 약을 매일 시간에 따라 복용하고 있다.

또한, 헬스 분야도 구독 모델과 잘 어울린다.

2018년 12월 Zwift는 1억 2천만 달러의 새로운 자금 조달을 완료하였다. Zwift는 피트니스 서비스를 제공하는 회사다. 라이딩 애호가들은 자신의 자전거 랙에 있는 라이딩 스테이지에 심박수 밴드, 속도 및 주파수 감지 센서 및 전력계 등의 센서를 Zwift 앱이 장착된 장치와 연결하고 차 앞에 스크린을 배치하면 Zwift가 제공하는 라이딩 게임의 세계로 들어갈 수 있으며, 사용자의 라이딩 경로에 따라 운동 데이터를 얻고 경사와 저항 등을 적시에 조정할 수 있다.

Zwift의 이용자는 자전거 동호인, 자전거 피트니스 동호인, 프로 운동선수 등도 포함된다. Zwift 커뮤니티를 중심으로 200개 이상의 페이스북 그룹이 구축되었다. 사람들은 이러한 그룹을 사용하여 라이딩을 조직하고, 훈련 후 이전에 실제 야외 라이딩을 했던 것처럼 카페에 모이기도 한다. 회사의 수익은 주로 수업 콘텐츠의 유료 구독에서 비롯된다. 사용자는 처음에 무료로 사용해 볼 수 있으며, 일정기간 끝나면 구독료는 월 15달러다.

제2장

대기업들이 구독 모델을 시도하고 있다

구독경제의 호황은 사회 각계의 이목을 끌었고 많은 대기업들이 진출하였다.

2.1 일용 화학품

2.1.1 P&G

2016년 P&G는 미국에서 소비자를 위한 구독 서비스인 Tide Wash Club을 출시하였다. Tide Wash Club은 이미 상표를 등록하여 최신 제품을 정기적으로 사용자에게 우편으로 발송하는 방식이다.

Tide Wash Club이란 정기, 정량 배달의 구독 서비스이다. 구독은 새로운 판매 채널이 되었으며 전통적인 일용 화학품에 대한 소매 채널을 대체하고 있다.

사실상 P&G가 Tide Wash Club을 개설한 것은 어쩔 수 없는 일이라는 평가를 받았다. 판매 촉진을 위하여 다른 온라인 구독 서비스들과 경쟁하기 시작하였으며, 소비자들의 구매 채널은 네트워크화로 인한 변화에 따라 P&G의 전통적인 소매 업무 경영 방식을 파괴하고 P&G가 자신의 판매 모델을 재고하도록 강요하였다.

P&G가 구독 모델을 시도하는 것는 브랜드 타이드뿐만 아니라 P&G 산하 최대 3개 브랜드 중 2개 브랜드도 구독 서비스를 시작하였다. 타이드 외에도 남성 면도를 위한 온라인 구독 서비스인 질레트 면도 클럽을 제공하고 있다. 소비자가 11달러인 입문용 Sensor 3 일회용 면도날부터 22달러인 프

리미엄 Fusion Proshield 블레이드까지 세 가지 다른 면도날 패키지를 선택할 수 있다. 소비자가 블레이드를 교체하는 빈도를 선택할 수 있으며 원하는 시간에 자신의 구독 옵션을 변경하거나 취소할 수 있다.

P&G 2위 브랜드인 질레트는 세계 최대 면도기 브랜드지만 미국에 있는 시장점유율은 2010년 70%에서 2018년 54%로 떨어졌다. Euromonitor에 따르면 질레트의 2010년, 2015년 및 2018년 시장점유율은 70%, 59%, 54%였다. 질레트의 시장점유율이 감소하는 원인은 Dollar Shave Club에 대한 구독 서비스가 일어나기 때문이다.

Dollar Shave Club은 매월 1달러의 가격으로 전 세계적으로 320만 명의 적극적인 사용자를 유치하였으며, 강력한 B2C 모델을 통하여 면도기 시장에서 질레트의 독점적 지위를 타파하였다. 2016년에 P&G의 경쟁자 유니레버는 10억 달러로 Dollar Shave Club을 인수하였다.

이처럼 온라인 구독 서비스의 호황은 소비재의 전통적인 소매 채널에 큰 영향을 미친다. 전통적인 소매 채널에 의존하던 브랜드도 큰 타격을 받아 P&G 같은 큰 회사도 당하지 못한다.

P&G의 구독 서비스는 늦게 시작하였으나 자신의 장점을 보유하고 있다.

(1) P&G의 고유한 영향력은 다른 브랜드가 따라올 수 없는 것이다.

(2) P&G 산하의 많은 브랜드는 여전히 절대적인 시장 리더의 위치를 차지하고 있어 소비자를 유치하는 데 유리하다.

(3) P&G는 구독 서비스를 제공함으로써 소비자와 더 많은 직접적인 연결을 만들어 더 많은 개선 공간을 얻을 수 있다.

2.1.2 유니레버

P&G가 스스로 구독 업무를 구축하는 것과 달리 유니레버는 주로 인수 수단에 의지한다.

앞서 언급하였듯이 2016년 유니레버는 10억 달러에 Dollar Shave Club를 인수하였다. 인수한 후 유니레버는 Dollar Shave Club의 서비스 범위를 확장하였으며 2017년 치약 구독 서비스, 2018년 구룡수와 면도유 구독 서비스를 추가하였다.

2019년 2월 유니레버는 투자회사 칼라일그룹으로부터 영국 간식 주문 브랜드 Graze를 인수한다고 발표하였다. 이번 거래를 아는 분에 따라 인수 가격은 약 1억 5,000만 파운드다. Graze는 2008년 설립되었고 초기에는 사이트를 판매 채널로 하여 구독을 통하여 배송된 모델은 소비자에게 건강, 인공첨가물이 없는 견과류와 건과일 등을 제공하는 것이다. 2012년에 그레이즈는 칼라일그룹에 인수되었다.

Graze의 구독 서비스는 다음과 같이 3가지 범주로 나눈다.

(1) 주당 3.99파운드이다. 사용자에게 매주 한 번(사용자가 직접 결정할 수 있는 날짜) 과자 케이스를 배송한다. 간식 4팩이 포함되고 매주 다른 구성으로 제공된다. 사용자는 자신의 취향 정보를 제공할 수 있으며, Graze는 사용자의 취향에 따라 간식 종류를 선택한다. 이 중에 무설탕, 저지방, 채식, 고단백질 등이 포함된다.

(2) 5.99파운드/6개. 사용자는 언제든지 구매할 수 있으며, 6팩에 같은 맛의 과자가 포함된다.

(3) 봉지당 2.99파운드로, 사용자는 수요에 따라 구매할 수 있다.

Graze의 구독 모델은 많은 소비자들의 인정을 받았다. 이것은 다른 브랜드에 좋은 참고가 된다.

2019년 1월 21일 유니레버는 스킨케어 브랜드 Skinsei를 출시하였다. Skinsei는 소비자를 대상으로 건강을 중심으로 맞춤형 스킨케어 브랜드이다. 유니레버 부사장 Valentina Ciobanu가 지도하는 5인 팀이 개발하였다.

사용자는 주로 식습관, 오염 및 일조 노출 시간, 수면 시간, 운동 빈도 및 스트레스 수준 등 생활 습관과 관련된 설문지를 작성해야 한다. 다음에 사이트는 답안지에 따라 소비자를 위한 맞춤형 스킨케어 솔루션을 제작한다. 이 솔루션은 Skinsei의 수십 가지 제품 조합으로 구성되며, 가능한 조합은 최대 100만 가지이다. 소비자는 매월 구독 또는 일회성 구매를 통하여 Skinsei의 제품을 세트로 구매할 수 있다. 3개 제품의 가격은 매월 구독 45달러, 1회 49달러이고 5개 제품의 가격은 매월 구독 69달러, 1회 79달러가 된다.

또한 유니레버는 브랜드 SunBasket를 통하여 슬리퍼백 상품을 출시하여
식품 소매 시장에 진출하고 있다.

2.1.3 콜게이트

2018년 7월 콜게이트는 렌즈 구독회사 Hubble에 투자하였다. 2016년 설
립된 Hubble은 홈페이지에서 월별 또는 연별 구독형 일회용 렌즈를 판매하며
이용자에게 배송비를 받지 않았다. 콜게이트는 판매 압박 때문에 Hubble와의
합의에 따라 Hubble은 치아 관리 제품을 기반으로 일부 콜게이트 제품을 위
한 새로운 온라인 구독 채널을 개발하였다.

콜게이트는 Tom's 등 치약 브랜드를 보유하고 있으며 브랜드 포트폴리오
의 다양화는 어느 정도 자기 보호 효과가 있다. 그러나 콜게이트는 구독 전
자상거래 때문에 위기가 발생하였다.

콜게이트의 시작사업인 구강관리 분야에서 이미 구독 모델에 성공한 기업
이 존재하였다. 뉴욕의 스마트 전동칫솔 스타트업인 Quip은 구독 서비스를
통하여 소비자가 정기적으로 브러시와 치약을 교체하도록 하고 있으며, 칫
솔은 25달러부터 치약과 브러시는 모두 5달러로 판매되고 있다.

2015년 설립된 Goby는 50달러인 전동칫솔과 6달러인 브러시가 제공되며
Public Goods는 9.99달러인 교체형 전동칫솔을 판매한다. 이러한 새 브랜드
는 온라인 구독 서비스를 제공하고 판매를 촉진하였다. 제품(예: 전동칫솔)은
고정된 시작 가격을 보유하며 회원은 제품과 서비스를 온라인으로 구독할
수 있다. 또한 '패키지'에 정기적으로 교체해야 하는 브러시와 치약이 포함되
어 있으며 플랫폼은 배달 서비스를 제공한다.

비슷한 구독업체들은 기존 소매업체보다 저렴한 제품을 제공하고 광고에
의지한 전통적인 방식을 피하여 소셜미디어 마케팅에 예산을 사용하여 전통
소매업체에 위협을 주고 있다.

2.2 소매

2.2.1 월마트

월마트는 전통적인 오프라인 유통 분야에서 구독 서비스를 출시할 뿐 아니라 온라인 서비스에서도 구독 모델을 확정하고 있다.

배송 측면에서 월마트는 '무한배송'이라는 잡화 배송 서비스를 제공한다. 그 전에는 소비자가 온라인으로만 주문하여 현지 상점에서 상품을 무료로 수령하거나 9.95달러 이하의 배송비를 지불한다. 그러나 지금 소비자는 98달러/년 또는 12.95달러/월로 구독할 수 있다. 소비자는 Walmart Grocery를 통하여 식품, 잡화를 주문하고 시간대를 선택하면 배송만 기다리면 된다.

2012년 월마트는 푸드 구독 서비스 Goodies를 공식적으로 출시하였다. 소비자들이 한 달에 7달러만으로 월마트에서 6~8개의 음식이 있는 케이스 (소매가 15달러)를 받을 수 있다. 시장에 있는 다른 경쟁자들과 마찬가지로 월마트 푸드 케이스도 독특하고 신기한 방식을 통하여 수제, 유기농, 글루텐 프리 등 건강식품을 제공한다. 모든 식품은 월마트 공급업체와 신흥 회사에서 구입된다. 예를 들어 월마트의 한 달 주제는 '간단한 즐거움'으로 와인 비스킷, 호박 커스터드, 체다 치즈, 팝콘 등 맛있는 음식이 담겨 있어 상당히 매력적이다.

Goodies의 사용자가 매월 지불하는 7달러는 세금과 물류비용을 포함하여 상당히 저렴하다. 이에 비하여 웰빙 스낵을 앞세운 구독회사 Sprigbox는 매월 26.95달러로 10-13개 과자를 제공하며, Love With Food는 매월 10달러로 8개 과자를 제공하고 Pop-Up Pantry는 매월 17달러에 식품 구독 케이스를 판매한다.

월마트는 2018년 1월 일본에 있는 거대 전자상거래 업체인 롯데와 제휴하여 일본과 미국의 온라인 스토어에서 오디오북과 전자책, 전자책 리더기 등을 판매하고 다양한 오프라인 서적도 판매한다. Walmart eBooks라는 새 서비스는 베스트셀러부터 독립 여행기, 어린이 책까지 600만 종이책을 보유한다. 구독 서비스의 최저가격은 매월 9.99달러다.

2019년 월마트는 Kidbox와 협력을 발표하였다. Stitch Fix와 같은 의류 구독 업체로 아동복 제공에 주력한다. 사용자는 월마트 사이트에서 매년 최대 6개의 다른 케이스를 구입할 수 있으며, 48달러로 각 케이스에 4~5개 물건이 포함되어 있다. 사용자는 추가 비용 없이 케이스에 있는 모든 물건을 남기거나 모든 물건의 환불을 받을 수 있다. 미국 월마트 전자상거래 사업 책임자 Denise Incandela는 Kidbox와의 파트너십으로 다른 나라의 프리미엄 키즈 브랜드를 활용함으로써 자체 제품을 완성할 수 있게 되었다고 말하였다.

2.2.2 아마존

아마존은 2007년부터 생활용품, 미용 제품, 유아용품, 애완동물 용품, 사무용품 등 생활소비재에 대하여 Amazon Subscribe & Save(구독 및 저장) 서비스를 제공하기 시작하였다. 이용자는 1~6개월 주기로 선택하고 배송은 무료로 가격은 15%를 절약한다. 사용자는 언제든지 이 구독 서비스를 취소할 수 있다.

이 '구독과 저장'에 대한 구독 모델은 사용자가 동일한 제품을 반복적으로 구매하도록 촉진하고, 사용자의 충성도를 높일 수 있기에 브랜드 마케팅에서 아주 유용하다. 기업은 예측 보고서를 기반으로 후속 제품 요구 사항을 확인하여 재고 계획을 개선하는 데 도움이 된다.

아마존에는 도서 구독 서비스인 Kindle Unlimited도 출시하여 도서계의 넷플릭스로 만듦으로써 Oyster와 Scribd 등 도서 구독 서비스의 충격에 대항할 수 있게 되었다. 아마존은 이러한 스타트업들보다 다수의 사용자 및 전자책 자원과 매우 성숙한 Kindle 서비스 보유는 도서 구독 서비스가 빠르게 시장을 차지하는 데 도움이 된다.

2016년 아마존은 넷플릭스에 도전하고자 동영상 스트리밍 서비스 Prime Video를 공식적으로 출시하였다. Prime Video는 인도, 캐나다, 프랑스를 포함한 19개국에서 아마존 Prime 서비스와 같이 가입할 수 있다. 다른 신규 시장에서는 Prime Video 가입자가 처음 6개월 동안은 2.99달러/월 또는 2.99유로/월 할인된 가격으로 이용할 수 있으며, 그 이후에는 5.99달러/월 또는 5.99유로/월을 지불한다.

2017년 아마존은 학부모를 위한 구독 서비스 STEM Club을 출시하였다. 이 서비스를 통하여 아마존은 매월 19.99달러로 로봇과 자연과학과 관련된 완구 케이스를 배송한다. 아마존은 과학, 기술, 공학, 수학 및 기타 주제에 대하여 다양한 연령대의 어린이를 위하여 수동으로 선택하고 구독 케이스를 발송한다. STEM Club의 STEM 교재는 3~4세, 5~7세, 8~13세의 세 가지 연령대로 나눈다. 사용자가 예약한 후 첫 번째 교재는 일주일 이내에 도착하고 나머지 제품은 한 달 이내에 일괄 배송되며 배송비가 면제된다.

2018년 아마존은 소비자가 집에서 옷을 입어보고 구매 여부를 결정할 수 있는 Prime Wardrobe 구독 서비스를 출시하였다. Prime 회원(연회비 99달러)은 아마존 홈페이지에 있는 백만개 의류 중 최소 3개 상품을 선택할 수 있으며, 수령 후 7일 이내에 피팅하여 남기실지 여부를 결정한다. 3~4개 아이템을 보유하면 10% 할인, 5개 이상 보유하면 20% 할인된다.

Stitch Fix나 Trunk Club과 비슷한 형태지만 아마존은 사용자가 먼저 입어보고 결제할 수 있도록 한 점이 다르다. 또한, Prime Wardrobe의 소비자들이 반품할 상품을 택배 박스에 넣고 박스를 문 앞에 놓으면 기사가 상품을 찾아간다. 이는 온라인으로 반품하기 어려운 문제를 완전히 해결하였다.

2.3 영화

2.3.1 디즈니

2018년 5월 넷플릭스의 시가총액이 디즈니를 초과하고 넷플릭스는 세계 최대 미디어 회사가 되었다.

디즈니는 글로벌 미디어 콘텐츠 거두로서 넷플릭스에 추월당하는 것을 달가워하지 않는다. 콘텐츠의 장점을 이용하여 동영상 구독 사업을 전개해 왔다. 2017년 디즈니는 2019년까지 온라인 엔터테인먼트 스트리밍 서비스를 시작하여 자체 구축한 두 개의 새로운 스트리밍 서비스로 소비자에게 ESPN 스포츠 프로그램과 홈 필름을 제공하는 스트리밍 사업에 대한 주요한 계획을 발표하였다.

2018년 4월 디즈니는 케이블 TV 밖에서 업무를 확대하기 위하여 ESPN+ 스트리밍 서비스를 처음 시작하였다. 2018년 9월까지 ESPN+의 구독량은 이미 100만을 돌파하였다.

2019년 5월 디즈니는 스트리밍 구독 업무에 대하여 확정하여 컴캐스트로부터 동영상 사이트 Hulu에 대한 "전면적인 운영통제권"을 얻는 것을 발표하고 5년 후에 100%를 지배할 것이라고 하였다.

2019년 11월 수많은 독점 콘텐츠를 모은 Disney+는 정식으로 출시되었으며 가격은 매월 6.99달러다. 또한 웹 브라우저, 게임 콘솔, 스마트 TV 및 모바일 기기 등 다양한 플랫폼에서 모든 콘텐츠를 오프라인으로 광고 없이 다운로드하여 볼 수 있다. Disney+는 연회비 69.99달러에 연간 옵션도 제공한다.

인도 시장을 서비스하는 Hotstar까지 합치면 디즈니 산하 4대 동영상 구독 플랫폼이 모두 자리를 잡는다.

디즈니가 주력하는 Disney+는 크게 두 가지 장점이 있다.

(1) 디즈니의 독점 콘텐츠

마블 시네마틱 유니버스, 스타워즈 시리즈, 픽 외 애니메이션 및 내셔널 지오그래픽 채널 등 클래식 콘텐츠 외에도 인기 드라마 '만달로맨', 뮤지컬 '해밀턴' 등 IP 디즈니+에도 나타났다.

기존 프로젝트 외에 오리지널 25편, 오리지널 영화 10편과 특별 프로그램을 독점하게 Disney+에 진입하고 〈록키〉, 〈완다 판타지〉, 앤서니 매케이와 세바스찬 스탠의 〈팔콘과 겨울병〉 등 마블 독립적인 드라마, 그리고 안도 대위를 주인공으로 한 〈협도 1호〉 전편도 포함된다. 또한, 드라마 〈가무청춘〉, 실사판 〈아가씨와 방랑자〉, 〈몬스터파워〉 파생물, 존 페류가 각본을 쓰고 연출한 〈만달로맨〉 등도 있다.

(2) 상대적으로 저렴한 가격

Disney+의 구독료는 6.99달러/월이다. ESPN+의 구독료는 4.99달러/월이고 Hulu의 구독료는 월 5.99달러로 저렴하다. 이에 비하여 넷플릭스의 가격은 기본 8.99달러/월, 스탠다드 12.99달러/월, 프리미엄 15.99달러/월로 비교적 높다.

디즈니 최고재무책임자 Christine McCarthy에 따라 2020년 디즈니는 Disney+의 오리지널 콘텐츠 제작에 10억 달러를 투자하고 2024년에 25억 달러를 투자하겠다고 하였다. Disney+가 2019년 11월 정식으로 출시하였고 2020년 4월까지 사용자 수는 예상보다 훨씬 많은 5000만 명을 넘어섰다. Disney+의 목표는 5년 후에 매년 오리지널 작품 50편 정도를 만들어 전 세계적으로 6,000~9,000만 명의 구독자를 확보한다는 것이다. 사용자 수가 많은 ESPN+와 훌루까지 합치면 미래에 디즈니의 구독자는 1억 명을 넘어설 것으로 전망된다.

이 동영상 구독에 대한 치열한 경쟁에서 전통적인 기업(디즈니)과 새 거두(넷플릿스)가 장기적으로 경쟁할 것이다.

2.3.2 AMC 영화관

북미에서 영화 가격은 한 편당 평균 9~15달러이고 〈어벤져스〉 등 할리우드 블록버스터 영화들의 가격이 30달러보다 높다. 그러나 MoviePass 카드가 있으면 매월 구독료 9.95달러만 결제하면 지정하는 영화관에서 마음대로 영화를 볼 수 있다. 이 카드는 체크카드처럼 카드로 결제하면 즉시 영화표를 받을 수 있으며, 추가 요금은 MoviePass 회사에서 영화관으로 청구된다. 한 달 동안 영화 한 편을 보면 발본할 수 있다. 혁신적인 모델과 저렴한 가격으로 인하여 MoviePass의 구독자는 단기간에 2만명에서 300만명으로 급증하였다.

MoviePass가 극장업계를 위협하는 것을 대처하기 위하여 미국 최대 극장

체인 AMC는 자체 영화 구독 상품인 AMC Stubs A-List를 빠르게 출시하였다.

AMC Stubs A-List의 규칙에 따르면 사용자는 구독한 후 매월 19.95달러만 내면 AMC의 영화관에서 영화와 시간에 상관없이 주마다 3편 이하의 영화를 볼 수 있다. 음료(소다수)와 간식(팝콘)은 무료로 업그레이드할 수 있으면서 좌석 선택비, 택배비와 온라인 티켓 요금도 면제된다. 가끔 영화 한 편을 보는 사람들에게는 19.95달러의 월정액 비용이 수지가 맞지 않을 수도 있는데, 영화를 자주 보는 팬들에게는 AMC Stubs A-List를 고려해 볼 만하다.

MoviePass와 달리 AMC Stubs A-List 이용자는 영화표를 미리 예매하거나 IMAX와 3D 영화를 추가 비용 없이 관람할 수 있다. 2018년 9월 AMC는 AMC Stubs A-List 사용자가 Atom과 Fandango에서 티켓을 예매할 수 있다고 발표하였다. Atom과 Fandango는 모두 미국 현지에서 이용자가 많은 티켓 서비스 플랫폼이다.

AMC가 영화 구독 서비스를 시작한 초기에는 곱지 않은 시선이 많았다. 그러나 AMC는 곧 60만 명이 넘는 구독자를 유치하여 예상을 뛰어넘어 업계에서 가장 성공적인 제품 중 하나가 되었다.

미국에서 세 번째로 큰 극장 체인 Cinemark도 영화관람 서비스인 Movie Club을 출시하였고 이용자 수도 빠르게 증가하였다.

왜 해외 영화 시장은 티켓 팩의 구독 서비스를 중시하는가?

미국과 캐나다의 영화관람 통계를 분석한 결과 2017년 2세 이상 이용자의 76%가 1년에 한 번 이상, 12%가 한 달에 한 번 이상, 53%가 한 달에 한 번 미만으로 영화를 보고 있지만 11%는 1년에 한 번, 24%는 1년에 한 번도 영화를 보지 않는 것으로 나타났다. 통계 데이터에 따라 영화 관람료의 약 49% 수입은 한 달에 한 번 이상 영화를 보는 소비자와 57%는 12~38세 연령대인 것으로 나타났다. 소비자들이 극장 입장 후 지출한 비용이 전체적인 수익의 절반 이상을 차지한다.

관객 증가 속도가 둔화되었는데 시장은 계속 확장하고 있다. 2017년 미국과 캐나다의 영화 소비자 수는 12억4,000만 명(1992년 이후 최저)이었는데 111억 달러 수입을 가졌다. 2018년에 미국과 캐나다에서는 공연료 119억 달러, 소비자 13억 명으로 전년 대비 5% 증가하였다.

현재 각 상영관 체인은 이용자 수 감소에 따른 피해를 보전하기 위하여 요금과 로열티를 인상하고 있다. 구독 서비스는 관객들에게 할인된 관람 방안을 제공하기 때문에 가격에 민감하지만 영화를 즐겨 보는 관객들을 끌어 모으고 있다. 이러한 관객들은 할인 가격 때문에 영화관람을 선택한다. 이렇게 되면 구독 서비스는 이러한 관객들의 흥미를 자극할 수 있다.

2.4 소프트웨어

2.4.1 마이크로소프트

마이크로소프트의 가장 유명한 두 제품인 Windows 운영 체제와 Office 소프트웨어는 사용자가 한 번에 결제하여 영구적인 라이선스를 받았다. 마이크로소프트는 데스크톱 운영체제에 의존한 기업인데 데스크 컴퓨터가 점차 쇠퇴하기에 클라우드 컴퓨팅 및 구독 모델로 전환하며 영업수익이 견고한 성장 유지와 시장 가치는 지속적으로 증가하고 있다.

2009년 실리콘밸리 임베디드 시스템 컨퍼런스에서 마이크로소프트는 MSDN Embedded를 통하여 구독하고 무료로 다운로드할 수 있는 Microsoft Visual Studio 2008 스페셜 에디션과 Windows Embed를 발표하였으며 Windows Embed의 '소프트웨어 + 서비스' 플랫폼을 확장하였다. 개발자에게 마이크로소프트 플랫폼 및 도구 라이선스를 저렴하게 제공하고 개발자는 기술 지원과 즉시 소프트웨어 업그레이드를 받을 수 있다.

MSDN Embedded 및 Windows Embedded 개발자 업데이트 서비스는 마이크로소프트 글로벌 MSDN 커뮤니티 사용자들이 통합된 구독 경로를 통하여 마이크로소프트의 풍부한 임베디드 플랫폼 제품 및 기술을 획득할 수 있도록 한다.

Microsoft Visual Studio 2008 프로페셔널 버전의 MSDN Embedded 구독 서비스는 기존의 MSDN을 기반으로 무료로 다운로드할 수 있으며 개발자는 한 번만 구독하면 다양한 마이크로소프트 운영 체제, 기술 지원과 다른 자원을 받을 수 있는 새로운 이점을 추가하였다. 구독 내용에 Visual Studio의 소프트웨어 도구 키트 및 Windows Embedded 플랫폼과 기술이 포함되고 MSDN Premium 구독자는 MSDN Embedded를 통하여 관련된 자원을 취득할 수 있다.

2011년 6월 28일 Office 365가 공식적으로 출시되었다. Office 365는 Microsoft Office키트의 크라우드 오피스 계획을 바탕으로 무료 Office Online, Skype for Business, Outlook Web, SharePoint Online 등을 포함한다.

Office 365는 Microsoft Office 2010 및 이전 버전의 단일 유료 모델을 구독 월 요금이나 연회비로 대체하였다. Office 365 구독 프로그램을 통하여 사용자는 워드, 엑셀, 파워포인트, 원노트, 아웃룩, 퍼블리셔, 액세스 (Publisher, Access는 데스크톱만 지원) 오피스 어플리케이션 풀셋을 얻을 수 있으며, 다양한 기기(데스크톱, 맥, 안드로이드 태블릿, 안드로이드폰, 아이패드, 아이폰 등)에 오피스 365를 설치할 수 있다. 또한 OneDrive 웹보드 등 가정에서 맞추는 다양한 서비스와 최신 버전의 Office 앱을 이용할 수 있다.

Office 365 사용자 수량에 대한 변화는 [그림 2-1]과 같다.

해외에서 Office 365의 가격은 99달러/년 또는 10달러/월인데 중국에서 Office 365의 가격은 398위안/년(개인용 버전)으로 1TB의 OneDrive 저장공간, 모든 Office 365 서비스 등 다양한 콘텐츠가 포함되어 있다. 구독 모델로 인하여 사용자 수가 크게 증가하여 2019년 3분기에 상용인 Office 365에 대한 월간 활성 사용자는 1억 8,000만 명을 초과하였고 개인 및 가정용인 Office 365의 구독자는 3,420만 명으로 증가하였다.

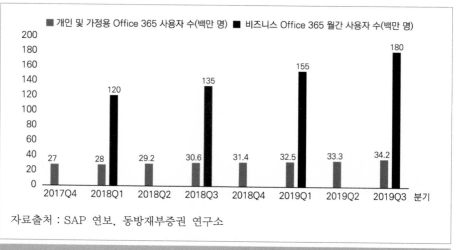

자료출처 : SAP 연보, 동방재부증권 연구소

[그림 2-1] Office 365 사용자 수 변화

마이크로소프트의 Office 핵심 제품은 오피스 2019에서 Office 365로, 일회성 라이선스인 상용 영구 버전에서 유료 구독 및 지속적인 업데이트 버전으로 전환하였다. 이처럼 구독 모델은 재구매율과 수익의 지속성과 안정성을 향상시켜 회사는 판매 촉진보다 제품을 개발하는 데 집중한다. 좋은 제품은 사용자 점도를 높일 수 있기 때문이다.

Office 365 구독 모델은 출시 후 처음 몇 년 동안 전통적인 소프트웨어 유통 모델의 보완 역할만 맡았으나, 지금 마이크로소프트는 Office 365에 주력하고 소프트웨어 유통을 보완하는 역할로 전환하였다. 전통적인 라이선스 모델에서 구독 모델로 전환하는 데는 일정한 필연성이 있다.

2019년 마이크로소프트는 데스크톱에서 게임 구독 서비스 Xbox Game Pass(XGP)를 출시한다고 발표하였는데, 동영상 사이트 회원과 유사하게 매월 고정 요금을 부과하여 플레이어는 '익스트림 스피드: 지평선' 시리즈, '후광' 시리즈, '워리어 기계' 시리즈, '제국시대' 시리즈 등 100개 이상의 게임을 무제한으로 즐길 수 있다.

게임 구독 서비스는 메인프레임 플랫폼에서 처음 시작되었으며, 현재 Xbox One에는 XGP, PS4에는 자체 골드 멤버십 및 PS Now, EA에는 EA

Access, 유비쿼터스 플랫폼에는 Ubi Access가 있다. 구글과 애플은 거의 동시에 모바일 플랫폼에 모바일 게임 구독 서비스인 Play Access와 Apple Arcade를 출시한다고 발표하였다. 대량인 회사들이 게임 구독 서비스를 다른 플랫폼으로 확대하고 있는 이유는 바로 기존 메인프레임 플랫폼에서 시도한 것은 성공하였기 때문이다.

마이크로소프트는 XGP를 게이머와 게임을 연결하는 매개로 발전시켰는데, 게이머는 이 저렴한 방식으로 다양한 유형의 게임을 시도할 수 있고 심지어 원하는 게임을 구매하는 반면에 게임은 게이머에게 가장 빠른 속도로 닿을 수 있다. 처음으로 게임을 하는 게이머의 경우 특정한 게임을 플레이하고 싶지 않다면 먼저 XGP 서비스로 다양한 게임을 경험하는 것은 매우 좋은 선택이다. 이유는 두 가지가 있다. 첫째, 주류 게임을 할 수 있고 둘째, 자신이 어떤 유형의 게임에 적합한지 빠르게 이해할 수 있기 때문이다.

2.4.2 SAP

SAP는 1972년 설립되었으며 2018 회계연도에 SAP의 글로벌 고객 수 42.5만 명, 총 직원 수 거의 10만 명에 달하며 ERP 산업의 글로벌 리더가 되는 것을 말할 수 있다. 시장점유율 측면에서 2017년 ERP 산업에서 SAP의 시장점유율은 20%를 초과하였다.

전통적인 ERP 시스템은 20세기 말 설계된 비즈니스 프로세스 및 소프트웨어 아키텍처를 기반으로 하며 이러한 아키텍처는 데이터를 처리, 분석 및 적용하도록 설계되지 않았다. 사회의 지속적인 발전 및 관리 이념의 혁신에 따라 전통적인 ERP 시스템은 빠르게 변화하는 시장 상황에 의한 기업의 유연하고 신속한 의사 결정의 요구를 충족시키기 점점 더 어려워지고 있다. 따라서 엔터프라이즈 관리 소프트웨어 클라우드 제품이 ERP 산업을 변화시키고 있다.

Saleforce 등 구독 모델 SaaS 소프트웨어 회사들이 경쟁하는 경우 SAP의 실적에 큰 영향을 받고 있다. 2010년에 SAP는 전통적인 일회성 구매 모델에서 구독 모델로 전환하기 시작하였다.

전통적인 ERP 회사들에 대하여 "클라우드화+구독"으로 전환되는 것이 어려움이 존재하는 이유는 제품의 디자인 개념의 차이로 인하여 제품 구조, 실행 과정, 코드 등을 근본적으로 모두 전환해야 하기 때문이다. 전 세계적으로 10만 명이 넘는 직원을 고용하고 있는 SAP와 같은 전통적인 기업에 대하여 비즈니스 전환은 회사의 전략적 능력에 대한 아주 큰 시련이다.

SAP의 클라우드 구독 전략 전환은 클라우드 구축 수요를 충족시키기 위하여 기존 관리 소프트웨어를 업그레이드하면서 완전한 새 클라우드 생태계를 형성하는 것이다. 결과적으로 SAP는 인수 합병한 SaaS 회사 및 일부 사내에서 개발한 애플리케이션을 클라우드 기반 비즈니스 세트에 포함시키며, PaaS 플랫폼(SAP Cloud Platform)을 구축함으로써 기업 관리 SaaS 회사와 맞설 수 있는 클라우드 생태계를 형성한다.

2010년 SAP가 클라우드 구독 전략 전환을 시작한 후 내부적으로 구축한 주요 제품은 모두 클라우드 구축 방향으로 전환되었다. SAP의 클라우드 구독 수입 비중은 [그림 2-2]와 같이 2010년 거의 무시할 수 있는 0.1%에서 2018년 20.2%로 증가하였다.

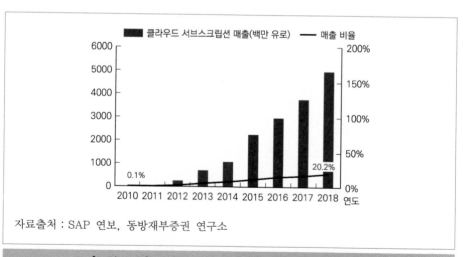

자료출처 : SAP 연보, 동방재부증권 연구소

[그림 2-2] SAP의 클라우드 서브스크립션 매출 변화

2.5 과학기술

2.5.1 애플

2019년 3월 26일 새벽 애플은 신제품 발표회에서 Apple Arcade, Apple TV+, Apple News+를 출시하였으며, 새로운 하드웨어는 출시하지 않았고 구독 서비스는 이번 발표회의 핵심이 되었다. 애플이 하드웨어에서 소프트웨어로 전면적으로 전환하고 있고 애플뮤직 구독 서비스가 포함되는데 뉴스, 음악, 동영상부터 게임까지 콘텐츠 구독 구성이 구축되었다.

(1) Apple Arcade

Apple Arcade 서비스에 가입한 후 사용자는 Apple Arcade의 다양한 게임을 개별 구매 없이 매월 자유롭게 플레이할 수 있다.

Apple Arcade는 iOS와 맥OS 플랫폼에서 동시에 출시되었다. 사용자는 한 번만 결제하면 The Pathless, Lego Brawls, Hot Lava, Oceanhorn 2와 Beyond a Steel Sky 등 2개 플랫폼의 오리지널 게임을 구독할 수 있다.

HSBC는 Apple Arcade가 2020년까지 3억7,000만 달러, 2022년과 2024년에는 27억 달러, 45억 달러의 수익을 올릴 것으로 전망하였다.

(2) Apple TV+

Apple TV+는 넷플릭스와 함께 애플이 제작한 오리지널 콘텐츠를 제공한다. Apple TV+에는 전 세계 100개 이상의 국가와 지역을 대상으로 광고가 없고 모든 콘텐츠는 오프라인 시청을 지원한다. 콘텐츠 제작을 위해 Apple TV+와 Steven Spielberg 감독, J.J.Abrams 프로듀서와 여성 토크쇼 진행자 Oprah Winfrey 등 유명한 창작자와 협력하여 일련의 오리지널 프로그램이 출시되었다.

iOS, Mac, Roku, Fire TV 및 타사 TV의 새로운 Apple TV 앱을 통하여 사용자는 Apple TV+를 이용할 수 있는 것은 애플 기기를 소유하지 않고도 이 서비스를 이용할 수 있다는 것을 의미한다.

(3) Apple News+

2018년 3월 애플은 잡지 구독 서비스를 제공하는 기술 공급업체인 Texture 를 인수하였다. Texture의 기존 서비스를 바탕으로 애플은 뉴스 구독 서비스인 Apple News+를 출시하였다. Apple News+는 LA타임스, 화이 스트리트 저널 등 300종 이상의 잡지(엔터테인먼트, 패션, 뉴스, 정치, 건강, 라이프 스타일, 여행 등 내용 포함)를 보유하고 있으며 매월 9.99달러를 부과한다.

뉴욕타임스에 따르면 Apple News+는 출시 후 2일 만에 구독자가 20만 명을 초과하였다. 48시간 후에 구독자 수의 증가 속도가 둔화되었으나 Apple News+ 서비스에 더 많은 잡지가 가입할 것이기에 Apple News+ 구독자 수는 계속 늘어날 것으로 보인다.

2.5.2 구글

구글은 안드로이드, 유튜브, 구글플레이 앱스토어 등 다양한 제품을 보유하고 있으며, 이 중 상당수 제품이 구독 모델을 채택하고 있다.

2014년 유튜브가 구독 모델을 시도해 보이기 시작하여 11월에 Music Key 구독 서비스를 출시하고 매월 9.99달러의 가격으로 소비자에게 유튜브와 구글 플레이 뮤직에 있는 그라운드 재생과 음악 다운로드 서비스를 광고 없이 제공한다. 2015년 10월 유튜브는 Music Key 대신 유튜브 레드를 출시하였다. 유튜브 레드는 광고 면제 기능을 모든 동영상으로 확대하고 유튜브 오리지널 콘텐츠 브랜드를 설립하였다.

유튜브 레드의 운영모델은 다음과 같다.

회원료의 45%를 플랫폼 수입으로 하며 55%는 사용자의 실제 시청 상황에 따라 해당 창작자에게 배분하는 것은 광고 분점의 감소를 보완하고자 한다. 오리지널 콘텐츠의 경우 영화는 90~120분, 드라마 시리즈는 드라마, 예능, 리얼리티 등 10~50분 콘텐츠를 생산한다. 2019년 5월까지 오리지널 콘텐츠의 총 시간은 366시간에 달하였고 카테고리는 100가지를 초과하였다.

유튜브 레드의 오리지널 콘텐츠에 대한 최초의 아이디어는 다음과 같다.

저비용으로 제작된 콘텐츠에 의존하여 유명한 창작자의 팬을 구독 회원으로 전환한다. 2016년 2월 공개된 첫 4개 콘텐츠는 유튜브 '퍼스트 인플루언서' PewDiePie 주연의 '놀람 퓨디파이'를 비롯하여 퓨디파이가 즐겼던 공포게임 장면을 그대로 담아낸 '인플루언서'를 주인공으로 내세웠다.

2017년 4월 구글은 ABC, CBS, FOX, NBC 등 40개 채널을 포함한 월 35달러의 유튜브 TV를 출시하였다. 2018년 말까지 현재 YouTube TV는 총 100만 유료 구독자를 보유하고 있으며 업계 4위를 차지하였다.

2018년 5월 유튜브 레드가 유튜브 프리미엄과 유튜브 뮤직으로 분할되고 유튜브 프리미엄은 유튜브 레드의 오리지널 콘텐츠 기능을 광고 없이 유지하는 반면에 유튜브 뮤직은 독립적인 멤버십 서비스가 되었다. 유튜브 뮤직은 유튜브에서 사용자의 과거 시청 데이터와 음악 취향에 맞게 음악 스트리밍을 맞춤화하여 개인화된 음악 경험을 제공하는 뮤직비디오 재생 기능에 주력하고 있다.

2019년 6월 7일 구글은 게임 구독 서비스인 Stadia에 대한 세부 정보를 발표하고 2019년 11월 Stadia가 공식 발표되었다. Stadia를 통하여 플레이어는 파일을 복사하거나 대량의 파일을 게임기에 다운로드 할 필요가 없고 직접 게임을 할 수 있다. 이 서비스는 모든 종류의 하드웨어에 적용되며 플레이어는 별도로 장비도 구매할 필요가 없다. Stadia는 비디오 게임계의 넷플릭스와 같다.

Stadia는 구글 자체 커넥티드 디바이스인 크롬캐스트 및 무선 비디오 게임 패드를 탑재하고 구독료는 10달러/월로 넷플릭스의 12.99달러/월보다 낮다. 또한 129.99달러를 지불하면 사용자는 Chromecast, 핸들 및 3개월간의 Stadia 서비스를 받을 수 있다.

Stadia의 유료회원은 십수 종의 게임을 즐길 수 있고 매월 3가지 게임을 무료로 할 수 있으며, 최대 4K/60fps의 고화질 화면과 5.1 서라운드 사운드를 체험할 수 있다.

2.6 복장

2.6.1 아디다스

아디다스가 출시한 Avenue A는 여성을 위한 '시즌별 미스터리 선물'이며 이러한 구독 모델을 통하여 더 많은 여성 소비자를 끄는 것을 기대하고 있다.

Avenue A를 주문하는 소비자는 시즌별로 아디다스가 발송하는 미스터리 케이스를 받을 수 있다. 한 케이스 안에 일반적으로 러닝화, 운동복 및 기타 스포츠 액세서리 등 제철 스포츠 장비 3~5개가 포함되고 소매점에서 살 수 있는 장비도 있고 한정판이나 오리지널 디자인 제품도 있으며, 가격은 150달러다. 따라서 이 주문 서비스를 즐기는 사용자들에게 모든 케이스에는 놀람과 기쁨이 있다.

아디다스는 트렌드를 따르는 스포츠 장비를 선택할 것이고 스포츠 기능성을 잃지 않으면서 유행 스타일을 추구할 것이라고 밝혔다. Avenue A의 수장 세계적인 피트니스 트레이너 Nicole Winhoffer가 제작한 퓨어부스트 X(Pure Boost X)는 2016년 2월 1일 아디다스 최초의 여성용 운동화로 공식 출시되었다.

본질적으로 Avenue A는 소비자의 상품에 대한 기대감이 가장 매력적인 부분이다. Avenue A 규정에 따라 사용자가 불량품을 반품할 수 있고 사이즈가 맞지 않는 상품을 교환할 수 있는데 마음에 들지 않는다는 이유만으로 반품할 수 없다. 그러므로 일부 소비자는 새로운 소비방식만 시도하고 싶어 서비스를 오래 유지하기 어려울 수 있다.

또한 여성 시장점유율을 높이는 것은 아디다스가 Avenue A를 출시하는 목적 중 하나다. 운동과 헬스는 전 세계 여성들의 생활 방식을 변화시키고 있다. 스포츠 브랜드들이 여성 스포츠의 세분화를 시도하고 있는 한편 여성 스포츠 애호가들의 수가 증가하고 있어 브랜드의 관심이 더욱 높아지고 있다.

2.6.2 GAP

미국 대형 의류회사 중 하나인 GAP은 1969년 창업 당시 직원 몇 명으로 시작했는데, 현재는 연간 130억 달러 이상의 매출액으로 5개 브랜드(GAP, Banana Republic, Old Navy, Piperlime, Athleta), 3200여 개 체인과 16만 5000명의 직원을 보유하고 있다.

2017년 GAP에는 '70달러 6개 영유아 의류' 구독 서비스를 출시하였다.

GAP에는 젊은 부모들을 대상으로 GAP 영유아 의류 케이스 구독 서비스를 출시하고, 구독자는 연간 4개씩 GAP 영유아 의류 케이스를 받을 수 있다. 각 박스는 70달러로 6벌의 제철 의류가 포함되는데 GAP에 따라 박스당 단가 가격으로 계산하면 100달러가 넘는다.

구독자는 21일 동안 자신의 아이에게 이 옷들을 입혀보고 원하지 않는 옷은 반품할 수 있으며 반품으로 인한 배송비는 GAP이 부담한다. 또한, 구독자는 자신의 수요에 따라 특정 분기의 박스를 연기하거나 건너뛰는 것을 선택할 수 있으며, 구독 케이스를 취소해도 추가 비용이 없다.

이 구독 서비스는 처음으로 구매 빈도가 높은 이용자에게만 제공하다가 GAP이 모든 이용자에게 제공한다고 발표하였다.

스타일과 사이즈와 관련된 의류 구독은 화장품, 면도기 등보다 복잡하며 소비자가 받은 의류에 대하여 만족하지 않으면 물류비용이 늘어날 것이다.

전통적인 의류 소매업체인 GAP의 경우 구독 서비스는 소비자의 쇼핑 행동 특성을 탐색하는 효과적인 방법이다. 리서치업체 Technavio는 2020년까지 세계 아동복 시장은 연간 6% 이상의 복합성장률을 유지할 것이며, GAP은 이 서비스를 통하여 소비자 선호도를 분석하여 빠르게 성장하는 아동복 시장의 기회를 포착하고자 한다.

제3장 구독기업 성장

유니콘(Unicorn)은 설립된 지 10년도 안 되었는데, 10억 달러 이상의 가치가 있고 주식시장에 상장되지 않은 기술 스타트업을 말한다. 구독 모델이 등장한 후 FabFitFun, JustFab, Peloton과 같은 많은 구독기업이 유니콘 대열에 들어섰다. 유니콘 외에 이미 상장된 구독기업도 많으며 시가총액도 10억 달러가 넘는다. 일부 구독기업의 상장 현황은 〈표 3-1〉과 같다.

〈표 3-1〉 구독기업의 상장 현황

기업	상장 연도	시가	창업 연도
Stitch Fix	2017년 11월	20억 달러	2011년
Blue	2017년 6월	19억 달러	2012년
Hello	2017년 11월	18억 달러	2011년
Zoom	2019년	235억 달러	2011년
Slack	2019년 6월	230억 달러	2014년

주: 시가에 관한 데이터는 2019년 12월까지 수집되었음.

3.1 FabFitFun

FabFitFun은 2010년 디지털 출판물로 시작하여 3년 후 구독 플랫폼으로 진화하여 전 카테고리(뷰티, 패션, 식품, 건강, 기술, 홈 포함)의 범 라이프 스타일 구독 케이스를 제공하고 있다.

FabFitFun의 구독 회원에게는 분기별로 4~8개의 다양한 제품이 총 약 200달러 상당의 개성화된 선물세트인 FabFitFun Box가 제공되고, 분기별 구독료는 49.99달러에 불과하다. 또한, 회원은 FabFitFun TV의 화상 서비스를 이용할 수 있다. 이 서비스는 건강, 가정 등 다양한 내용의 영상 생중계를 온디맨드 방식으로 제공하며, 750여 개 건강 수업, 메이크업 튜토리얼, 요리 동영상 등 주제를 포함하고 있다. FabFitFun의 온라인 커뮤니티에서는 회원들이 소셜미디어를 통하여 각종 추천 콘텐츠를 얻거나 독점 상품을 구매할 수도 있다.

소비자에게 독특한 가치 제안을 제공하는 것 외에도 FabFitFun은 다양한 브랜드가 소비자를 끌어들이는 데 도움이 된다. 분기마다 FabFitFun은 소셜 미디어에서 유명인의 영향력을 이용하여 제품을 홍보하고 이벤트를 기획하는 등 협력 브랜드를 위한 프로그램을 맞춤화하여 브랜드와 사용자 간의 더 가깝고 지속적인 관계를 구축한다.

2018년 10월 FabFitFun의 회원 수는 100만 명을 돌파하였다. FabFitFun은 구체적인 수입에 대해 밝히기를 거부하였는데, 2018년에 2억 달러 이상의 수입을 올린 것으로 보고되었다.

최근 FabFitFun은 다른 브랜드처럼 소비자가 매장에서 자신만의 FabFitFun 선물 케이스를 매치할 수 있도록 팝업스토어를 여는 등 오프라인 운영 방식을 시도하였다. 2019년 초 FabFitFun은 8,000만 달러의 시리즈 A 투자를 받았다고 발표하였다. 이번 투자는 Kleiner Perkins가 주도하고 New Enterprise Associates와 Upfront Ventures가 참여하였다. 투자를 받은 후 FabFitFun은 회원들의 서비스 범위를 확대하고 글로벌 확장을 추진할 것이다. 또한 더 많은 자료 분석 전문가를 채용하여 소비자의 개성화된 경험을 지속적으로 향상시키기로 하였다. 개성화는 소비자 규모를 계속 확대하는 중요한 수단이기 때문이다. 개성화된 제품을 위해 FabFitFun은 모든 소비자의 개성을 조사하고 기계 학습과 같은 기술을 사용하여 제품을 선택하게 한다.

FabFitFun의 공동 창업자 Daniel Broukhim는 "우리의 사명은 사람들의 행복감을 불러일으킬 것"이라고 하였다. 우리의 독특한 인터랙티브 커뮤니티와 경험을 바탕으로 전 세계 사람들이 FabFitFun에서 신제품을 보고 지속적으로 참여하고 있다. "우리가 지금 소비자를 위하여 더 독특한 경험을 창조하는 데 노력하고 있다. 이처럼 구독 회원 개념에 대한 깊은 관심이 우리의 발전을 촉진한다"고 설명하였다.

Daniel Brookhim은 FabFitFun이 미국 외에도 캐나다 시장을 개발하고 있으며 다른 글로벌시장에 대한 초기 평가를 진행하고 있다고 밝혔다.

Kleiner Perkins의 무한책임사원 Mood Rowghani는 FabFitFun이 완전히 새로운 유통 채널이 되었으며, 모두 소매 비즈니스를 소비자 참여도가 가장 높은 플랫폼으로 가져오기를 원한다고 믿는다.

회사의 상호작용 커뮤니티는 브랜드가 소비자를 더 잘 이해하고 소비자와 상호 교류할 수 있도록 하여 단순한 거래가 아닌 장기적인 연결을 구축하고 있다.

3.2 JustFab

2010년 2월 1일 JustFab은 미국에서 설립되었다. 2014년 이 회사는 Technology Crossover Ventures, Matrix Partners, Shining Capital, Passport Capital이 공동 투자한 D라운드 파이낸싱 8,500만 달러를 받았다.

JustFab은 전자상거래플랫폼으로 VIP 회원 가입+일반 주문형 구매 모델을 채택하였다. VIP 멤버십에 가입한 소비자는 최소 월마다 39.95달러만 결제하면 VIP 할인 혜택을 받을 수 있으며, 모든 상품의 가격은 39달러 내외로 유지될 것이다. 일반적인 소비자는 이러한 혜택을 받지 못하고 상품 가격이 보통 49~79달러 사이에 있다. 현재 제공되는 제품은 주로 여성을 위한 신발, 가방 및 액세서리 등이다.

JustFab의 홈페이지에 접속하면 먼저 소비자가 선호하는 제품 유형을 선택한 다음 소비자의 취향에 맞추는 제품 포트폴리오를 선택할 수 있다. 이와 동시에 이 홈페이지에는 사용자가 VIP 멤버십에 가입하는 것을 유도한다. 멤버십에 가입된 후 특별한 상품 포트폴리오와 이벤트처럼 JustFab에는 소비자에게 개성화된 서비스와 다양한 할인 혜택을 제공하고 있다. 그러나

VIP 회원이 된 후 소비자는 매월 최소 39.95달러 정도를 소비해야 한다. 그렇지 않으면 매월 일정액의 회원비가 자동으로 사용자 계좌에서 공제된다.

JustFab은 제품의 독특함을 중시하기에 제조업체가 JustFab를 위하여 특별히 상품을 디자인한다. 또한 JustFab은 회원들에게 유명인의 패션 스타일링 기술뿐만 아니라 무료배송, 할인 혜택 등 서비스를 제공함으로써 고객 충성도가 높다. JustFab의 대변인은 사이트에서 쇼핑하는데 멤버십에 가입되지 않은 소비자 수가 1% 미만이라고 하였다.

2013년 9월 JustFab은 로스앤젤레스에 첫 오프라인 플래그십 스토어를 열었는데, VIP 회원들은 홈페이지의 할인된 가격으로 쇼핑을 할 수 있고, 일반 소비자들은 홈페이지의 가격보다 높은 요금을 지불해야만 한다. Justfab에는 플래그십 스토어 디자이너의 재고 파악을 돕고자 전문 앱을 개발하였으며, 이 앱도 소비자의 다른 요구를 충족시키기 위해 버킷리스트를 만들 수 있다.

JustFab은 앞으로 독특한 가격(멤버십 등급에 따라 가격이 달라지는 것), 자원(멤버십 사전 신상품 제공), 서비스(컨시어지 서비스와 스타일 맞춤), 경험(셀럽 디자이너와의 상호교류 및 가상 패션쇼) 등 서비스를 더 많이 개발할 것으로 예상된다.

3.3 Peloton

2012년 Peloton은 뉴욕에서 설립되어 2018년 8월 5억5,000만 달러의 F라운드 융자를 완료하였으며, 2018년 기정가격은 40억 달러를 초과하였다. Peloton은 기본적인 피트니스 바이크 키트 및 신발, 아령, 이어폰과 심박수 모니터 등의 액세서리를 제공한다. 또한 Peloton은 2018년 가을에 온라인 러닝머신을 출시하였다.

그러나 Peloton은 운동기구 소매회사가 아니다. 공동 창업자 및 CEO인 John Foley에 따르면 Peloton은 콘텐츠 회사다. 운동 장비의 디스플레이를 통하여 사용자가 코치의 원격 지도를 받을 수 있다. 현재 Peloton은 달리기, 경보, 훈련캠프, 스트레칭, 요가와 웨이트 트레이닝 등을 제공하고 있으며 사용자는 최소 한 달 동안 프로그램을 구독해야 한다.

피트니스 카트는 약 2000달러, 트레드밀은 약 4000달러에 판매되고 있다. 이 밖에도 매월 프로그램 구독료가 39달러로 비싼데 소비자들은 이 서비스에 집중하고 있다. Peloton의 피트니스 사이클과 러닝머신은 피트니스 기기 시장의 7.3%를 차지하고 있으며 구독자도 100만 명을 넘어섰다.

Peloton의 주요 제품인 '스마트 바이크'는 차체 전면에 화면을 디자인하여 운동 데이터와 분석 결과를 동시에 보여주는 것은 물론 사용자가 운동하면서 Peloton의 라이브 수업을 시청할 수 있도록 한 것이 특징이다. 라이브 클래스는 구독 서비스의 부가 서비스로 모두 Peloton이 독립적으로 녹화한 영상으로 시간대에 따라 수업 일정이 다르며 24h×7 다이내믹 자전거 룸에 해당한다.

자전거에는 마이크와 카메라를 설치하여 사용자는 트레이너와 온라인으로 소통할 수 있고, 자신과 함께 운동하는 다른 사용자에게 관심을 기울일 수 있다. 현재 페이스북에는 수만 명의 Peloton 토론 그룹이 아주 많다. 또한 자전거는 사용자의 칼로리 소모를 계산하고 화면에 표시하여 운동에 참여하는 사용자의 칼로리 소모 차트를 만든다. 코치의 시연, 라이더 간의 상호 소통과 칼로리 소모 순위 등 인센티브가 있어 사람들은 집에서 고품질의 자전거 수업을 즐길 수 있다.

Peloton의 강의를 독립된 앱을 통하여 구독하고 볼 수도 있어 이용자들은 강의를 구독하기 위하여 다이내믹스를 구매할 것이다.

Peloton의 모델은 '제품+서비스'로 비교적 간단하며, 가격도 저렴하지는 않다. 그러나 빠른 가입자 증가 속도를 유지할 수 있고 유니콘이 되는 이유는 강의, 상호소통, 데이터 분석, 인센티브 등을 통하여 대부분 사람이 직면할 '스포츠 타성' 문제를 해결하기 때문이다.

매출액이 점차 상승하면서 2014년과 2015년 Peloton은 미국에 7개의 체험형 매장을 열고 온라인 주문을 지원하였다. 이 회사는 2015년 말 이익을 실현하고, 2016년과 2017년 사이에 연속적으로 수입이 두 배로 늘었다. 2016년 Peloton의 연간 수입은 6,000만 달러에 달하였고 2017년과 2018년 각각 1억 7,000만 달러와 3억 7,000만 달러에 달하였다.

Peloton에 따르면 한 달에 평균 13번 자전거를 이용할 수 있다. Peloton의 유료 스트리밍 서비스는 100만 명이 넘는 구독자를 보유하고 있으며 재구매율이 96%로, 높은 재구매율(93%)을 자랑하는 넷플릭스보다도 높다. 그 결과 2018년 말 Peloton은 SoulCycle을 제치고 자전거 분야에 1위를 차지하였다.

Peloton의 성공은 넷플릭스와 유사한 새로운 하드웨어 구조와 이를 기반으로 구축된 콘텐츠 유료 구독 모델에 크게 기인한다.

넷플릭스가 드라마, 영화 등 콘텐츠를 제작하나 Peloton은 피트니스 동영상 강의 등 콘텐츠를 제작한다. 주연 배우가 넷플릭스에 있는 동영상의 인기를 결정하며 코치의 미디어력은 Peloton의 강의 인기를 결정한다. 그러므로 Peloton은 트레이너를 매력적인 피트니스 스타로 키우기 위하여 노력한다. 코치를 스타로 육성한다는 발상으로 Peloton은 많은 코치 인플루언서를 배출하여 대안 인플루언서 인큐베이팅 기지가 되었다.

또한 넷플릭스는 빅데이터로 콘텐츠 생산을 지도하고 있으며 Peloton도 사용자의 라이딩 데이터, 심박수 상황, 운동 리듬, 오프라인 수업 출석률, 피드백 등을 수집하여 최적의 강의 시간과 강의 내용을 결정한다.

Peloton은 브랜드 인지도 제고, 사용자와의 상호소통 강화, 수업 녹화를 용이하게 하기 위하여 미국 전역에 60여 개의 체험 매장을 열었다. 라이브 수업 때마다 체험 매장을 찾아 녹화에 참여하는 사용자가 있으며 집에서 운동하는 사용자는 온라인으로 참여한다.

분석가들은 고품질의 구독 콘텐츠가 Peloton의 놀라운 승리의 열쇠이며 사용자 보유율과 강의의 상호 소통과 재미를 향상시킬 뿐만 아니라 전통적인 가정용 피트니스 제품과 차별화한다고 말하였다.

Peloton 총재 윌리엄 린치 펠로톤은 헬스업계 넷플릭스가 되겠다며 "앞으로도 넷플릭스와 마찬가지로 콘텐츠 제작에 큰 투자를 이어갈 것"이라고 말하였다.

전통적인 헬스장보다 Peloton는 다음과 같은 여러 가지 장점이 있다.

(1) 거리 제한을 없앴다. 전통적인 오프라인 헬스장은 사용자가 훈련할 때 방문해야 한다. Peloton은 피트니스가 필요한 사람들이 언제든지 집에서 피트니스를 할 수 있도록 한다.

(2) Peloton이 출시하는 구독 콘텐츠에서 코치의 실시간 코칭 및 교육이 포함된다. 가정에서도 라이브 방송 모드에서 트레이너와 운동자가 효과적으로 상호 소통할 수 있다. 예를 들어 학생의 운동 파라미터는 생방송에서 실시간으로 보여줄 수 있으며, 코치는 운동자들의 실시간 운동 파라미터를 명확하게 볼 수 있고 수시로 오류 정정이나 동작을 지도할 수 있다.

(3) 인터랙티브 피트니스 모델은 실제 사교 감각과 효과적인 사교 경로를 유지한다. Peloton의 인터랙티브 피트니스 모드에서 운동자들이 코치뿐만 아니라 다른 운동자와도 상호 소통할 수 있다. 또한 Peloton의 데이터 기록 모드를 통하여 운동자 간에 서로의 운동 데이터를 볼 수 있으며 동일한 피트니스 프로젝트 취미와 동일한 피트니스 환경에 따라 사용자 간의 사교적 욕구와 행동이 자연스럽게 형성된다.

3.4 Stitch Fix

Stitch Fix는 2011년 설립되어 의류 구독 서비스를 제공한다. Stitch Fix 회원은 Stitch Fix 옷 케이스를 1개월, 2개월이나 분기별로 받을 수 있으며, 각 케이스에는 옷이 5개 들어 있다. 사용자가 옷을 입어 본 후 마음에 드는 옷을 구매하고 남은 옷을 무료로 돌려받을 수 있다. 구매 건수에 따라 혜택이 달라지고 이 중 어느 하나라도 구매하지 않으면 20달러의 디자인비를 지불해야 한다.

Stitch Fix에 있는 데이터 과학자 80명이 데이터를 활용하여 소비자에게 가장 적합한 옷을 선택해 준다. Stitch Fix는 사용자의 선택을 바탕으로 대량의 사용자 개인 정보를 저장하고 방안을 최적화함으로써 사용자의 수요를 더 만족시키고 반품률을 줄이고자 한다. Stitch Fix는 IPO 자료에서 "데이터 자료는 회사가 진보하는 동력"이라고 언급하였다. 증가하는 개성화된 정보를 바탕으로 Stitch Fix는 사용자의 스타일과 재력에 따라 의류를 정확하게 선택할 수 있도록 인공지능 알고리즘을 개발하였다. 따라서 Stitch Fix는 소매 대기업 아마존의 위협으로부터 자유로운 주가 상승을 지속하는 과학기술 회사로 거듭나고 있다.

소비자에 대하여 Stitch Fix는 옷의 구매, 반품과 교환 시간을 절약할 수 있어 소비 편의성을 높이고 스타일링 서비스를 받을 수 있는 장점이 있으며, Stitch Fix는 소비자 선호 데이터 분석을 통하여 전통적인 의류 소매업체보다 우수한 재고 회전율을 창출할 수 있다.

3.5 Blue Aron

반제품 식자재 서비스는 현대인의 생활 방식 변화의 산물이라 할 수 있다. 손질한 식자재, 조미료, 레시피 등을 직접 박스에 포장하여 집까지 배달하여 주는 반제품 식자재 서비스로, 바쁘고 세 끼를 요리하는데 많은 시간을 할애하지 못하는 가정에서도 쉽고 즐겁게 가족과 함께 직접 요리한 음식을 즐길 수 있다. 이 서비스는 소비자가 식재료를 구매하고 준비하는 시간을 절약할 수 있을 뿐만 아니라, 주방 여유를 크게 줄일 수 있을 뿐만 아니라 가끔 스스로 요리하고 싶은 소비자의 욕구를 충족시킬 수 있다.

2018년 AC Nielsen이 발표한 미국 신선식품 시장조사 결과에 따르면 소비자들은 대형 마트, 슈퍼마켓, 편의점, 식당, 패스트푸드점, 잡화점 등 전통적인 경로보다 반제품 식재료의 성장률이 음식 배달 성장률보다 3배나 높다.

미국의 반제품 식자재 열풍은 Blue Aron이 주도하면서 독일의 Hello Fresh가 2012년부터 발전하여 2016년 미국의 반제품 식품 시장 규모는 약

15억 달러로 확대되었고, 2017년 약 50억 달러로 3배 증가하였다.

2012년 설립된 Blue Aron은 구독 모델로 주마다 식재료를 배달하며 1인당 한 끼에 평균 9.99달러, 일주일에 59.94달러를 소비할 것이다.

Blue Aron은 주로 반제품 식자재 배송 서비스로 메뉴를 제공하며, 사용자는 취향과 인원수에 따라 주문하고, 공장은 식자재를 반가공하여 출하한 후 사용자는 첨부된 메뉴에 따라 조작하면 쉽게 요리를 완성할 수 있다. 이 비즈니스 모델은 최근 몇 년 동안 전 세계적으로 약 150개 이상의 회사가 15억 달러 규모의 시장을 점유하고 있다.

Blue Aron이 IPO를 신청한 문서에 따르면 사용자의 3분의 1 이상이 25~34세, 약 4분의 1이 35~44세로 주 이용자는 상대적으로 젊다.

Blue Aron이 2017년 주당 10달러에 주식공개를 하여 총 3천만 주식을 판매하고 3억 달러를 받았다.

Blue Aron은 마트에 가고 메뉴를 계획하는 시간을 절약하는 동시에 소비자가 요리 과정을 즐길 수 있으면서 많은 식자재를 구매하는 것을 걱정하지 않도록 하는 것이다. 또한 Blue Aron은 농장과 협력함으로써 식자재의 품질을 보장한다.

Blue Aron의 큰 도전은 소비자가 계속 구독할 의향을 어떻게 유지토록 하는 것이다. 구매 분석 회사 Cardlytics의 자료에 따라 구독자의 절반 이상이 첫 경험 후 6개월 이내에 구독을 취소하는데 이에 영향을 미치는 요인에는 구독료나 사용자 자신의 요리 욕구 등이 포함된다.

3.6 Hello Fresh

2011년 설립된 Hello Fresh는 메뉴 기획, 요리 지도, 식자재 구매, 포장, 배송 등을 포함하는 서비스를 제공하며, 운영 범위는 미국, 독일, 영국, 네덜란드로 월 약 400만 개의 식사를 배달한다.

메뉴의 평균 가격은 1인당 한 끼에 10~13달러이며, 메뉴 패키지에 패스트

푸드, 채식, 패밀리가 포함되고 사용자는 잡식이나 채식을 선택할 수 있다. 일반적으로 구독 케이스는 일주일에 한 번 배달되고 3~4끼의 식재료가 포함되어 있으며 사용자는 식재료의 분량과 배달 시간을 선택할 수 있다.

Hello Fresh의 식자재 구독 서비스 특징은 다음과 같다.

(1) 메뉴는 양식을 중심으로 글로벌 특정도 있다.

(2) 요리 지침서는 명확하고 이해하기 쉬우며 사용자는 30분 이내에 2인 식사를 쉽게 처리할 수 있다.

(3) 식재료가 신선하고 분량도 적당하다.

(4) 칼로리, 식품 알러지 등 표시가 명확하다.

(5) 개인의 취향에 최대한 맞도록 매주 메뉴를 스스로 선택할 수 있다.

(6) 구독 방식에 대하여 융통성이 있어 언제든지 구독 서비스를 일시 중단할 수 있다.

2012년 초 Hello Fresh의 창업자는 유럽에서 인구 밀도가 가장 높은 지역을 목표로 베를린, 암스테르담, 런던에 식자재를 배송하기 시작하여 점점 더 많은 수요에 대비하기 위하여 지정된 국가에서 소비자의 집으로 배송할 수 있는 물류 모델을 개발하였다.

2012년 12월 Hello Fresh는 미국 동해안에 진입한 후 급속히 발전하여 2014년 9월 Hello Fresh 신선식품의 유통 범위는 미국 전역을 포함하였으며, 2015년 회사의 배송 범위는 3대륙 7개국으로 확장되었다. Hello Fresh는 2017년 말 공개 공모를 하였으며, 2018년 Green Chef를 인수하여 시장 점유율이 Blue Aron보다 더 커졌다.

3.7 Zoom

2011년 Zoom은 모바일 협업 시스템, 다자간 클라우드 비디오 인터랙션 시스템, 온라인 회의 시스템을 원활하게 융합하여 사용자가 편리하고 쉽게 사용할 수 있는 오디오와 비디오 인터랙션, 데이터 공유 기술 서비스 플랫폼을 구축하였다. 2019년 4월 18일 Zoom은 나스닥에 상장하여 투자자들의 인기를 받았으며, 2017년 D라운드 파이낸싱으로 Zoom의 사정 가격은 10억 달러에 불과하였는데 2020년 8월 총 시가총액은 687억 달러에 달하였다.

Zoom의 핵심 제품은 화상 통신 클라우드 플랫폼으로 컴퓨터, 휴대전화, 전화, 회사 화상 회의실 등 다양한 단말기를 기반으로 대규모 접속을 가능하게 하는 고신뢰성, 저지연 화상 회의를 실현한다. 회사의 발전 과정을 보면 최초에 Zoom Meetings 제품이 생긴 후 회사는 소비자의 수요에 따라 계속 새로운 제품을 개발하였으며, Rooms, Chat, Phone 등 앱뿐만 아니라 서드 파티 애플리케이션과 연결할 수 있는 앱도 개발하였다. 미국 주식의 SaaS 거두 Slack, Salesforce 등과 협력하고 있다.

2019년 Zoom은 75만 명 이상의 소비자를 보유하였으며 미국 Top 200 대학의 90%를 포함하여 약 6,900개의 교육 기관에서 Zoom 제품을 사용하고 있다.

Zoom Meetings가 제공되는 제품은 주로 4가지가 있다. 즉 개인적 회의 제품(무료), 소형 팀인 제품(14.99달러/월), 중소기업인 제품(19.99달러/월)과 대형기업인 제품(19.99달러/월)이 있다. 사용자는 회의에 참석하는 인원수, 시간 등에 따라 맞추는 제품을 선택할 수 있으며, 온라인 세미나와 클라우드 녹화 스토리지 등 다양한 제품을 기업에 제공하고 있다.

단말기에 있는 사용자의 경험이 핵심이기 때문에 Zoom은 최상의 사용자 경험을 갖춘 제품을 만들고자 많은 시간을 이용하여 고객의 의견을 경청한다. 대부분의 경우 Zoom 팀은 Zoom의 화상 회의를 통하여 사용자의 피드백을 수집하여 조정한다. Zoom은 순고객추천지수(Net Promotor Score)도 정기적으로 모니터링하여 현재 Zoom의 점수는 업계 최고인 69점이다. 또한 Zoom은 365일(24h×7) 온라인 인스턴트 채팅, 전화 및 동영상을 포함한 고객 지원을 제공한다.

Zoom은 2019 회계연도 마지막 3개월 동안 고객 만족도가 90%를 초과하였다. 회사가 제품을 제공하고 판매하는 방식도 고객 경험을 중심으로 진행하고 화상 회의 기능은 모든 사람이 무료로(40분 이내) 사용할 수 있다. 무료 부가가치 서비스와 만족스러운 사용자 사용 경험은 Zoom의 사용자들이 제품을 구매하는 것을 촉진한다.

3.8 Slack

최초에 Slack은 Glitch(사이트 대규모 다중접속 게임)를 지원하기 위하여 개발된 커뮤니케이션 협업 도구인데, 결국 Glitch는 실패하였으나 Slack은 기적적으로 살아남았다. 2012년 말 Slack의 개발이 시작되어 2013년 8월에 내부 테스트를 시작하였으며 2014년 2월 Slack이 공개되었다. 제품 개발 과정에서 Slack의 창업자인 Stewart Butterfield와 그의 팀은 초기 사용자의 피드백을 통하여 제품을 조정하고 보완하였다. Slack의 투명성과 집중화는 많은 사용자의 관심을 끌어냈다.

2014년 8월 Slack의 일간 활성 사용자 수는 17.1만 명에 이르렀고, 2014년 11월 일간 활성 사용자 수는 28만 5,000명으로 증가하였다. 2015년 2월 일간 활성 사용자 수는 50만 명에 도달하였으며, 2019년 1월 일간 활성 사용자 수는 1,000만 명에 달하였다.

이와 동시에 Slack은 자본 시장에서 점차 더 선호되고 있으며 C에서 H 라운드까지 Slack은 약 12억 달러를 융자하였다. 2019년 4월 26일 Slack은 미국 증권거래위원회(SEC)에 상장 신청을 하였고 같은 해 6월 20일에 "WORK" 코드로 뉴욕 증권거래소에 DPO(Direct Public Offering, 직접 공개 발행) 형태로 직접 상장하여 거래하였다. 상장된 첫날에 Slack의 주가는 발행가 26달러보다 50% 상승하여 시가총액은 230억 달러를 돌파하기도 하였다.

Slack은 제품의 핵심 기능을 '검색', '동기화', '파일 공유'로 주목한다.

(1) 검색 기능 : Slack에서 사용자는 언제나 어디든지 검색을 통하여 필요한 모든 정보를 획득할 수 있다.

(2) 동기화 기능 : Slack은 멀티 플랫폼, 멀티 디바이스에 대한 호환성이

있을 뿐만 아니라 다른 플랫폼 장비에서 동시에 사용할 수 있는 제품을 개발하는 데 초점을 맞춘다.

(3) 파일 공유 기능 : Slack은 사진을 빠르게 붙여넣을 수 있는 기능이나 간단한 끌어 놓기를 통하여 파일을 공유하는 간결한 사용자 인터페이스를 개발하는 데 초점을 맞춘다. 이러한 기능 때문에 대량의 조기 사용자를 얻고 그 중에 있는 많은 사용자가 늘 Slack를 사용한다.

또한 Slack은 사용자 체험과 수요에 대하여 주목하여 다음과 같은 특징을 가지고 있다.

(1) 설치가 간단하고 Slack은 다른 다양한 제품 및 서비스와 호환되며, 이메일처럼 안전하고 신뢰할 수 있다.

(2) Slack은 사용자 경험을 보장하기 위하여 거의 모든 고객 피드백을 평가한다. 2015년 Slack의 사용자 경험 팀에서 상근 직원 18명이 있으며 그 중에 직원 6명이 트위터에서 전천후의 지원을 한다.

(3) Slack은 이모티콘을 지원하는 것이 사용자 중에 인기가 많다. Slack의 상표, 체크 라벨 아이콘 등은 도구의 사회적인 예민함을 반영하였으며 Slack의 나머지 제품에 대한 강력한 포털이 된다.

2017년, 2018년과 2019년 슬랙의 유료 가입자 수는 각각 37,000명, 5만 9,000명, 8만 8,000명으로 순보유율은 각각 171%, 152%, 143%였다.

Slack은 두 가지 방식으로 사용자를 보유하고 있다.

첫째 "갈고리 모양 모델"을 이용하여 사용자가 Slack에 대한 투자를 장려하는 것이다. 사용자가 보내는 모든 메시지, 업로드하는 모든 파일 및 공유되는 모든 이모티콘은 사용자의 참여를 촉진한다. Slack이 2,000개의 메시지를 보내는 것은 주요 지표로 설치하는 이유를 설명할 수 있다.

둘째, 유료화를 피하고, 무료로 부가가치를 증가하는 서비스 모델을 이용한다. Slack의 무료 제품과 유료 제품은 다른 기업 통신기기와 거의 차이가 없다. 그러나 메시지 수량을 인덱싱하고 검색할 수 있는 것과 연결할 수 있는 팀 수에 대하여 유일한 차이점이 있다. 대부분 기능을 무료로 제공함으로써 Slack은 이 제품을 사용해 볼 의향이 있는 중소형 팀에 대하여 더욱 매력적이며 업그레이드하는 가격도 매우 저렴해졌다.

서드파티 애플리케이션을 위한 확장성은 Slack의 핵심 특화 기능이다. Slack은 모든 단편화된 정보 인터페이스를 통합하여 사용자가 세션 창에서 서드파티 애플리케이션을 직접 호출하고 서드파티 애플리케이션의 알림을 발신하고 수신한다. 그리고 인스턴트 메신저 실현, 이메일 발신과 수신, 파일 저장 등 다양한 작업을 완료하여 사용자가 다른 애플리케이션을 자주 전환하는 불편을 방지하고 기업이나 팀의 내부 협업 효율성 및 정보 활용률을 향상시킬 수 있다.

예를 들어, Dropbox나 Google Drive가 통합된 경우 기본적으로 사용자는 다른 프로그램 창으로 전환하지 않고 대화방에서 직접 파일을 업로드하고 저장할 수 있다. Slack은 이미 Heroku, Zendesk, Google Drive 등 서드파티 서비스와 제휴하여 이메일, 문자 메시지, GitHub 등 65종의 주류 도구와 서비스를 통합하여 수천 개의 애플리케이션을 통합하였다.

제4장 생태계 흥기

구독경제가 발전하면서 각종 관련된 제3자(Third party)의 서비스가 빠르게 성장하고 있다. 이러한 제3자 서비스는 구독경제의 발전을 크게 촉진하고 많은 구독기업과 같이 구독경제의 생태계를 구성한다.

구독경제의 제3자 서비스 기업은 아래 그림에 나와 있다.

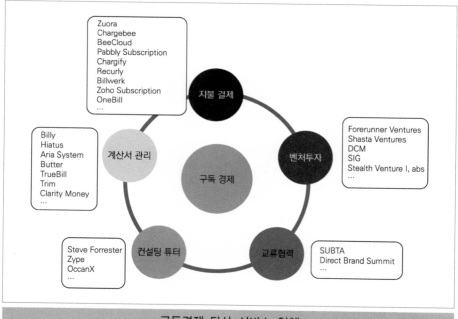

구독경제 타사 서비스 업체

4.1 명세서 관리

Billy의 목적은 이용자의 명세서와 정기지출 추적을 통하여 이용자가 온라인 구독 명세서(구독 음악, 영화나 다른 서비스로 인하여 생산된 명세서)와 고정지출을 편하게 관리할 수 있고자 한다. 지금 Billy는 주로 월마다 지불된 명세서를 추적하고 있다. 예를 들면 월세와 통화비, 그리고 사용자는 Dropbox, Apple Music, Spotify, Playstation Plus, Evernote, Google Drive, Netflix 등 사이트에서 구독 서비스를 이용하여 생산된 명세서다.

Hiatus는 2015년 설립되었으며 두 명의 공동 설립자 David Callis와 Todd Gower는 사용자가 특정 서비스에 중복 가입되었는지 도움을 주고자 하였다. 2017년 Hiatus는 120만 달러의 종자 라운드 자금 조달을 받았다고 발표하였다. 실제로 Hiatus의 해결방안은 사용자의 은행 계좌와 연계한 후 어떤 공제액 항목이 중복되는지 알아냄으로써 사용자의 중복 유료 구독 항목을 식별할 수 있다. 사용자들은 자신이 어떤 서비스를 구독하였는지 잊어버리며 일부 서비스는 암묵적으로 요금을 공제하는데 금액이 높지 않아 이를 쉽게 무시하기 때문이다.

Hiatus는 매월 자동납부거래가 발생하기 전에 가입자에게 안내문을 발송하고 악의적 공제 항목을 발견하면 휴대전화, 메일이나 홈페이지 등을 통하여 해지할 수 있게 한다.

Hiatus는 명세서 협조 도구를 이용하여 이용자들의 돈을 절약할 수 있는 새로운 서비스를 내놓았다. 만약 사용자가 자신의 매 구독료가 너무 비싸다고 생각된다면 이 도구를 통하여 서비스 제공업체와 소통하고 협상할 수 있다. Hiatus는 사용자의 라이센스를 받은 후 사용자를 대신하여 서비스 제공업체와 협상한다. 즉, 서비스 품질을 유지하면서 사용자가 결제하는 비용을 줄일 수 있다. 예를 들어, 사용자가 이동통신사의 38위안/월 데이터 요금제를 선택하여 200MB의 데이터를 받으면 Hiatus의 도움으로 사용자가 200MB의 데이터를 얻는 데 월 28위안만 결제하면 된다.

Hiatus는 사용자와 분할된 소득 모델을 채택하여 절약된 자금에서 절반으로 나누고 선불과 월별 할부 등 두 가지 결제 방식이 있다. 물론 Hiatus가 사용자의 돈을 절약해 주지 않았다면 사용자는 아무런 비용을 지불하지 않을 것이다.

이처럼 비슷한 구독 명세서 관리 도구는 Butter, Aria System, TrueBill, Trim, Clarity Money 등이 있다.

4.2 지급 결제

Zuora는 2007년 미국 실리콘밸리에서 창업하여 현재 실리콘밸리에서 가장 빠르게 성장하고 있는 회사 중 하나다. Zuora의 창업자이자 CEO인 좌헌정은 Salesforce의 초기 직원이고 퇴사 전에는 최고 마케팅 책임자로 일하였으며, 퇴사 후에 Zuora를 설립하였다.

Zuora는 기업이 온라인으로 구독, 청구 및 지급을 관리할 수 있도록 돕고 가격 책정, 지급 방법, 구독률 향상 방법, 손실률 증가를 방지하는 방법 등 구독 서비스 제공 과정에서 직면하는 문제를 해결한다. Zuora의 비전은 기업이 구독경제에서 성공할 수 있도록 돕는 것이다.

글로벌 금융위기 때 많은 산업 거물들이 파산되고 많은 기업이 지출을 줄이기 시작하였으나 창업한 Zuora는 혁신적인 성과를 이루었다. 예를 들어 연간 매출 400%의 성장으로 실리콘밸리에서 가장 빠르게 성장하는 SaaS 회사가 되었다. 또한 2010년 1분기 10억 달러의 고객 거래 유통액을 달성하였고, 1세대 제품은 출시 2년 만에 거의 200개 기업 고객을 보유하였으며 현금 흐름이 긍정적이었다.

Zuora의 Z-Billing 및 Z-Payments 제품은 기업이 동일한 해결방안에서 쉽고 빠르게 신제품을 출시하고 운영 규모를 확장하며 정기적인 청구 및 지급을 실현할 수 있도록 지원한다. 또한 Z-Force 제품은 Z-Billing, Z-Payments 및 Salesforce를 통합하여 기업이 구독 제품과 서비스를 판매할 수 있도록 지원한다. Z-Commerce는 클라우드 개발자를 위하여 개발된 최초의 비즈니스 플랫폼이다.

고객은 Java, Ruby, Force나 Facebook의 서드파티 클라우드 개발자가 될 수 있으며, Z-Commerce의 서비스형 솔루션을 통하여 개발자는 몇 줄의 코드만으로 과금, 결제, 구독 관리와 같은 서비스를 통합하여 자신의 클라우드 컴퓨팅 서비스를 수익화할 수 있다. Z-Billing 2.0은 완전한 구독형 최초의 기업 과금 솔루션이며, 고객이 비즈니스 성장을 주도하는 구체적인 지표도 명확하게 볼 수 있도록 도와준다.

Z-Payments 2.0은 구독형 비즈니스의 전체 정기 지급 주기를 전문적으로 관리하는 최초의 제품이다. 구독기업이 어떠한 형태의 지급도 접수할 수 있도록 돕고 이상 처리를 자동화하며, 요금계산과 지급 분쟁을 줄임으로써 청구 주기를 단축할 수 있다.

기업 과금 솔루션을 구독하면 고객이 비즈니스 성장을 주도하는 특정 지표도 명확하게 볼 수 있다. Z-Payments 2.0은 구독 비즈니스의 전체 정기 결제 주기를 전문적으로 관리하는 첫 번째 제품으로 구독회사가 모든 형태의 결제를 수신하고 비정상적인 처리를 자동화하며 청구 및 결제 분쟁을 줄여 청구 주기를 단축할 수 있다.

다른 유명한 구독 지급 시스템 서비스 제공업체는 Chargebee다.

2018년 Chargebee는 2,470만 달러의 투자를 받았으며 53개국에서 7,000여 명의 기업 고객을 보유하고 있다.

Chargebee는 결제 게이트웨이 중립형 구독 과금 솔루션을 제공하고 있으며 Stripe, Braintree, Paypal, Adyen 등 다른 결제 게이트웨이를 도입하였다. Chargebee는 다양한 산업에 있는 B2B와 B2C 구독기업을 지원한다. Chargebee는 고객이 새로운 비즈니스를 출시하고 새로운 국제시장으로 비즈니스를 확장할 수 있도록 지원하므로 고객은 규정 준수, 세금 규정, 언어, 통화, 심지어 새로운 수익모델 등 문제에 대하여 걱정할 필요가 없다.

Chargebee 공동 창업자이자 CEO인 Krish Subramanian는 세계적으로 구독 업무가 강한 성장세를 보이고 가격 책정 및 제품 판매 방식이 혁신적이라는 것을 알 수 있다고 말하였다.

지속적인 구독 업무를 만드는 것은 곤란하며 판매자는 끊임없이 제품 가치와 고객 서비스를 제공해야 한다. 따라서 비용을 청구하는 것은 중요한 업무 시스템이 된다. 비용을 청구하는 것은 확장 가능한 비즈니스를 만드는 데 필요한 유연성을 제공할 수 있기 때문이다. 한편으로는 원활한 고객 경험을 제공할 수 있을 뿐만 아니라 규제가 점점 더 엄격해지는 글로벌 경제 환경에서 규정 준수를 보장할 수 있다.

BeeCloud, Pabbly Subscription, Chargify, Recurly, Billwerk, Zoho Subscription, OneBill, PayWhirl, Cartfunnel, GoTransverse, Billing-Platform, Apttus, SAP Hybris, Digital River 등도 구독 결제 관리 시스템을 제공한다.

4.3 벤처투자

통계에 따르면 2020년 8월까지 10개 이상의 구독회사가 출시되었으며 수백 개 이상의 구독회사가 벤처 기관의 투자를 받았다. 투자를 받은 구독업체의 자료는 〈표 4-1〉과 같다.

〈표 4-1〉 투자를 받은 구독업체의 현황

구독기업	융자금액	투자기관	IPO/인수합병
Blue	1억 달러	Fidelity Management, Research Company, Stripes Group, Bessemer Venture Partners, First Round Capital	2017년 IPO
Marley Spoon	5,300만 달러	QD Ventures, Kreos Capital, Lakestar, GFC	2018년 IPO
HelloFresh	3.69억 달러	GFC	2017년 IPO

Dollar Shave Club	1.6억 달러	Foreunner Ventures, Venrock, Comcast Ventures, New World Ventures, Battery Ventures, Technology Crossover Ventures	인수
Ipsy	1억 달러	TPG Growth, Sherpa Capital	-
BirchBox	1.276억 달러	Forerunner Ventures, Accel Partners, Glynn Capital, Viking Global Investors, First Round Capital, Aspect Partner, Consigliere Brand Partner	-
Glossybox	7,200만 달러	Rocket Internet, Kinnevik Online	THG 인수
Stitch Fix	4,250만 달러	Benchmark, Structure Capital, Baseline Ventures, Lightspeed venture Partners	2017년 IPO
Abox		Sequoia Capital, XVC, DCM, GoldenSand Capital, K2VC, Monad Ventures, zhenfund	운영 중지
Champzee	3,000만 달러	Guanghe VC, Crystal Stream, SIG, Sky9 Capital, Ant Financial	-
Deer Forest	수백만 달러 엔젤 투자 라운드	zhenfund, GoldenSand Capital	-
TheLook	수백만 달러 라운드 A	baifund, silicon valley bank, SVTech, zhenfund	-
Secret Box	수백만 달러 엔젤 투자 라운드	daocin, Shenzhen kunda	-
Rockets of Awesome	1,950만 달러 C 라운드	Forerunner Ventures, General Catalyst, August Capital, Female Founders Fund, Launch Incubator	-
Snackoo	400만 달러	Shandong Jingwei, NERA Capital, Westlake Venture, Heda Venture, LYVC, IR Capital	-
MollyBox		DCM, Unity Ventures, atomvc	
Chaoneng Xiaohei	2,000만 위안 라운드 A	legendstar, Bochuang Lingzhi, Plum Ventures, zhenfund, Telescope Investment	
Reflower	수 억 위안 라운드 B	Jingwei Venture	

Netflix	91.7억 달러	TVC	2002년 IPO
Spotify	4억 달러	TVC, Tiger Global, Tecent, Sony, Creandum	2018년 IPO
One Medical	2억 달러	J.P. Morgan Asset Management, PEG Digital Growth Fund II L.P., AARP Innovation Fund L.P., Google Ventures, Benchmark Capital, DAG Ventures	-
MoviePass	600만 달러	HMNY	HMNY 인수
Farmer's Dog	810만 달러 A 라운드	Shasta Ventures, Forerunner Ventures, Collaborative Fund, SV Angel	
Canva	4,000만 달러	Shasta Venture, Sequoia Capital, Blackbird Ventures, Felicis Ventures	-
Zuora	1.54억 달러	Shasta Venture, Blackstone Group, Greylock Partners, Passport Capital, Index Ventures, Greylock Partners, Benchmark Capital, Redpoint Ventures, Next World Capital, Vulcan Capital	2018년 IPO
FabFitFun	1.1억달러 A 라운드	KPCB, Upfront Ventures, NEA, 500 Startups, Draft Ventures, Anthem Venture Partners	-

Pitchbook의 데이터에 따라 2016년 벤처투자를 받은 구독 창업 기업 수는 70개, 2017년에 56개, 2018년에 50개로 감소하였는데 2018년 12억 달러 이상의 자본투자를 기록한 것은 업계가 성숙해지면서 더 큰 가치를 창출하였기 때문이다. 벤처투자를 받은 구독 창업 기업 수와 투자금액은 [그림 4-1]과 같다.

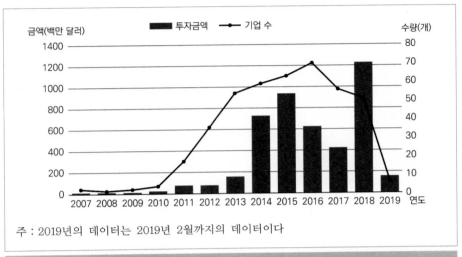

주 : 2019년의 데이터는 2019년 2월까지의 데이터이다

[그림 4-1] 벤처투자를 받은 구독 창업기업 수와 투자금액

Sequoia Capital, DCM, zhenfund, SIG, Ant Financial, Bertelsmann AsiaInvestments, Blackstone Group, Google Ventures, Benchmark Capital, Y Combinator 등 세계적으로 유명한 벤처투자기관의 진입은 자본이 구독 모델을 중시하는 것을 설명할 수 있다. 또한 Netflix, Spotify 등 많은 투자기관이 구독기업에 투자하는 것을 격려하였다.

구독 모델을 선호하는 모든 투자기관 중에서 Forerunner Ventures를 주목할 수 있다. 이 펀드는 BirchBox, Glossier, Dollar Shave Club, Rockets of Awesome, Ritual 등 여러 유명한 구독 기업에 투자하였기 때문이다. 2010년 Forerunner Ventures는 화장품 구독 서비스 회사 Birchbox 등에 일회성 투자를 하였다. Forerunner Ventures는 투자금이 500만 달러에 불과할 때 Dollar Shave Club에 100만 달러를 투자하였다. 게다가 여성 전용 비타민 공급업체 Ritual은 2015년 Forerunner Ventures 씨드 라운드에 투자를 받았다.

Shasta Ventures는 Dollar Shave Club, Zuora, Farmer's Dog, Perfect Coffee, Imperfect Produce, Smule, Hinge, Zwift, Canva 등 여러 구독기

업의 투자기관이다. Shasta Ventures는 구독기업의 충실한 옹호자다.

Jason Pressman은 Shasta Ventures의 파트너이다. Jason Pressman은 구독경제가 활발히 발전하고 고객 활동에서 발생하는 실시간 데이터에 의하여 주도되고 있다고 생각하였다. 월마트의 경험에 따르면 Jason Pressman은 향후 20년에 비즈니스 모델이 일회성 구매에서 지속적인 구독으로 크게 변할 것이라고 밝혔다. 이에 따라 Jason Pressman이 Shasta Ventures에서 주요 투자 영역은 구독 창업 기업이다. 구독 모델은 소비자에게 편의성과 유연성을 줄 수 있다.

Stealth Venture Labs도 많은 구독 창업 기업을 투자하였다. 예를 들어 액세서리 구독 Coastal, 운동 캐주얼 의류 구독 Yoga Club, 신선 제품 구독 Home Chef, 미스터리 박스 구독 Hunt-A-Killer, 다육식물구독 Succulent Studios 등이 있다.

4.4 컨설팅 및 멘토링

많은 투자기관이 구독 창업 기업에 자금을 지원할 뿐만 아니라 구독 창업 기업을 위한 컨설팅 및 멘토링 서비스를 전문적으로 제공하고 있다.

Julie Ball은 구독 사이트 Sparkle Hustle Grow의 설립자이자 여성 창업자 커뮤니티의 리더이며 구독 박스 코치로서 창업자들이 구독 사업을 시작할 수 있도록 도움을 준다.

Julie Ball은 구독기업의 설립부터 개발까지 다양한 도구와 템플릿을 포함하는 구독 박스 액셀러레이터 프로그램(6개월 온라인 과정)을 설립하였다.

Steve Forrester는 구독 액셀러레이터 프로그램을 통하여 기업들이 빠르게 구독 업무를 시작할 수 있도록 지원하며, 관련된 교육은 4가지 모듈로 나눈다.

⑴ 모듈1 : 계획을 시작하고 수익성 있는 긴 꼬리 시장을 선택하며 제품 및 매력적인 포장을 디자인하고 사이트를 설립한다.

(2) 모듈2 : 더 많은 구독자를 확보하여 마케팅과 사업을 홍보한다.

(3) 모듈3 : 고객 보유율을 높여 구독자가 오래 구독할 수 있도록 한다.

(4) 모듈4 : 구독 업무를 빠르게 확장한다.

또한 Zype은 동영상 구독 사이트 구축에 전념하고 있으며 SocialWithin 는 구독기업에 마케팅 서비스를 제공한다. Sublytics는 구독 데이터 분석 서비스를 제공하며 OceanX는 원스톱 서비스를 제공한다. 이러한 완벽한 서드파티 서비스가 있기에 구독 사이트를 만드는 것이 매우 쉬워진다.

4.5 교류 협력

구독기업이 많아지면서 모두가 교류하고 협력할 수 있는 플랫폼이 매우 필요해졌다.

SUBTA는 유명한 구독 협회로 정식 명칭은 Subscription Trade Association이고 목적은 구독 산업의 교류, 협력 및 발전을 촉진하는 것이다.

현재 구독 주제에 초점을 맞춘 협회는 SUBTA가 최초이자 유일하다. SUBTA에 가입한 후 회원은 전면적인 산업 데이터, 선별된 구독 뉴스 정보와 전문적인 연구 보고서를 얻을 수 있으며, 다양한 세미나 및 온라인 커뮤니티에 가입할 수 있다. SUBTA의 멤버십 서비스도 구독 방식으로 하고 있다. 개인 월회비는 57달러, 개인 연간회비는 397달러, 단체 연간회비는 997달러다.

SUBTA는 구독을 주제로 매년에 두 번의 대회를 개최하는데 하나는 Recur이고 다른 하나는 SubSummit이다. SubSummit은 3일간에 구독경제에 초점을 맞춘 대회로 참여자는 구독 창업 기업, 유명한 구독기업, 벤처투자자, 서드파티 서비스 기관 등으로 일반적으로 100여 명의 연사, 100여 개의 관련 기업 및 1,000여 명의 참가자가 참여하는 구독 사례 공유, 학습 및 소통의 플랫폼이다. 또한 SubSummit은 베스트 펫 구독 박스, 베스트 디자인 구독 박스, 베스트 구독 창업 기업, 베스트 고객 서비스 구독 박스 등 세부 분야별 우수 구독기업을 선정하는 심사도 진행한다. SubSummit에는 로드쇼 코너가 있어 창업 기업이 자신을 전시할 수 있어 벤처투자를 받을 수 있다.

게다가 Direct Brand Summit, The Recurring Revenue Conference, Media Subscriptions Summit 등 구독을 주제로 한 미팅들이 있다.

4.6 소결

구독 모델의 각 영역에서 광범위로 응용하고 있다. 또한 구독경제를 중심으로 형성된 생태계의 완비는 구독경제가 이미 규모를 형성하고 성숙되며 무시할 수 없는 새로운 비즈니스 모델이 되는 것을 설명할 수 있다.

제5장 도대체 구독경제는 무엇인가?

전통적인 우유 구독, 신문 구독 등은 오랫동안 이어져 왔으나 본문에서 논의되는 구독 모델이 아니다. 상술한 넷플릭스 등 구독업체들이 채택한 구독 모델은 전통적인 구독 모델과 큰 차이가 있어 이를 '구독경제'라고 부른다. 전통적인 소매와 새로운 소매의 차이와 같이 겉으로 모두 소매인데 사실상 개념과 방법은 완전히 다르다.

도대체 구독경제는 무엇인가? 다른 비즈니스 모델과 비교할 때 새로운 모델의 개념이 명확하게 드러날 수 있다고 생각하지만 애매한 정의는 성급하게 내리지 않는다.

5.1 구독경제와 전통적인 구독 모델의 차이

17세기 정기 간행물 및 신문 출판사가 구독 모델을 개척하였으며 전통적인 구독 모델도 시작되었다.

중국에서 신문 구독은 주로 우체국을 통하여 진행한다. 독자는 우체국에서 작성하는 〈신문 및 잡지 목록〉을 열람하며 구독할 신문이나 잡지를 선택한 후 우체국의 요구에 따라 '신문 구독서' 또는 '신문 구독 리스트'를 작성하며 이름, 주소, 신문명, 신문 코드명, 구독 부수, 구독 시작일 등을 정확히 기재하여 결제한다.

구독 기간은 보통 우체국에서 매년 10월 1일부터 다음 해에 신문에 대한 비용을 받는다. 만약 독자가 신문을 1년 구독한다면 우체국 직원은 매일 신문을 독자의 우편함에 배달한다. 만약 1년 월간 정기 간행물을 구독한다면 독자는 매월 정기 간행물을 받을 것이다.

구독경제는 전통적인 구독 모델과 비교하여 공통점은 모두 선불+정기결제를 이용하는 것이다. 그러나 두 모델이 발생하는 시대적 배경이 다르고 주도적 사고와 운영 논리도 크게 다르다. 구독경제는 인터넷, 빅데이터, 인공지능 등의 기술 배경에서 생겨난 것으로 전통적인 구독 모델과 큰 차이가 있다.

우선 결제 측면에서 구독경제는 완전히 자동화로 진행된다. 과거에 결제 기술에 제한이 있어 결제는 주로 수동으로 진행되며 만료된 후 자동 결제로는 계속 주문할 수 없었다. 구독경제는 서드파티 결제 또는 신용카드 승인을 통하여 한 번에 계약을 체결하면 나중에 자동으로 갱신된다. 결제 주기에 대하여 전통적인 구독 모델의 결제 주기는 일반적으로 1년 이상인데 구독경제는 일반적으로 월, 심지어 주, 일 주기로도 된다.

결제 기술의 발전으로 과거보다 구독이 편리해지고 있다. 동시에 구독도 유연해져 사용자는 언제든지 구독할 수 있거나 취소할 수 있어 더 많은 구독자를 유치할 수 있다. 즉, 전통적인 구독 모델은 특정 산업만으로 제한되지만 구독경제는 거의 모든 산업으로 빠르게 확장될 수 있다.

다음에 제품과 서비스 측면에서 전통적인 구독은 기본적으로 보충 유형이며 동일한 제품 또는 동일한 제품의 업데이트로 인하여 상대적으로 단조롭다. 구독경제에서 빅데이터와 인공지능으로 만든 추천 엔진은 무한한 제품과 무한한 사용자를 효율적으로 매칭할 수 있으므로 넷플릭스의 무한한 데이터베이스 구독 모델, 스티치픽스의 정밀 추천모델, 입시의 서프라이즈 박스 모델 등 다양한 구독 유형을 탄생시켰다.

마지막으로 운영 측면에서는 구독 경제하에 구독기업의 각 프로세스가 디지털화되어 데이터를 중심으로 세분화된 운영을 수행할 수 있는 반면 전통적인 구독 모델은 디지털 수준이 낮고 비교적 운영이 간단하다.

예를 들어 전통적인 구독 모델은 100년 전에 말을 기반으로 한 택배와 비슷한데 구독경제는 비행기, 고속철도, 지능형 로봇 등 현대 교통수단과 기술을 기반으로 한 택배와 같아 질적 차이가 있다.

5.2 구독경제와 회원제의 차이

우리는 마트, 헤어숍 등에서 소비할 때 점원은 멤버십을 만들겠느냐는 질문을 던진다. 일부 멤버십은 정기적으로 요금을 내고 소비해야 하는데, 구독경제와 비슷한 점이 있는 것 같다. 그럼 이 둘은 비슷한가?

회원제는 17세기 영국의 클럽으로부터 시작되었다. 당시에 클럽은 귀족적인 분위기를 풍겼으며, 상업 사회가 발전하는 과정에서 같은 사회계층 사람들이 배타적인 사교 장소를 만들기 위하여 설립된 제도이다. 회원은 주로 남성이다. 클럽이 인기를 끄는 이유는 회원들에게 높은 프라이버시와 가까운 사회적 분위기를 제공하기 때문이다.

영국과 미국은 1872년 샌프란시스코에서 설립된 보헤미안 클럽(Bohemian Club)과 같은 유명한 전통적인 남성 회원 클럽이 있으며, 미국의 국가 지도자들이 이 클럽의 회원이다. 이는 회원제 클럽이 계층적 소속감과 자유로운 사교 공간을 줄 수 있는 것을 설명할 수 있다.

최초의 회원제는 클럽이 제공하는 서비스에 따라 최대 회원 수를 추정하여 회원을 모집한 후 일정한 규칙과 규정에 따라 회원에게 서비스를 제공하는 것을 의미한다. 회원제의 개념도 변하였는데, 현재의 멤버십 제도는 보통 특정한 소비층을 특정 소비층에 대하여 비회원과 차별화된 서비스를 제공하는 것을 말한다. 포지셔닝 및 비즈니스 목표 등으로 인하여 다양한 회원제도 형태가 생성되었으며 주로 회원 시스템, 서비스 조건, 요금 방법, 회원에게 약속할 권리 및 회원이 부담해야 할 의무 등에 차이점이 있다.

중국에서 항상 볼 수 있는 미용 및 뷰티 카드, 피트니스 카드, 마트 멤버십 카드 등은 회원제의 산물로 소비자는 회원이 되면 포인트 적립, 할인 등의 혜택을 받을 수 있다.

회원제에서 소비자는 반드시 회비를 납부하거나 일정한 조건에 도달해야만 회원이 될 수 있다. 즉, 회비를 납부하는 것은 일종의 자격을 구매하는 것을 의미하며 상품이나 서비스를 별도로 지불해야 한다. 비회원은 소비 자격이 없거나 더 높은 비용을 부담해야 한다. 그러나 구독 모델은 소비자가 구독료를 납부하면 상품이나 서비스를 받을 수 있고 모든 구독자가 서비스를 받을 수 있다.

예를 들어 1996년 월마트가 중국에서 첫 번째 샘 회원점을 선전에서 영업하기 시작하였다. 샘 회원점에서 소비자는 쇼핑하려면 먼저 회원비를 납부하고 회원이 되어야만 쇼핑할 수 있다는 규정이 있다. 개인 회원은 1개의 메인 카드와 2개의 서브 카드를 발급받을 수 있으며, 비용은 각각 150위안, 50위안이다. 이것은 전형적인 회원제이다. 그러나 현재 중국에서 많은 회원은 가입 조건이 거의 없고 소비하는 경험이 있거나 개인 정보를 제출하면 회원이 될 수 있다. 따라서 회원카드가 난립하여 진정한 회원제가 아닌 경우도 많다.

5.3 구독경제와 전통적 소매의 차이

슈퍼마켓에서 쇼핑하고, 옷가게에서 옷을 사는 것은 모두 전통적인 소매 장면이다. 이 장면에서 소비자와 사업자는 돈을 내고 물건을 건네는 일회성 거래를 한다. 구독 모델에서 소비자와 기업은 계약을 체결하여 장기적이고 안정적인 관계를 형성한다. 소비자가 주문을 취소하지 않는 한 소비자 행동은 정기적으로 지속되기 때문에 이것은 지속적이고 반복적인 거래이다.

전통적인 소매의 본질은 제품을 파는 것이고 거래가 끝나면 소비자와 사업자의 관계는 끝난다. 구독 모델의 본질은 서비스를 파는 것이고 소비자와 사업자는 오랜 기간 정기적인 거래를 하고 구독 기간에 관계는 계속된다.

5.4 구독경제와 정기구매의 차이

생각을 많이 하는 일부 독자들은 내가 정기적으로 마트에서 쇼핑한다면 구독과 같은 것이 아닐까? 라고 생각할 수 있다. '정기적으로 마트에서 생선 구입'과 '생선 구독'은 비슷한 것 같은데! 정기구매와 구독은 도대체 차이가 있는가? 차이가 크다!

정기구매는 거래 건수가 많은데 매번 거래가 일회성 거래라는 본질은 변하지 않고 소비자와 사업자는 계약 관계가 없다.

또한 전통 소매든 정기구매든 소비자에게 거래는 능동적인 소비이며, 매번 상품을 골라야 한다. 그러나 어떤 의미에서 구독 모델은 수동적인 소비이며 소비자는 원하는 스타일을 표시하거나 개인화된 정보를 제공하면 되고 구체적인 상품과 서비스는 회사에서 선택하고 제공한다.

5.5 구독경제와 공유경제, 임대경제의 차이

구독경제와 공유경제, 임대경제는 어느 정도 교집합이 있는데 본질적인 차이가 있기에 혼동하면 안 된다.

보통 공유경제의 유형은 카셰어링, 공공자전거, 공유 보조배터리 등이 있다. 공유경제는 소유권을 약화시키고 사용권을 강화하는 역할을 한다. 이론적으로 공유경제 시스템은 사람들이 보유한 자원을 다른 사람에게 유료로 임대하여 유휴자원을 효율적으로 사용하고 자원의 전반적인 활용 효율성을 높일 수 있다는 뜻이다. 그러나 현재 많은 기업이 홍보하고 있는 공유경제는 유휴자원이 아니라 공유 전용 상품을 만들어 본질적으로 보면 공유경제가 아닌 임대경제이다.

〈표 5-1〉은 공유경제와 임대경제의 차이를 보여준다.

〈표 5-1〉 공유경제와 임대경제의 차이

플랫폼 \ 유형	공유경제	임대경제
비즈니스 모델	C2C	B2C
자산	약함	강함
인터넷 효과	강함	약함
시장 추세		기업들이 많음

　임대경제는 임대인이 어떤 물건의 사용권을 임차인에게 빌려주고 임차인은 보수를 지불함으로써 그 물건의 소유권을 취득하지 않으며 사용권을 얻는 것을 말한다. 선저우 렌터카, 공유자전거와 공유 안마의자의 자산은 기업에 속하여 실질적으로 모두 임대경제에 속하는 반면에 디디, 우버, 에어비앤비는 모두 사회 곳곳에 있는 유휴자원을 활용하여 진정한 공유경제에 속한다.

　구독경제, 공유경제와 임대경제의 공통점은 소유권을 중시하지 않고 사용권만 중시하는 것이다. 일회성 거래 방식을 이용하면 예를 들어 공유자전거를 한 번에 1위안씩 타거나 의류대여업체가 옷 한 벌을 빌려주고 대여료를 받는 등 단일거래 방식을 채택하는 것은 구독 모델이 아니다. 그러나 소비자가 월마다 결제하고 무제한으로 자전거를 타거나 어떤 옷을 빌려주는 서비스를 받을 수 있다면 구독경제에 속한다. 또한, 임대경제는 보통 소비자가 일정한 보증금을 지불해야 하는 반면에 구독경제는 보증금이 전혀 필요 없다.

5.6　구독경제의 핵심요소

　전통적인 구독 모델, 멤버십 시스템, 전통적인 소매, 정기구매, 공유/임대경제와 같은 일련의 모델과 비교하여 구독경제를 명확하게 이해할 수 있다. 전체적으로 보면 구독경제와 다른 모델의 차이점은 〈표 5-2〉와 같다.

〈표 5-2〉 구독경제와 다른 모델에 대한 공통점과 차이점

비교	공통점	차이점
전통적인 구독 모델 VS 구독경제	정기적으로 구매, 예매	• 자동적인 결제 아닌 단일한 모델 • 자동적인 결제, 다양한 모델, 데이터 중심
회원제 VS 구독경제	장기적인 관계	• 자격 구매 • 서비스 구매
전통적인 소매 VS 구독경제	상품 구매	• 일회성 거래, 현금 지불 • 지속적인 거래, 예매
정기적인 구매 VS 구독경제	정기적인 구매	• 일회성 거래, 현금 지불, 능동적인 소비 • 지속적인 거래, 예매, 수동적인 소비
공유/임대경제 VS 구독경제	사용권	• 일회성 거래 • 지속적인 거래

즉, 구독경제의 핵심요소에는 지속적인 거래, 자동화된 결제, 수동적 소비와 데이터 중심성이 포함된다.

1. 지속적인 거래

지속거래는 일정한 기간에 여러 번 거래하는 것으로 1년 동안 월 1회씩 총 12회 거래하는 것을 말한다. 사실상 지속적인 거래에 대하여 소비자와 기업이 계약 관계를 맺어 특정 기간 안에 월별이나 주별로 상품이나 서비스를 구매한다. 소비자가 구독을 취소하지 않는 한 기업은 계속 서비스를 제공하여 소비자와 기업의 장기적인 관계를 구축한다.

소비자가 기업에 승인하여 정기적으로 자신의 은행 계좌에서 자동 차감하고 구독료를 지불한다. 보통 구독할 때마다 소비자에게 제공하는 서비스가 일치하고 이후 자동 결제가 걸리는 기간은 24개월을 초과하지 않는다.

2. 자동 결제

현재 대부분의 구독 서비스는 월별로 진행되며 1년에 12번 결제해야 한다. 자동 결제 기술은 결제를 단순화하고 결제 비용도 크게 절감한다. 사용자와

기업이 승인에 서명하면 12번의 결제는 자동으로 진행되며 추가 작업이 필요하지 않다. 따라서 많은 기업이 주간 구독, 심지어 일간 구독을 더 유연하게 하는 방안을 제공하고 있다.

자동적인 결제는 구독경제의 핵심 기술이며 구독경제의 대규모 발전을 지원한다.

Ardent Partners의 연구에 따르면 자동 결제는 결제 비용 80%를 절감할 수 있으며 전통적인 수동 작업이나 지폐를 기반으로 진행된 결제방식에 비하여 청구서 승인 평균 시간을 28일에서 3일로 줄일 수 있다. 또한 자동 결제는 수동 작업으로 인한 오류를 크게 줄일 수 있으며, 데이터도 클라우드에 저장되므로 더욱 안전하다.

3. 피동적인 소비

우리는 책을 읽을 때 끊임없이 생각하고 집중한다. 이것은 능동적인 독서이다. TV, 뉴스와 틱톡 동영상을 볼 때 정보가 계속 방출되고 우리는 많은 생각을 하지 않고 수동적으로 받아들인다. 이것은 수동적인 독서이다.

이처럼 능동적인 소비는 소비자가 자신의 수요에 따라 능동적으로 상품을 선택하고 결제한 후 집으로 가져가는 것이다. 오프라인 슈퍼마켓이든 온라인 플랫폼이든 소비자의 쇼핑 행동은 모두 능동적이다. 구독경제는 빅데이터와 인공지능 기술을 이용할 수 있음으로써 사용자가 좋아할 만한 것을 직접 추측한 후 정확하게 추천한다. 이 경우에 사용자는 정보와 데이터만 제공하면 원하는 영상, 옷 등이 자동으로 제시되고 집으로 배달된 후 소비할 수 있는 것은 전형적인 피동적 소비다.

오늘날 헤드라인의 그래픽과 메시지 스트리밍, 틱톡/퀵핸드의 비디오 메시지와 스트리밍 등처럼 사용자는 새로 고치기만 하면 새로운 콘텐츠가 있을 것이다. 구독경제도 스트리밍 방식으로 사용자가 필요한 상품과 서비스를 제공한다. 따라서 이러한 소비방식은 능동적인 소비보다 더 쉽고 간단하여 인기가 있다.

4. 데이터 중심

구독경제는 21세기에 나타났고 21세기는 고도로 디지털화된 시대이기 때문에 구독경제는 근본이 데이터 중심으로 주도된다. 구독경제 통합에는 빅데이터, 인공지능, 인터넷과 사물인터넷 등 최신 기술이 사용되며 이러한 디지털 기술은 구독경제에 대하여 중요한 부분이 된다.

의류 구독 플랫폼 트리밍을 예로 들어 사용자의 '수요 공개, 성공적인 소비, 반품' 등 행동에 따라 데이터를 형성하는 것은 시스템이 사용자의 '이미지'를 명확하게 묘사할 수 있도록 도와준다.

5.7 구독경제의 본질

전통적인 비즈니스에 거래가 완료되고 상품이 소비자에게 전달되면 판매가 완료된다. 그러나 구독경제에 대하여 고객의 첫 구독은 판매의 완료가 아닌 시작을 의미한다. 기업이 지속적으로 서비스를 제공하고 고객이 자발적으로 구독을 취소할 때 판매가 종료된다.

소비자에 대하여 현금은 상품에 대한 선택권과 같으며, 어떤 상품을 산 것은 어떤 상품에 한 표를 던진 것을 의미한다. 구독기업과 계약하면 소비자가 미래에 일정한 기간 안에 자신의 선택권을 양도하여 어느 정도 위험을 담보해야 한다.

따라서 구독경제의 본질은 소비자와 기업이 장기적인 계약 관계를 맺고 소비자는 일부분 선택권을 양도하며 기업은 소비자에게 지속적으로 서비스를 제공하는 것이다. 구독료를 지불하는 것은 소비자가 구독 플랫폼의 서비스를 인정하는 것을 설명할 수 있다. 계약을 체결한 후 구독업체야말로 소비자를 위한 맞춤형 상품을 찾을 수 있다. 구독업체들은 소비자와 같이 구독 계획을 끊임없이 보완하며 계약 관계를 더욱 공고히 하고 있다.

5.8 왜 구독경제는 새로운 비즈니스 모델인가

구독경제가 새로운 판매방식, 새로운 결제수단이라고 생각하는 사람이 많을 것이다. 사실은 그렇지 않다. 구독경제는 새로운 판매방식과 지불수단뿐만 아니라 새로운 유통모델, 새로운 생산제조공정 등 다양한 요소가 높은 효율적으로 운영되는 완전한 시스템을 형성하고 있다. 따라서 구독경제는 완전히 새로운 비즈니스 모델로 볼 수 있다.

비즈니스 모델은 기업가치 창출의 논리이다. Petrovic은 비즈니스 모델이 고객 가치를 창출하는 것을 목적으로 하는 비즈니스 시스템의 논리로 간주될 수 있으며 실제 비즈니스 활동에 존재하며 기업 전략의 추상적 수준의 개념적 설명과 기업의 비즈니스 활동 수행에 기본 역할을 한다고 하였다. 비즈니스 모델은 기업이 자신과 고객을 위하여 가치를 어떻게 창조하고 제공하는지 설명한다. 비즈니스 모델의 세 가지 핵심요소는 [그림 5-1]과 같다.

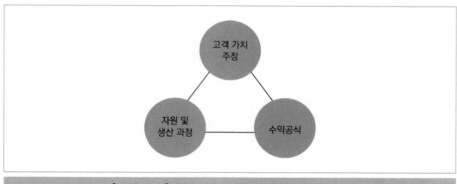

[그림 5-1] 비즈니스 모델의 3가지 핵심 요소

하버드대 교수 Mark Johnson, Clayton Christensen와 Henning Kager-mann가 공동으로 저술한 〈비즈니스 모델 혁신 백서〉에서는 어떤 비즈니스 모델도 고객 가치 주장, 자원과 생산 과정 및 수익 공식으로 구성된 3차원 입체 모델이라고 언급하였다.

(1) 고객 가치 주장은 정해진 가격에서 기업이 고객에게 서비스 또는 제품을 제공할 때 완료해야 하는 작업을 말한다. 이 중에 목표 고객을 정의하는 방법, 어떤 문제를 해결하는 방법, 어떤 상품을 판매하는 방법 등이 포함된다.

(2) 자원 및 생산 과정은 고객 가치 주장 및 수익 공식을 지원하는 특정한 비즈니스 모델이라고 말한다. 핵심 자원에 직원, 기술, 장비, 정보, 채널, 파트너, 브랜드 등이 포함되는 것은 고객 가치 주장의 실현을 보장하며, 핵심 프로세스란 각종 프로세스를 말한다. 이 중에 생산, 설계, 제조, 마케팅, 채용 등 프로세스와 투자, 대출, 조달 등 규칙과 표준이 포함되는 것은 고객에게 가치를 제공하고 규모를 지속적으로 확장할 수 있도록 보장한다.

(3) 수익 공식은 기업이 주주의 경제적 가치를 실현하는 과정을 말하며 구체적으로 소득 모델, 비용 구조, 자원 회전 속도 등을 포함한다. 다음에 비즈니스 모델에 대한 3대 핵심요소부터 시작하여 구독경제가 완전한 시스템인지 분석할 것이다.

5.8.1 고객 가치 주장

고객 가치 주장 측면에서 기업은 보통 사용자가 문제를 해결하는 데 돈, 시간 및 기술을 고려할 수 있다. 넷플릭스, 텐센트 동영상 등이 제공하는 구독 서비스는 사용자가 매달 수천 편의 영화, 드라마 등을 비교적 저렴한 비용으로 시청할 수 있게 하여 사용자들에게 돈을 절약해 준다.

남성용 양말은 정기적으로 양말을 배송하고 Dollar Shave Club은 면도날을 정기적으로 배송한다. 이러한 구독 서비스는 이용자들의 시간을 크게 절약하였다. 식자재 구독업체 Blue는 요리를 못하는 젊은이들도 쉽게 풍성한 요리를 만들 수 있도록 한다.

다시 말하면 구독 모델은 돈이 있는데 바쁜 도시 젊은이들과 매우 적합하다. 다양한 구독기업은 제품이나 서비스를 잘 포장하여 직접 사용자에게 보내는 것은 사용자의 의식주 측면에 프로세스를 크게 간소화할 뿐만 아니라 시간도 절약하며, 생활도 간단해지고 편리해진다.

5.8.2 자원과 생산 과정

고객 가치 주장을 지원하기 위하여 구독기업은 빅데이터, 인공지능, 인터넷, 사물인터넷과 관련된 기술을 사용하여 자동화된 지불 및 계산서 시스템을 구축해야 한다. 구독자의 개발, 유지 및 구독 제품의 디자인, 정가 및 업그레이드 측면에서 구독기업은 맞추는 프로세스와 시스템을 보유하고 있다. 이를 통하여 구독기업이 이용자를 위한 가치 주장을 지속적으로 실현할 수 있게 된다.

2015년 설립된 FlowerPlus는 가장 오래된 대규모 생화 구독 전자상거래 브랜드로서 모바일 주문 및 월정액 주택 배급을 통하여 언제 어디서나 생화에 대한 사용자의 요구를 충족시킨다. 불과 2년 만에 FlowerPlus의 누적 가입자 수가 700만 명을 돌파하였고 월간 최고 매출액은 1억 위안을 초과하였다.

FlowerPlus의 고객 가치 주장은 삶을 꽃으로 밝히는 것이다. 즉, 꽃은 밭에만 심어져서는 안 되며 모든 사람의 눈앞에 나타나야 한다고 주장한다. 다시 말하면 FlowerPlus에는 명절 및 기념일에 대한 생화 소비보다 일상생활 속에 도시인의 생화 소비를 중시한다. 이 독특한 가치 주장을 실현하기 위하여 FlowerPlus는 공급망, 물류, 브랜드 및 기타 측면에서 전통적인 오프라인 꽃 가게와 완전히 다르다.

공급망 측면에서 업스트림에서 생화 생산자이고 다운스트림에서 사용자이며 FlowerPlus는 연결자이다. 생화는 매우 부드러운 제품이기 때문에 공급망과 물류 시스템에 대한 요구 사항이 많다. 따라서 FlowerPlus에는 설립 초기부터 상류 공급망과 물류 시스템을 배치하기 시작하여 전면 직접 수확, 중간 집중 생산 및 후면 도시 터미널 유통모델을 구축하였다.

2018년 초 FlowerPlus에는 전국적으로 8,000개 이상의 생화 기지를 설립하였으며 창고 7개와 현대식 생화 작업장 5만 평방미터를 갖추고 산업 근로자 1,000명 이상을 보유하였다. 매주 600만 송이의 꽃을 따고 매달 출하량은 약 200만 상자이며, 초당 평균 18명 고객이 꽃을 받는다.

물류 측면에서 FlowerPlus는 36시간 정시 배송률을 95% 이상으로 유지하고 있다. 2018년 '5 · 25 열기절(悦己節)' 행사 기간에 상하이에서 주문부터 배송까지 2시간 만에 52,500만 개의 생화 배달 서비스를 실현하였으며, 칠석에 이 물류 모델을 베이징에서 성공적으로 복제하고 배송 시간을 90분으로 단축하였다.

전통적인 생화 소매가 항공 운송을 채택하고 2차 생화 도매 시장을 통하여 배송되는 것과 달리 FlowerPlus는 저온 냉장 운송 방식을 채택하고 간선 운송을 통하여 생산지에서 전국 곳곳에 분포된 생화 가공 기지로 생화를 운송한 다음 기지에서 각각 택배 배송지로 분배하여 최종적으로 소비자에게 배송한다. 이처럼 전체 콜드 체인으로 운송하기 때문에 손실 발생이 적고 전통적인 항공 운송보다 더 낮은 비용으로 소비자의 즉각적인 소비 요구를 충족시킬 수 있다. 또한 다양한 생화 종류를 제공할 수 있고 표준화된 관리로 사용자에게 더 편한 소비 경험을 제공할 수 있다.

FlowerPlus는 마케팅과 브랜드 측면에서 매우 창의적이고 혁신적인 능력을 보유하고 있다. 예를 들어, 스타와 동일한 월간 패키지 및 다양한 가격대의 제품 패키지를 만든다. 또한 보존 액체, 맞춤형 꽃 가위, 수제 앞치마, 환경 보호 백 등 굿즈를 개발하였다.

브랜드 제휴 측면에서 FlowerPlus는 COACH와 제휴하여 플라워 카드를 출시하였으며, Lancaster와 제휴하여 크리스마스 생화 박스 세트를 제작하였다. 이와 동시에 다른 유명 브랜드와 협력한 여성 스포츠 컬렉션 세트, 칠석 장미 세트 등이 있다. 게다가 FlowerPlus에는 "5 · 25 열기절"을 만들고, '꽃을 붙이면 맞다'는 브랜드 캠페인을 출시하며, 1위안 오픈, 1년 구매 시 반년 증정 등 다양한 혜택으로 생화 소비를 시도하는 문턱을 낮추었다. 이처럼 FlowerPlus에는 유연하고 다양한 마케팅 방식과 창의적인 브랜드 전략을 통하여 사용자가 화가의 제품을 접하게 하여 점차 소비 습관을 기르게 한다.

사용자에게 정교화된 극단적인 소비 경험을 제공하여 꽃의 품질과 신선도를 유지하며 짧은 시간 내에 배달될 수 있도록 비용을 아끼지 않고 완벽한 공급망과 물류 시스템을 구축하였다. 또한 FlowerPlus에는 고객 서비스 시스템 구축을 매우 중시하고 24시간 온라인으로 사용자 피드백을 처리하며, 사용자에게 최적인 경험을 제공하기 위하여 노력한다. FlowerPlus는 2016년 아스클레피아스를 배송하였을 때 실수가 발생하자마자 모두 리콜하여 사용자와 여론의 칭찬을 받았다.

5.8.3 수익 공식

고객에게 가치를 제공하는 동시에 구독기업은 상당한 이익을 얻을 수 있으며 지속적으로 규모를 확장할 수 있으면서 고객과 함께 이익을 얻을 수 있다. 구독기업이 얻는 수입은 모두 반복소득으로 고객의 청약철회율이 낮은 수준을 유지하면 반복소득은 점점 높아지고 동시에 규모효과로 인하여 비용이 절감되고 이익이 뒤따른다.

2019년 4월 27일까지 미국 의류 구독 플랫폼 Stitch Fix의 3분기 매출은 전년 동기보다 29% 증가한 4억8,900만 달러를 기록하였다. Stitch Fix의 최고경영자(CEO) Katrina Lake는 17% 증가한 310만 명을 기록하였고, 소비자 지출도 지난해보다 8% 늘었기 때문이라고 밝혔다. 이와 동시에 Stitch Fix의 3분기 이익률은 45.1%로 지난해 같은 기간의 43.6%보다 높아졌다. Stitch Fix는 2017년 출시한 후 7분기 연속 전년 동기보다 20% 이상 영업이익 성장을 달성하였다.

스트리밍 구독 플랫폼 넷플릭스는 더 대단하다. 2018년 넷플릭스의 총 매출은 158억 달러로 동기보다 35% 증가하였으며 운영 이익은 전년도의 거의 두 배인 16억 달러에 달하였다. 넷플릭스도 유료 구독자 수(1억3,900만 명)를 기록하였고, 신규 구독자 2,900만 명으로 평균 유료 구독자 수와 평균 객단가가 2018년보다 각각 26%, 3% 상승하는 등 매년 성장세를 유지하였다.

한마디로 말하면 구독경제는 고객 가치 주장, 자원 및 생산 과정부터 수익 공식까지 완전한 시스템을 갖추고 있기에 완전히 새로운 비즈니스 모델로 연구 및 운영될 수 있다.

제6장 구독경제는 왜 일어날까

6.1 소비자들은 왜 구독 모델을 선호할까?

현재 소비자들의 소비패턴이 이전과 많이 달라졌다.

구독 기반 가격 모델은 수백 년 동안 존재해 왔지만, 현 시점에서 이 모델을 사용하는 기업의 수가 폭발적으로 증가한 것은 지난 10년간 고객이 기대했던 변화에 기인한다.

각종 신기술의 등장으로 모든 사람이 언제 어디서나 기업과 교류할 수 있는 기회를 갖게 되면서 소비자들은 원하는 것을 원하는 대로 얻는 데 익숙해지고 있다. 이와 함께 소비자들은 기업의 높은 서비스 수준을 기대하기 시작했고, 자신이 구입한 제품과 서비스가 시간이 지날수록 개선되기를 바라고 있다.

구독 모델에서는 구독자가 서비스 제공업체를 쉽게 전환할 수 있기 때문에 사용자 충성도를 원하는 기업은 지속적인 고품질 서비스를 제공해야 한다. 이를 실현하기 위해서는 기업은 사용자의 행동을 명확히 이해하고 생산, 마케팅 및 납품을 실시해야 하며, 각 사용자와의 좋은 관계를 육성해야 한다.

6.1.1 편의성

휴대전화와 모바일 인터넷이 보편화되면서 쉽고 빠른 생활서비스에 대한 선호도가 높아지고 있다. 1990년대만 해도 인터넷에서 노래를 검색하거나 CD에 담긴 노래를 mp3 형식으로 옮겨 적은 뒤 컴퓨터와 mp3 플레이어를 연결해 플레이어로 했어야 했다. 이제 사람들은 QQ음악, 소리 밭 등 음악 구독 플랫폼을 열면 100만 곡의 노래를 즐길 수 있고, 노래 제목, 가수 이름

등에 따라 원하는 음악을 빠르게 찾을 수 있다. 이들 음악 플랫폼은 사용자마다 다른 정보에 따라 사용자가 좋아할 만한 음악을 맞춤형으로 추천해주는 강력한 추천 엔진도 갖추고 있다.

해외의 한 설문조사에서 응답자의 55%는 원하는 상품을 빨리 찾지 못하면 인터넷 쇼핑을 포기한다고 답했고 77%는 기업이 제공할 수 있는 최고의 서비스로 시간을 절약할 수 있다고 답했다. 구독경제가 빠른 속도로 발전하는 이면에는 '게으른 경제'의 구동이 있다. 생활리듬이 빨라지면서 소비자들은 쇼핑에 많은 시간을 소비하는 것을 점점 더 싫어하고, 자신이 원하는 상품이나 서비스를 직접 얻을 수 있기를 원한다. 이를 통해 사용자가 머리를 써서 상품을 고를 필요가 없는 구독 상자가 탄생했다.

푸드박스의 경우, 메뉴 앱이든, 푸드 동영상 사이트든 '요리하는 것'을 더 쉽게 만들려고 한다. 그러자 전 세계 스타트업들이 비즈니스 기회를 보고, 디자인된 레시피 및 필요한 식재료를 제공하고, 사용자는 집에서 단계별로 간단한 가공만 하면 음식을 즐길 수 있는 새로운 반제품 신선상 O2O 모델을 가져왔다.

조리법을 제공해 원하는 메뉴를 고르게 한 뒤 필요한 식재료를 집중적으로 조달하고 포장해 집으로 배송하는 것이 대표적이다. 사용자는 주어진 메뉴대로 30분 안에 한 끼를 먹을 수 있다. 식단의 내용은 메뉴에 대한 간략한 설명, 조리에 필요한 시간, 난이도 계수, 특수 설명(견과류나 글루텐 등이 포함되는지 여부), 식재료와 토핑 용량, 영양 함량 및 그래픽 절차 등이다.

할랄생선의 모든 식단은 내부 셰프진이 독점적으로 맞춤 제작하고 내부 영양학자들이 심사해 영양 밸런스가 맞는 건강한 식사를 제공한다. 사용자는 이번 주, 다음 주 및 이전 레시피를 웹 또는 모바일 클라이언트를 통해 언제든지 확인하고 다운로드할 수 있다.

할랄생선은 클래식, 비건, 패밀리 세 가지 주문 상품을 제공한다. 또 포장이나 운송을 쉽게 할 수 있도록 사용자의 선택에 제한을 뒀다. 미국 웹사이트의 정보를 예로 들면, 클래식 프로그램은 제철 채소와 생선, 육류 제품을 포함하고 있으며, 6가지 식단을 선택할 수 있어 성인 2~4명의 식사를 만족시킬 수 있다. 채식주의 식단은 채소류만 제공하는 반면 가정식 식단은 어린이 식단을 포함해 선택할 수 없다. 다만 채식주의 식단은 성인 2명, 어린이 2명으로 한정해 2인분 또는 4인분을 선택할 수 있다. 할랄생선이 선택할 수 있는 방안과 비용은 〈표 6-1〉에 나와 있다.

〈표 6-1〉 할랄생선이 선택할 수 있는 방안과 비용

패키지 프로그램	식사 인원수	식사 횟수	비용(달러)
고전적 방안	2	3	69
	3	4	84.9
	3	5	99
	4	3	129
채식 방안	2	3	59
	4	3	109
가족계획	4	2	79.95
	4	3	105

자료 : 할랄생선 홈페이지

모든 패키지는 무료다. 이렇게 전체적으로 계산하면 클래식 옵션을 선택하는 이용자에게는 1인당 최저 10달러 미만이 된다. 외식보다 미국 가정에 매력적인 가격이다. 할랄생선은 유연한 구독 방식도 제공한다. 사용자는 배송 시간과 장소를 스스로 선택할 수 있으며 배송 5일 전까지 언제든지 구독을 수정, 일시 정지 또는 취소할 수 있다. 기프트카드도 제공돼 식자재 옵션이 포함된 기프트카드를 구매해 다른 사람에게 증정하고, 받은 기프트카드는 1달러에 해당하는 식자재 패키지로 교환할 수 있다.

소비자에게 구독의 가장 큰 장점은 선택의 폭을 넓혔다는 점이다. CD나 테이프를 갖고 있었지만 지금은 온라인 음악 라이브러리 구독을 통해 세계 모든 음악을 들을 수 있다. 패션 구독 서비스도 우리나라에서 시작돼 거대한 중산층을 등에 업고 빠르게 확장되고 있다. 일례로 미국 패션 렌털 사이트인 르토트는 2018년 선전에 둥지를 틀었고, 이용자들은 월정료를 내고 의류와 액세서리를 무제한 대여할 수 있으며, 배송비와 세척 비용은 사업자가 부담한다. 입던 옷을 입는 것은 견디기 힘들지만, 패션을 추구하면서도 많은 돈을 들여 옷을 사지 않으려는 샐러리맨에게는 매력적인 선택이다.

6.1.2 신선감

사람들이 여행을 좋아하는 큰 이유 중 하나는 여행이 신선함을 주기 때문이다. 사람들이 공항을 벗어나 현지 온도, 현지 음식, 현지 언어를 느낄 때 모든 것이 신기하다. 하지만 같은 공항에 서너 번 드나들면 신기함이 사라지고 주변의 모든 것이 다시 평범해지고 격식 있게 바뀌면서 신세계로 넘어가는 행복감은 사라진다.

간단히 말해서, 모든 것은 새로운 것이고, 뇌는 새로운 환경의 모든 상태를 예민하게 감지할 수 있다. 후자의 경우, 뇌는 모든 것이 익숙하고 새로울 수 없기 때문에 같은 역할을 하지 못한다.

심리학자들은 이런 상황을 더 깊이 있게 '새로운 탐구'라고 부른다. 과학적 연구에 따르면 신선한 외부 자극은 즐거움, 만족감 등을 자극한다. 이것이 구독 서비스가 탄생한 근거다. 소비자가 구독 서비스에서 새롭고 개인적이고 신나는 요소를 많이 얻을 때 뇌 속 즐거움 영역도 활성화된다.

뷰티케어에 대한 소비자들의 다양한 욕구를 충족시키기 위해 온라인 뷰티 구독박스를 출시해 선풍적인 인기를 끌고 있다. 일례로 미국 뷰티커머스 버치 박스는 뷰티 구독박스를 출시해 1년 만에 약 250만 명의 활성 사용자를 확보했다. 국내에서는 상하이 벳쇼데이터테크놀로지유한공사 산하 이색 해외구매 앱이 뷰티와우 박스를 출시했는데, 수천 개의 뷰티 박스가 출시 2시간 만에 완판되었다.

6.1.3 가성비와 개성화

경제학에서는 일본의 트렌드 연구학자 오마에 겐이치가 제안한 M형 사회라는 말이 있다. 간단히 말해서, 부자가 될수록, 중산층이 낮아진다는 것이다. 고도성장에서 둔화, 심지어 불황으로 전환한 뒤 자본수익은 노동수익보다 훨씬 빠르게 증가했고, 더 적은 사람이 더 많은 부를 장악했지만 중산층은 갈라섰다. 중간 계층에서 부유층으로 올라선 사람은 적고, 대부분 중하위 소득 계층으로 진입해 중간 계층이 쪼그라들면서 사회 부의 인구 분포 구조가 A형에서 M형으로 바뀐다.

21세기 자본론의 역사적 데이터는 미국 사회의 M자형 변화를 보여준다. 미국 소득 상위 10%의 소득이 미국 국민총소득에서 차지하는 비중은 1910~1920년 4,550%에서 1950~1970년 35% 미만으로 떨어졌으나 1980년대부터 꾸준히 증가해 2010년 50%대로 정점을 찍었다.

중국에서도 M자형 사회가 형성되고 있다. 국가통계국에 따르면 2013~2017년 중위소득과 고소득층의 가처분소득 격차는 31,758위안에서 42,221위안으로 30% 이상 벌어졌다. 전 국민을 소득 5등급으로 나눈 사람의 가처분소득은 〈표 6-2〉와 같다.

〈표 6-2〉 전국민 소득 5등급 분류

그룹별	2013년	2014년	2015년	2016년	2017년
저소득	4402 위안	4747 위안	5221 위안	5528 위안	5958 위안
중하위	9653 위안	10887 위안	11894 위안	12898 위안	13842 위안
중위소득	15698 위안	17631 위안	19320 위안	20924 위안	22495 위안
중상위	24361 위안	26937 위안	29437 위안	31990 위안	34546 위안
고소득	47456 위안	50968 위안	54543 위안	59259 위안	64934 위안

자료 : 중국 국가통계국

소득증가율을 보면 2014~2017년 가장 부유한 '고소득'층의 소득증가율은 7.4%에서 9.57%로 증가했고, '저소득' '중위소득' '중상위권' '중하위권' 4개 그룹의 소득증가율은 해마다 낮아졌다. 1인당 소득의 변화가 가져오는 것은 소비의 변화이고, 소비는 경제성장의 가장 중요한 동력인 반면 중산층은 사회소비의 주체다. M자형 사회가 가져올 중산층의 변화는 사회 전체의 소비 관념과 소비수준에 영향을 미칠 수 있다.

최근 몇 년 동안 중국의 새로운 중산층 집단이 신속하게 강대해졌다. 2018년 중국 고순도층 자산백서에 따르면 우리나라 중산층은 3억8300만명으로 세계 1위이고, 맥킨지의 중국 소비자 조사보고서와 CBNData에 따르면 2020년까지 우리나라 전체 소비 증가의 81%가 중산층에게서 나올 것으로 예상할 정도로 중산층의 소비 잠재력이 크다. 한편 신중산 보고서 2017에 따르면 우리나라 중산층은 72.94%로 1~2선 도시에 주로 분포하고 있다.

소비습관 관련 데이터에 따르면 중산층 소비자들은 지나치게 질 좋고 합리적인 가격의 제품을 선호한다. 자동차의 경우 중산층 소비자들이 자동차를 선택할 때 독일차(25.6%)를 선호했고, 일본차(15.8%)가 뒤를 이었고, 품질에 대한 설명은 여전히 중산층 소비자들의 관심의 초점이다. 또 자동차 가격은 중산층 소비자들이 10만~20만 원, 20만~30만 원대로 각각 42.31%, 56.04%를 선호했다.

중산층 소비에 영향을 미치는 요인([그림 6-1] 참조) 중 제품 품질은 중산층 소비자가 82.2%로 가장 많이 고려했고, 절약시간은 77.5%로 2위, 가성비는 73.8%로 3위를 차지했다. 중산층 소비자의 소비관념은 대형·명품보다는 품질은 높고 가격은 합리적인 고가(高價)의 제품을 선호한다는 이성적 경향을 보이고 있다. 최근 몇 년 동안 퍼다두, 샤오미 유품, 넷이즈 엄선, 유명 메이커 등의 브랜드와 채널의 발흥은 일선 도시의 "소비 강등" 열풍을 잘 증명하고 있다.

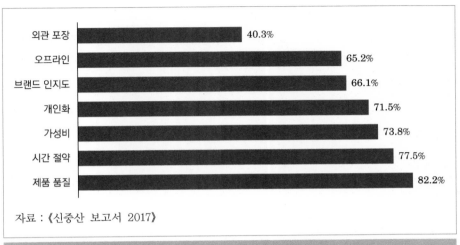

자료 : 《신중산 보고서 2017》

[그림 6-1] 중산층의 소비에 영향을 미치는 요소

중산층 소비자의 소비이념이 합리적이고 가성비 높은 제품을 선호하는 추동 요인 중 하나는 중산층의 생활압박 급증으로 인한 '밀어내기 효과'다. 최근 부동산, 의료, 교육 등의 지출이 많아 중산층의 생활압박이 큰 보스턴의 보고서에서 이 소비자들은 '고부채중산'으로 불리며, '자산은 있지만 넉넉하지 않다'는 특징이 있다. 소비자들은 부동산 등 상당한 자산을 보유하고 있지만 모기지론 등 스트레스 때문에 생활이 넉넉하지 않다.

단순히 제품가격 관점에서 볼 때, 큰 도시의 소비자들은 가격이 낮은 제품을 선호하는데, 이는 확실히 소비의 강등이다. 그러나 가격합리를 추구함과 동시에 소비자의 제품 자체의 품질에 대한 요구는 보다 이성적이고 성숙한 소비관념을 나타낸다. 특히 이들은 제품 선택에 있어서도 더 이상 맹종하지 않고, 브랜드 프리미엄에 대해 더욱 신중함을 보이고 있는데, 이는 다른 형태의 소비의 업그레이드이다.

이와 함께 인구구조의 변화도 새로운 소비습관으로 이어지고 있다.

'90년대생' '00년대생' 및 더 젊은 세대들은 인터넷화된 라이프스타일에 대한 수용도가 비교적 높고, 천연적인 점성과 소속감을 가지고 있으며, 최근 5~10년간 성장해 온 인터넷 콘텐츠 유료 시장에 대한 인지도와 인정도가 비교적 강하며, 이러한 그룹은 '천연 유료 그룹'으로 정의할 수 있다.

2015년 천연 유료화 인구(1990년 이후 출생자)는 약 4억 명으로 전체 인구의 29.3%를 차지했고, 2020년 천연 유료화 인구는 34.1%를 차지하며, 2025 ~2035년에는 5년마다 39.0%, 43.9%, 48.9%를 차지할 것으로 예상됐다.

절대수 기준으로 2015~2035년 '천연 유료화 그룹'은 5년마다 4억 명, 4억 8800만 명, 5억 7,400만 명, 6억 5,800만 명, 7억 4,000만 명으로 전년 대비 각각 22%, 17.6%, 14.6%, 12.5%씩 증가했다. 또 '90년대생' '00년대생'의 취미가 더 넓어지면서 개인화에 대한 욕구가 두드러졌다.

주류 소비층이 바뀌면서 '80세대' '90세대'가 주력으로 떠올랐다. 차세대 소비층은 교육과 성장환경이 다르기 때문에 소비관념도 70년대생과 다르다. 한편 '70년대생' '80년대생' '90년대생'보다 물질적 조건이 더 풍부하고 제품의 품종도 다양해 선택의 폭이 넓으며, 한편 신세대 소비층은 소비관념상 개인의식과 추구가 강하며, 개인의 감정과 라이프스타일에 맞는 제품과 서비스를 선호하고 있다.

6.2 기업은 왜 구독경제를 선호할까?

기업에 있어서 구독 서비스를 제공하는 이점은 상당히 클 수 있다. 구독 모델은 기업이 기존 고객을 묶어두고 시장점유율을 확대하며 현재 소매선택이 부족하거나 불편한 고객을 접할 수 있도록 한다. 소비자가 가입·구독을 통해 상품을 받을 때 구독업체는 풍부한 소비자 구매와 선호 데이터를 얻을 수 있고, 구독 서비스를 제품 출시 전 테스트 도구로 활용할 수 있다. 또한 구독 모델은 기업에게 고객 관계와 브랜드 연계 기회를 제공한다.

6.2.1 업무와 수입의 안정은 예측가능

구독료는 보통 월 또는 연 단위로 고정적으로 부과되기 때문에 구독업체는 월/연간 수입을 보다 정확하게 예측하여 대출 상환, 투자 계획, 인력 채용 등의 사항을 보다 잘 처리할 수 있다. 또한 기업들은 원자재 수요를 더 잘 예측해 재고 문제를 근본적으로 해결할 수 있다. 재고관리는 매우 어렵고 잘못된 관리방식이 각 분야에 널리 퍼져있다.

전통적인 비즈니스 모델의 경우, 가장 큰 도전은 어떻게 수요를 예측하느냐 하는 것이다. 과대평가되면 돈을 돌려받지 못하고 창고에 재고가 쌓이고, 과소평가하면 재고부족으로 이어져 고객의 요구를 충족시키지 못할 수 있다. 썩기 쉬운 제품이 없어도 재고는 변화무쌍한 시장 수요에 영향을 받는다.

구독제는 기업과 고객이 맺는 계약에 해당하며, 계약의 제한이 있기 때문에 구독 모델은 수요를 완화시킬 수 있고, 기업 규모를 더 잘 계획하는데 도움이 되며, 기업이 고객의 제품에 대한 수요량을 더 잘 파악할 수 있게 한다.

6.2.2 귀중한 고객 데이터를 축적

이제 여러분은 제조업체가 유통업자에게 제품을 팔고, 유통업자가 소매업자에게 제품을 팔고, 소매업자가 최종 사용자에게 제품을 파는 구식 유통채널의 구조를 떠올릴 수 있다. 이런 모델에서는 고객이 원하는 액세서리가 녹색인지 빨간색인지 알고 싶다면 채널 딜러에게 문의해야 한다.

구독기업은 최종 가입자에게 더 가까이 다가갈 수 있고, 이용자는 인터넷을 통해 기업과 직접 접촉한다. 모든 사용자 행동을 수학적 모델에 넣은 뒤 수 초 안에 수억 개의 데이터를 만들어낸다. 데이터가 곧 부(富)인 반면 구독기업은 엄청난 양의 사용자 정보를 갖고 있는데, 전통 회사들이 구독 서비스에 나서는 것은 사용자 정보가 필요하기 때문일 것이다.

2012~2013년 월마트의 혁신 인큐베이터는 구독업체 Goodies를 운영하였다. 이용자가 한 달에 7달러만 내면 Goodies는 시제품 한 상자를 집 앞까지 배달한다. 이용자가 안에 든 제품을 선호하면 Goodies 홈페이지에서 정식 판매 상품을 살 수 있다.

월마트는 회원들에 대한 깊은 이해는 단순히 가입자의 구매 행태가 아니라 Goodies 의 채점 시스템을 통해 가입자가 받은 샘플을 평가할 수 있도록 하였다. Goodies는 기여하는 사용자들에게 포인트로 피드백을 주고, 사용자는 점수를 매기거나 경험을 쓰거나 사진을 올려 포인트를 얻을 수 있다. 가입자가 충분한 포인트를 받으면 포인트를 이용해 다음 달 무료 샘플로 교환할 수 있다.

월마트는 월 7달러를 위해 Goodies를 만드는 것이 아니라 전 세계에서 가장 큰 소매상으로서 어떤 간식이 가장 인기가 많은지 알고 싶어하며, 정식 제품을 돈 주고 사겠다는 것이다. Goodies는 월마트가 사용자의 취향을 이해하도록 도와 상품 구매 결정을 잘 할 수 있도록 돕는다.

월마트에게 구독이 가져다주는 데이터는 엄청난 재산이다. 이로부터 구독 서비스를 통해 기업은 대량의 정확하고 효과적인 데이터를 축적할 수 있으며, 더욱 정확한 사용자 이미지는 기업의 정확한 마케팅을 촉진하고, 진정한 의미의 "생산 주문 판매"를 가능하게 하며, 전통적인 소매업 상태에서의 재고 문제를 해결할 수 있음을 알 수 있다. 기업은 빅데이터를 통해 소비자 선호와 시장 흐름을 분석해 맞춤형 서비스를 제공하고 수요 예측까지 정밀하게 한다.

6.2.3 사용자의 높은 점성과 충성도

만약 당신이 100파운드짜리 큰 백곰 개를 가지고 있다고 가정한다면, 매일 두 그릇의 개 사발을 가득 채워야 한다. 이것은 적지 않은 지출이다. 그래서 당신은 항상 개 사료의 할인 정보에 주목해야 한다. 시간이 지날 때마다 당신은 애견용품점에서 개 사료를 구입해야 한다. 만약 당신이 슈퍼마켓에서 개 사료를 할인하는 것을 본다면 당신은 살 것이고, 만약 당신이 다른 가게에서 하나를 사면 하나를 증정하는 행사가 있다는 것을 알게 된다면, 당신은 분명히 다시 살 것이다. 결국, 당신은 가게로 들어가 개밥을 사는 것에 싫증을 느낄지도 모른다.

PetShopBowl의 개 사료 구독 서비스를 알게 된 순간, 네가 미친 듯이 기뻐하다니 자신이 원하는 것이 아니냐? 구독 후 2주마다 집으로 배달되는 사료가 도착하였다. 당신은 마침내 끊임없이 사료 할인 정보를 검색하는 것을 멈출 수 있다. 또한 가게에 가서 무거운 사료를 옮길 필요도 없다. 그래서 당신은 계속해서 PetShopBowl 서비스를 구독할 것이다.

구독자는 기업이 제공하는 편리한 서비스와 미래의 충성도를 교환하는 계약을 체결했다는 사실을 알고 있다. 한번 사는 고객보다 구독자의 끈기가 높다. 사용자의 점성과 충성도의 향상은 사용자가 더 많은 제품과 서비스를 구매하게 됨으로써 기업에 더 많은 가치와 이윤을 가져다 준다는 것을 의미한다.

우리는 꽃집의 경우 많은 전통 산업과 마찬가지로 보통 처음 몇 달은 수입이 없기 때문에 이용자들의 구매 욕구를 자극할 수밖에 없다. 이들은 상가에 비싼 돈을 주고 결혼기념일 전에 가입자의 눈길을 사로잡기 위해, 주요 명절에 꽃을 사들이기 위해 광고 투자를 늘린다. 만약 그들이 어떤 명절 기간의 승객 수송량을 잘못 계산했다면, 그들의 재고품은 썩었을 것이다.

이 모델을 꽃 구독업체 H. Bloom과 비교하여 이 꽃집의 창업자 브라이언 Bryan Burkhart와 Sonu Panda는 꽃계의 넷플릭스가 되고 싶다고 했다. H.Bloom은 호텔, 레스토랑, 레저 피트니스 센터에 꽃을 제공한다. 기존 꽃집들이 꾸준히 신규 가입자의 욕구를 불러일으켜야 하는 것과 달리 H. Bloom은 매주, 격주 또는 매월 구독자에게 꽃을 배달한다. H. Bloom은 오프라인 점포를 낼 필요가 없어 전통 꽃가게가 맨해튼에 월 150달러에 좋은 상가를 빌리는 데 비해 도시 공단의 100년 된 빌딩을 월 30달러에 빌리는 데 그쳤기 때문이다.

H.Bloom은 고객에게 꽃을 한 번 팔고 나면 다시는 만나지 못할 수도 있지만 H.Bloom은 호텔과 주 29달러짜리 계약을 맺을 수 있고 H.Bloom이 3년간 재계약을 할 수 있게 되면 결국 약 4524달러(29*156)짜리 고객을 만들 수 있다.

6.3 기술의 변혁 발전

구독경제의 부상은 인터넷과 물류 등의 발전과 함께 일부 신기술의 등장과 발전으로 구독경제의 토양이 비옥해지면서 수많은 스타기업이 탄생했다.

과학기술의 발전은 각종 구독 서비스를 가능케 했고, 소비자 접근의 문턱을 크게 낮췄다. 스마트폰의 등장과 인터넷 속도 향상은 소비자가 원하는 대로 차를 부르고, 보고 싶은 영화도 보고, 듣고 싶은 음악도 들을 수 있게 해 다양한 구독 모델에 대한 기대감을 높이고 있다.

6.3.1 인터넷

구독경제의 발전은 인터넷에 기반을 두고 있기 때문에 인터넷이 없으면 구독경제도 없다.

오늘날 인터넷은 물과 공기처럼 사람들의 생활에 필수적인 부분이 되었다. 많은 사람들에게 인터넷이 없는 날은 수도와 전기가 없는 것만큼 무섭다. 모바일뱅킹을 통한 계좌이체, 전자상거래 사이트에서 가구 구매, 앱을 통한 배달 주문, 모르는 네티즌에게 직장 문제 등을 인터넷으로 처리할 수 있다.

반려동물 식품 구독업체인 박박스의 창업자 BarkBox은 BarkBox와 같은 기업이 성공할 수 있었던 것은 인터넷 비즈니스에 대한 믿음이 커졌기 때문이라며 과거에는 신용 카드 정보만 믿을 수 있는 대기업에 맡겼지만 이제는 초보 스타트업을 상대로도 많은 사람들이 자신의 정보를 남길 것이라고 말했다.

We Are Social과 Hootsuite가 공동으로 2019년 글로벌 디지털 보고서를 [그림 6-2]와 같이 발표하였다. 보고서에 따르면 2019년 전 세계 인구는 76억7600만 명으로 이 중 휴대전화 51억1200만 명, 인터넷 43억8800만 명, 소셜미디어 34억8400만 명이 활동했고 32억5600만 명이 모바일 기기에서 소셜미디어를 사용하였다.

총인구	휴대폰사용자	인터넷사용자	소셜미디어사용자	모바일소셜미디어사용자
76.76억 명	51.12억 명 67%	43.88억 명 57%	34.84억 명 45%	32.56억 명 42%

[그림 6-2] 2019년 글로벌 디지털 보고서

GlobalWebIndex에 따르면 인터넷 이용자의 92%가 매달 온라인으로 동영상을 시청하고 있어 전 세계 40억 명 이상이 2019년 초 온라인 동영상 콘텐츠를 소비하고 있다는 의미다. 전 세계 18억1800만 명의 인터넷 사용자가 인터넷을 통해 쇼핑하고 있으며, 침투율은 37%로 총 1조786억 달러에 이른다.

중국 인터넷정보센터(CNNIC)가 발표한 제43차 '중국 인터넷 발전상황 통계보고서'에 따르면 2018년 12월 기준 중국 네티즌 규모는 8억2,851만명, 연간 신규 네티즌 5,653만명, 인터넷 보급률은 59.6%로 2017년 말보다 3.8% 포인트 높아졌다. 중국 네티즌 규모와 인터넷 보급률은 [그림 6-3]과 같다.

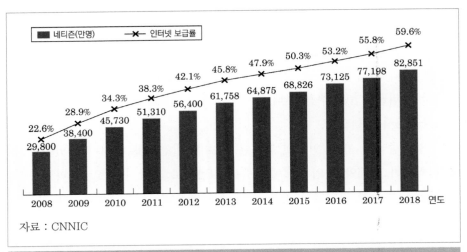

자료 : CNNIC

[그림 6-3] 중국 네티즌 규모와 인터넷 보급률

중국 네티즌 구조는 [그림 6-4]와 같다.

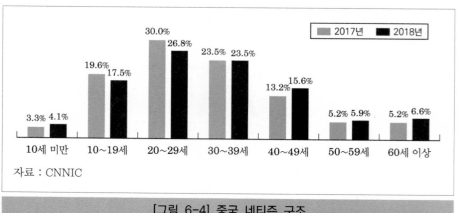

[그림 6-4] 중국 네티즌 구조

중국 누리꾼들은 중, 청년층을 중심으로 중고령층에게 지속적으로 침투하고 있다. 2018년 12월 현재 전체 네티즌의 67.8%를 차지하는 10~39세 가운데 20~29세 연령층이 26.8%로 가장 높았고, 40~49세 중년층 네티즌은 2017년 말 13.2%에서 15.6%로 확대됐으며, 50대 이상 연령층은 2017년 말 10.4%에서 12.5%로 높아졌다.

중국은 2018년 12월까지 현재 8억1,700만 명 규모로 연간 6,433만 명이 새로 가입했으며, 2017년 말 97.5%에서 2018년 말 98.6%로 증가하였다. 중국 휴대전화 가입자 규모와 점유율은 [그림 6-5]와 같다.

중국 누리꾼 1인당 주간 인터넷 이용시간은 2018년 27.6시간으로 2017년 말보다 0.6시간 늘었다.

2018년 중국의 개인 인터넷 활용은 양호한 발전세를 유지하고 있어서 전용차/퀵서비스 예약 가입자의 증가율이 40.9%로 가장 높았고, 온라인 교육이 빠르게 발전해 가입자의 증가율이 29.7%였으며, 온라인 배달, 인터넷 재테크, 인터넷 택시 예약 및 인터넷 쇼핑 가입자의 증가율도 고속으로 증가했으며, 짧은 동영상 앱이 급부상하여 이용률이 78.2%, 2018년 하반기 이용자의 증가율이 9.1%에 달했다.

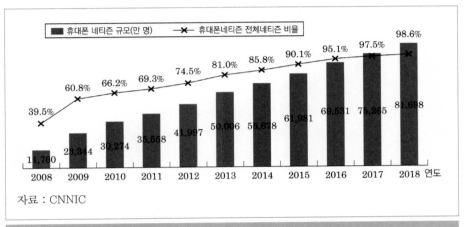

[그림 6-5] 중국 휴대폰 네티즌 규모와 점유율

국내 누리꾼들은 이미 인터넷상에서 뉴스 보기, 쇼핑, 게임, 공부, 호텔 예약에 익숙해져 인터넷 기반 구독경제가 폭발할 수 있는 발판을 마련하였다.

6.3.2 미지급

전 세계적으로 현금과 수표에서 전자결제로의 이행이 빠르게 일어나고 있다. 전 세계 신용카드 구매량은 2013년 16조 달러에서 2023년 49조 달러로 늘어날 전망이다.

미국 신용카드 시스템의 정비와 보급으로 미국 주민들은 직불카드에 묶인 모바일 결제에 익숙하지 않다. 2017년 중국 소매업계의 모바일 결제 침투율은 25%에 달했지만 미국의 경우 7%에 불과하다.

중국 제3자 지급 산업은 1999년 유니온페이 청산 시스템 구축보다 먼저 시작됐다. 인터넷기술의 발전과 보급, 인터넷 뱅킹의 부흥으로 제3자 결제가 급속히 발전하고 있다. 은행들은 2002년 인터넷뱅킹 서비스를 시작했다. 이후 컴퓨터의 보급과 인터넷 쇼핑의 급속한 발전으로 온라인 결제 습관이 몸에 밴 제3자 결제 시장이 대두됐다.

2012년 우리나라의 제3자 지급업계는 새로운 발전 추세를 보이고 있다.

2013년 제7차 제3자 결제 번호판이 발급되면서 국내 전통 인터넷 대기업들도 제3자 결제 사업에 뛰어들었다. 2013~2016년 제3자 지급거래 규모의 복합성장률은 110.9%에 달했다. 2017년에는 인터넷 결제가 일상생활의 모든 단계에 침투했고, 민생 분야에서도 온라인 결제가 이뤄지고 있다.

　최근 몇 년 동안 중국의 제3자 지불은 빠른 성장을 유지하고 있다. 1~2선 도시에서는 모바일 결제 등 제3자 결제가 온라인 쇼핑, 쇼핑몰 소비, 숙박 서비스, 택시 모빌리티 등 생활 전반에 침투하고 있다. 직관적으로 제3자 결제는 이미 대부분의 소비 장면에 충분히 침투해 있다. 중국 모바일 결제와 인터넷 결제 규모 이력을 [그림 6-6]에 나타낸다.

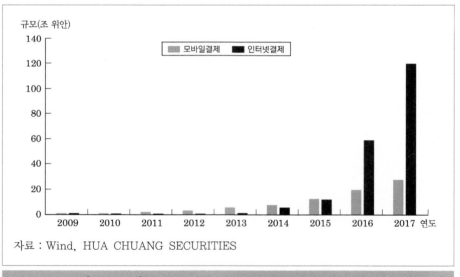

[그림 6-6] 중국 모바일 결제와 인터넷 결제 규모 역사

　2018년 12월 현재 중국의 인터넷 결제 이용자 규모는 6억명으로 2017년 말 대비 6,930만명 증가해 연간 13.0%의 증가율을 보이며 이용률은 68.8%에서 72.5%로 증가하였다. 모바일 결제 이용자 규모는 5억8,300만명 증가해 10.7%의 증가율을 보이며 이용률은 70.0%에서 71.4%로, 네티즌의 오프라인 소비 시 모바일 결제 이용률은 65.5%에서 67.2%로 각각 높아졌다. 중

국 인터넷 결제와 모바일 결제 이용자 규모 및 이용률은 [그림 6-7]과 같다.

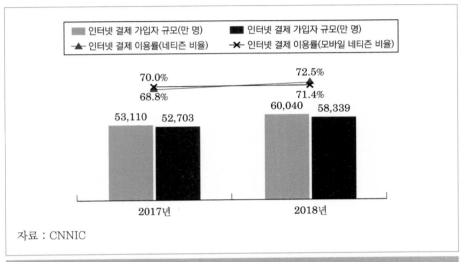

[그림 6-7] 중국 인터넷 결제와 모바일 결제 이용자 규모 및 이용률

제3자 지불은 여러 가지 측면을 포함하며, 일반적으로 온라인 금융, 개인 업무 등도 제3자 지불로 분류되어 상당한 비중을 차지한다. 에리컨설팅의 2016년 4분기 제3자 결제 관련 자료에 따르면 인터넷 결제는 인터넷 금융, 개인 업무, 온라인 소비, 기타 업무 중 인터넷 금융(재테크 판매, 인터넷 대출 등 포함)이 32.3%로 가장 큰 부분을 차지했고, 개인 업무(이체 업무, 상환 업무 등 포함)가 31.7%로 상당한 비중을 차지했으며, 온라인 소비(인터넷 쇼핑, O2O, 항공 여행 등 포함)가 22.5%를 차지했다.

모바일 결제는 신용카드 결제, 계좌이체, 생활결제 등 개인 앱이 68.10%로 가장 많았고 모바일 소비는 e커머스, 게임, 인터넷 예약, 결제 등 모바일 금융이 15.1%로 머니펀드 등 11.60%에 그쳤다.

현금없는 결제는 경제 발전의 추세이며, 은행 카드, 수표 등의 보급에 따라 선진국의 현금없는 결제율은 비교적 높은 단계에 접어들었다. 모바일 결제 분야에서는 중국이 글로벌보다 앞서 있다는 것은 이미 공감대가 형성돼

있지만, 현금 없는 결제(카드 결제, 체크 결제, 모바일 결제 등 포함)의 침투율
이 더 넓다는 점에서 선진국에 비해 여전히 상승 여력이 크다.

'2018년 글로벌 페이먼트 보고서'에 따르면 2012~2016년 전 세계 현금 없
는 결제는 9.8%로 비교적 빠른 성장을 유지하였다. 이 중 선진국의 성장률
은 7.1%, 개발도상국은 16.5%이며, 특히 아시아 신흥시장이 2012년 239억
건에서 2016년 706억건, 31.1%로 가장 빨랐다. 전세계 지역별 무현금 지급
량은 [그림 6-8]과 같다.

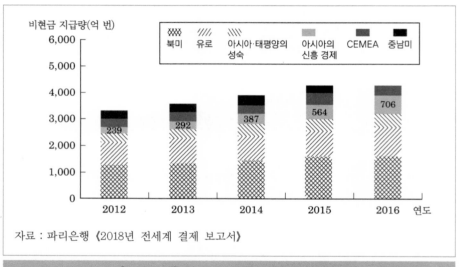

자료 : 파리은행 《2018년 전세계 결제 보고서》

[그림 6-8] 전 세계 지역별 무현금 지급량

신용카드 결제, 모바일 결제 등 현금 없는 결제수단도 온라인 결제로 편
리하게 이용할 수 있고, 인터넷 이용자들은 결제, 제품 구매 등을 온라인으
로 이체하는 데 익숙하다. 구독료를 내는 과정은 인터넷 쇼핑과 크게 다르
지 않기 때문에 자연스럽게 구독 서비스를 받을 수 있지만, 구독료는 보통
금액이 적고 자주 자동 지불되기 때문에 전통적인 결제 시스템은 번거롭고
시간이 많이 걸린다. 이런 상황에서 구독에 집중하는 마이크로결제 시스템
플랫폼이 생겨난 대표적인 사례가 Julie이다.

Julie는 아주 작은 점으로부터 접근해서 이 점은 기업이 구독을 관리할 수 있도록 돕는 것이다. 어떻게 가격을 책정하고, 어떤 경로로 지불하며, 구독률을 어떻게 올리고, 어떻게 유실률 상승을 피할 것이다. 구독 서비스에 가격을 매기는 것은 쉬워 보이지만 실제로는 전문성이 필요하다. 한편, 정가는 구독 기업의 비용을 커버할 수 있어야 하며, 다른 한편, 정가는 건전한 고객 증가율과 낮은 유실률을 보장할 수 있어야 한다.

Julie는 전통적인 회계 알고리즘이 가지고 있는 근본적인 문제를 보았다: 전통적인 회계 알고리즘은 작은 부품 판매와 재정 수입을 위해 설계되었다. 구독은 전혀 다른 패러다임으로, 수익을 추적하고 고객과 소통하는 새로운 방식이 필요하며, 구독기업에는 구독부기 시스템이 필요하다.

Julie는 클라우드 기반 소프트웨어를 제공하며, 어떤 회사도 이를 사용하고 어떤 산업에서도 성공적으로 구독 비즈니스를 시작하거나 다른 사업을 구독 비즈니스로 전환할 수 있다. 구독 비즈니스를 위한 마이크로 결제 시스템을 갖추면 구독 기업은 번거로운 결제 프로세스 걱정 없이 구독 비즈니스 자체에 집중할 수 있다.

6.3.3 빅데이터

숀버그는 빅데이터 시대에 "랜덤 샘플이 아닌 전체 데이터, 정확성이 아닌 혼재성, 인과관계가 아닌 상관관계" 등 빅데이터의 세 가지 특징을 정리했다. 이 세 가지 특징도 많은 과보나 신문 기사에서 흔히 인용한다.

(1) 랜덤 샘플이 아니라 전체 데이터

과거에는 기술, 경제, 인력 등 다양한 차원의 제약 때문에 비즈니스 규율과 사용자 선호도를 탐색하려고 할 때 주로 샘플링 데이터, 단편적인 데이터, 심지어 경험, 가정만으로 자기판단에 기반한 결론을 내리기도 했다. 이로 인해 객관적 사물의 발달 법칙에 대한 인간의 인식이 피상적이고, 표면적이며, 잘못된 경우가 많다.

또 빅데이터 시대에는 비즈니스 규율을 탐구할 때 우리의 사고방식과 탐구방법이 단차원적이고 절대적이다. 예를 들어 과거 우리는 업종별 전망을 분석할 때 수요와 공급, 정책 등 분석 대상과 전통적 경험의식에서 뚜렷한 인과관계가 있다는 점에만 초점을 맞췄다. 이제 빅데이터의 관점에서 분석해야 할 대상은 더 넓고, 더 복잡하고, 포괄적이며, 우리의 분석 목적과 별 관련이 없어 보이는 '무관한 요소'를 포함하고 있다.

빅데이터 분석을 통해 남성 고객은 기저귀를 살 때 맥주를 함께 사는 것을 선호하고, 커피 구매는 신용카드나 주택담보대출과 관련이 있다는 등 두 사물의 관계를 금방 이해하지 못할 수 있다. 인터넷 기술이 발전함에 따라 우리는 데이터를 얻기 더욱 편리해지고, 얻은 데이터도 더욱 시효성 있게 되어, 인터넷에서 온 각종 데이터를 모두 우리를 위해 사용할 수 있게 되었다. 어떤 사물에 대한 우리의 고찰은 표본추출 방식을 사용하지 않고 전체 대상을 포괄할 수 있을 만큼 전방위적이고 다차원적으로 분석할 수 있다. 우리는 작은 확률 사건의 불확실성을 제거하면서도 분석에서 더 많은 가능성과 연관성을 발견할 수 있다.

이 특징의 본질은 빅데이터의 양적 변화가 인간의 연구, 분석적 발상의 질적 변화를 불러왔다는 점이다. 현재 인공지능 분야 연구 성과를 보면, 빅데이터 기반 딥러닝 단순 알고리즘이 작은 데이터 기반 머신러닝보다 복잡한 알고리즘이 더 효과적이고, 데이터 양이 높아질수록 우리가 얻는 결론의 정확도도 점점 높아진다.

(2) 정확성이 아니라 혼재성

간단히 말해서, 어떤 데이터도 믿을 수 없는 부분이 있지만, 빅데이터의 전제 하에, 모든 작은 데이터의 부정확성은 극히 일부분으로 덜 중요해졌다. 예를 들어 설문지를 100개만 보내는데 5명이 막무가내로 답변하면 최종 판단을 방해할 가능성이 충분하지만, 상대적으로 50만 개를 보냈다면 100명이 막 답변해도 최종 결과에 큰 영향을 미치지 않을 것이다.

빅데이터는 때때로 불규칙적으로 보이고 특징들 사이에 명확한 상관관계가 없는 것처럼 보이지만, 무관해 보이는 차원을 묶어 서로 다른 차원의 정보를 발굴, 가공, 정리하면 가치 있는 통계적 법칙을 얻을 수 있다. 이때 데이터의 혼재성은 오히려 빅데이터의 장점이 되고, 차원이 다른 데이터를 분석함으로써 데이터 간의 연관성이 크게 증대되어 새로운 규율을 얻을 수 있다.

(3) 인과관계가 아니라 상관관계

인과관계는 가장 직접적인 논리적 연결고리가 있지만 인과관계와 상관관계는 본질적으로 별반 다르지 않으며, 상관관계는 아직 이해되지 않은 복잡한 인과관계일 뿐이다. 인과율은 가장 기본적이고 직관적인 논리법칙이지만 전통적인 사고의 한계로 인해 대다수의 사람들은 인과율에 대해 흑백으로 이해하고 있다. 절대 다수는 인과관계를 언급할 때 사실 모두 단일 인과관계를 말하고 있지만 현실에서의 인과관계는 일반적으로 다인과관계이다. 이처럼 복잡하고 비선형적인 인과관계를 쉽게 관측하고 그릴 수 없어 이를 '상관관계'라고 한다.

빅데이터가 상관관계에 초점을 맞추고 수직적 유도가 아닌 평행적 존재에 초점을 맞춘다는 것은 '인과'에 대한 부정적 시각이 아니라 객관적 세계의 현상을 보다 평탄하게 요약하는 것이다. 동시에 보다 실용적인 입장에서 구체적인 문제 해결에 집중하거나 보다 나은 의사결정을 내리는 것이다.

만약 우리가 어떤 기이하고 심지어 엉뚱한 방식이 수익 성장을 효과적으로 이끌 수 있다는 것을 발견한다면, 한 기업에게 있어 우선은 선행 시도, 심지어 규모 있게 복제하는 방법, 그리고 그 방식이 왜 예상치 못한 효과를 낳는지 탐구하는 것이다. 빅데이터는 또 다른 각도의 흑묘백묘론을 대변하고 있으며, 결론의 실용성이야말로 가장 중요한 것이며, 절대 진리의 인과관계는 전문가나 미래의 사람에게 맡겨져 탐구된다.

요약하자면, 빅데이터는 바로 체량이 매우 큰 데이터 집합이다. 인간의 데이터 처리 능력의 향상, 양과 경험의 축적, 분석 방법의 발전, 사고의 전환 등은 '빅데이터'에서 '빅'자의 정수이다.

구독경제가 전통적인 구독 모델과 다른 것은 디지털 기반으로 운영되기 때문에 업무데이터 뒤에는 빅데이터가 뒷받침되고, 예를 들어 구독기업이 이용자 획득과 이용자 보존에 효과적으로 기여할 수 있기 때문이다. 구독경제에 빅데이터의 활용은 [그림 6-9]와 같다.

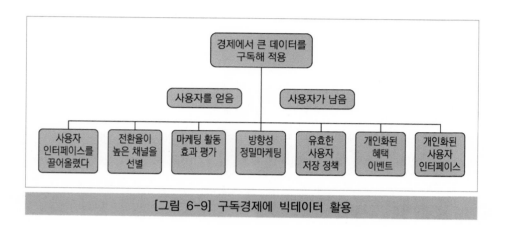

[그림 6-9] 구독경제에 빅테이터 활용

의류 구독업체 스티치픽스는 빅데이터를 활용해 빠르게 발전한 대표적인 사례다. 스티치픽스는 2011년 미국 샌프란시스코에 본사를 두고 설립됐다. 스티치픽스는 비즈니스 모델에 전례 없는 데이터 사이언스를 적용해 추천 시스템뿐 아니라 사람 기반 컴퓨팅 모델링, 자원 관리, 재고 관리, 알고리즘화 패션 디자인 등 빅데이터를 활용했다.

많은 사람들이 선택곤란증을 가지고 있는데, 옷을 사는 것은 선택하기 어려운 장면 중의 하나이다. 스티치픽스 창업자인 카트리나 레이크는 자신의 전문적 배경을 결합해 데이터 과학자, IT 엔지니어, 패션 스타일리스트, 소매업계 엘리트들을 조직해 스티치픽스를 설립해 대중이 원하는 의류를 찾아준다.

Stitch Fix는 소비층의 불확실성 수요를 어떻게 해결할 것인가? 어떻게 창고의 입하와 출하를 관리할 것인가? 어떻게 적당한 스타일리스트를 배합하여 소비자에게 코디네이트 의견을 제공할 것인가?

Stitch Fix 왕젠창(王建强) 전 데이터 사이언스 디렉터가 51CTO에서 공개

한 '데이터 중심 제품 의사결정과 지능화'에 따르면 Stitch Fix는 데이터와 제품, 데이터, 사람, 데이터와 팀의 깊은 결합을 진행했다.

(1) 데이터와 제품의 결합

Stitch Fix의 모든 판매는 추천에서 비롯되는데 블라인드 박스 모드이기 때문에 사용자가 상품을 받기 전까지 본 적이 없으며, 이는 스타일리스트가 사용자가 어떤 옷을 선호할지 추측해야 한다는 것을 의미한다. 잘못 맞히면 스타일리스트 서비스와 양방향 물류라는 리얼 골드 실버의 원가가 소모되기 때문에 정확도에 대한 요구가 높다.

일반 사용자의 관점에서 Stitch Fix 제품의 흐름을 [그림 6-10]에 나타낸다.

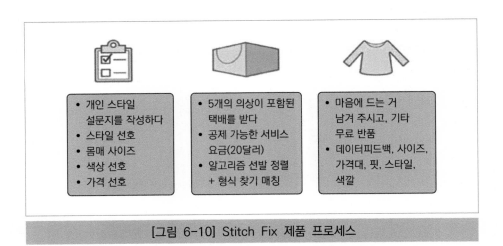

- 개인 스타일 설문지를 작성하다
- 스타일 선호
- 몸매 사이즈
- 색상 선호
- 가격 선호

- 5개의 의상이 포함된 택배를 받다
- 공제 가능한 서비스 요금(20달러)
- 알고리즘 선발 정렬 + 형식 찾기 매칭

- 마음에 드는 거 남겨 주시고, 기타 무료 반품
- 데이터피드백, 사이즈, 가격대, 핏, 스타일, 색깔

[그림 6-10] Stitch Fix 제품 프로세스

사용자는 개인 스타일 설문지를 작성하면 코디된 의상 5개를 받고, 피팅 후 마음에 드는 옷을 남기고, 마음에 들지 않는 옷은 무료로 돌려받는다. Stitch Fix는 사용자가 각 의상에 대해 사이즈, 가격대, 핏, 스타일, 색상 등의 차원으로 피드백을 줄 것을 권장하고 있으며, 이러한 데이터는 데이터 과학 팀이 사용자와 의상의 매칭에 대해 더 잘 이해할 수 있도록 돕는다.

데이터 사이언스는 이미 창고 할당, 사용자와 스타일리스트의 매칭, 사용자 이미지, 인화 매칭, 재고 관리 등 제품의 모든 측면에 침투했다.

예 1 : 창고 할당

사용자의 요청이 있을 때, 사업자는 어느 창고에서 사용자를 위해 물건을 보낼 것인지를 결정해야 한다. 창고를 선택하여 출하하려면 운송비, 출하시간, 사용자 스타일과의 매칭 상황 등을 종합적으로 고려하여 창고와 사용자 간의 매칭도 지표를 수립해야 하였다.

예 2 : 사용자와 스타일리스트의 일치

사용자의 요청이 있을 때 사용자와 스타일리스트 간의 이력 매칭, 사용자 점수 등을 토대로 매칭한다.

예 3 : 사용자 이미지

Stitch Fix 사용자 화상은 알고리즘도 서비스하고 스타일리스트도 서비스하기 때문에 [그림 6-11]과 같이 해석 가능하고 알기 쉬운 사용자 화상이 필요하다.

[그림 6-11] Stitch Fix 사용자 이미지

사용자 이미지 중 대부분의 정보는 사용자가 작성한 개인 스타일 설문지에서 비롯되며, 여기에는 기초적인 차원 이미지가 포함된다.

스티치픽스는 스타일링의 스타일을 클래식, 로맨틱, 보헤미안, 아방가르드, 샤이닝, 캐주얼, 프레피룩 등 7개 차원으로 나눠 각 차원에 1~4점씩 점수를 매겨 이용자 점수를 바탕으로 대략적인 스타일링이 가능하다.

예 4 : 사람과 물건이 일치

여기서는 주로 데이터와 모델 두 가지 차원을 분석한다. 데이터 차원에는 사용자 이미지, 상품 ID, 상품 범화 특징(이미지, 라벨) 및 다차원 피드백이 있으며, 데이터 도전 샘플 불균형, 데이터 역류로 인한 오차, 특징과 피드백 데이터 누락, 할인에 따른 편차 등이 있으며, 모델 차원(2016년)에는 혼합 효과 모델, Factorization Machine, DNN, Word2vec, LDA 등이 있다.

예 5 : 재고관리

재고 관리에 있어서는 해결해야 할 문제가 많다. 어떤 물건이 들어오는지, 얼마나 들어오는지, 어느 창고에 배정되었는지 및 어떤 재고를 정리해야 하는지 등 이러한 문제는 간단해 보이지만 Stitch Fix에서는 매우 특수한다. 그 재고는 전체 상품의 40% 정도밖에 차지하지 않기 때문에 대량의 상품이 사용자가 창고에 다시 보내거나 창고에서 사용자에게 보내지는 길에 있다. 이는 [그림 6-12]와 같이 시뮬레이션과 재고 스냅샷을 이용하여 문제를 해결해야 한다.

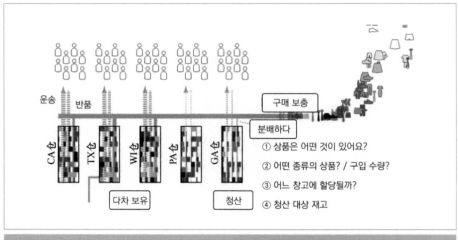

운송　반품
구매 보충
분배하다
① 상품은 어떤 것이 있어요?
② 어떤 종류의 상품? / 구입 수량?
③ 어느 창고에 할당될까?
④ 청산 대상 재고
CA仓　TX仓　WI仓　PA仓　GA仓
다차 보유
청산

[그림 6-12] Stitch Fix 재고관리

(2) 데이터와 사람의 결합

Stitch Fix는 알고리즘과 스타일리스트의 결합을 통해 사용자에게 매칭을 추천하는데, 이는 하나의 모바일 결합 시스템으로 볼 수 있다.

이 인간-기계 결합 시스템에서 스타일리스트는 "사람"의 역할로서 비정형 데이터를 [그림 6-13]과 같이 처리한다.

이런 기계가 협동하는 방식은 단순히 기계 알고리즘에 의존하지 않으며, 단순히 인공에 의존하지도 않는다. 기계는 더 많은 중복성 컴퓨팅 작업을 담당할 수 있으며, 또한 대량의 작업 기억, 장기 기억을 가지고 있다. 반면에 사람은 비정형 데이터를 더 잘 처리할 수 있고, 미학적 평가를 진행할 수 있으며, 고객과 양호한 인간 관계를 구축하고 상황 인식을 할 수 있다.

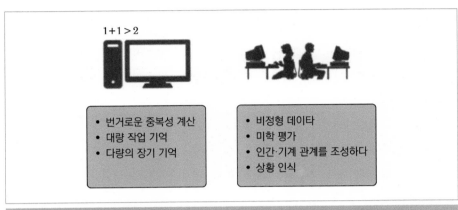

1+1 > 2

• 번거로운 중복성 계산	• 비정형 데이타
• 대량 작업 기억	• 미학 평가
• 다량의 장기 기억	• 인간·기계 관계를 조성하다
	• 상황 인식

[그림 6-13] Stitch Fix의 인간-기계 결합 시스템

(3) 팀의 데이터와 결합

Stitch Fix 데이터 사이언스 팀은 크게 네 부분으로 나뉘는데, 밑바닥에는 데이터 개발 팀이 있고, 데이터 플랫폼과 데이터 웨어하우스를 만들고, 배치 도구를 제공한다. 위의 세 팀은 [그림 6-14]와 같이 업무와 일일이 대응하고 있다.

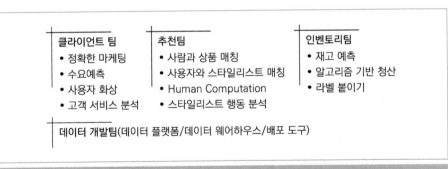

클라이언트 팀
- 정확한 마케팅
- 수요예측
- 사용자 화상
- 고객 서비스 분석

추천팀
- 사람과 상품 매칭
- 사용자와 스타일리스트 매칭
- Human Computation
- 스타일리스트 행동 분석

인벤토리팀
- 재고 예측
- 알고리즘 기반 청산
- 라벨 붙이기

데이터 개발팀(데이터 플랫폼/데이터 웨어하우스/배포 도구)

[그림 6-14] Stitch Fix 과학적 데이터를 구축

6.3.4 인공 지능

인공 지능의 개념이 오래 전에 나타나기 시작했지만 대규모 최근 몇 년 간 착륙에 사용될 것이다. 인공 지능을 경험한 세개의 발전은 크게 중요한 단계이다.

   (1) 1950 ~ 1970년 : 인공지능의 '논리적 추리'시대

   (2) 1970 ~ 1990년 : 인공지능의 '지식 공사'시대

   (3) 2000년 ~ 현재 : 인공지능의 '데이터 마이닝'시대

인공지능에 대한 대중의 가장 큰 인상은 알파고와 이세돌의 경기일 것으로 보이며, 알파고의 우승으로 인공지능의 '위력'을 미리 인지하게 되었다. 구독경제에서 인공지능 기술은 구독기업이 수요측과 공급측을 효율적으로 직접 매칭하여 전통적인 것을 근본적으로 바꿀 수 있도록 돕는다.

넷플릭스는 온라인 스트리밍 구독 서비스 제공업체로서, 사용자의 행동을 다차원적으로 얻을 수 있다. 사용자가 어떤 동영상을 시청했는지, 어떻게 시청했는지(사용하는 기기, 시청 빈도, 시청 시간 등), 어떤 방식으로 동영상을 발견했는지, 또 어떤 동영상이 사용자에게 추천되었으나 아직 주문하지 않은 것인지 등이다.

사용자 데이터를 이러한 인공 지능 기술을 이용해 나노 개발로 날아갔다. 정확한 추천 시스템 한 세트추천 시스템 사용을 나는 어쩔 수가 없다 다양한 추천으로 이 중 가장 핵심적인 알고리즘은 개성과 영상을 정렬화 영상을 정렬 알고리즘(PVR)과 Top-N를 동영상 정렬 알고리즘을 되고 있다.

PVR 알고리즘은 각 사용자에게 다양한 유형의 비디오를 추천하고 사용자 선호도에 따라 전체 유형 카탈로그를 정렬하는 비디오 유형을 기반으로 권장된다. Top-N 알고리즘의 핵심 목표는 유형 카탈로그에서 사용자가 가장 선택할 수 있는 비디오를 찾는 것이다.

또한, Netflix는 플랫폼 사용자의 단기 동적 시청 동향을 기반으로 동향 정렬 알고리즘, 개별 사용자 재방송 및 속편 시청 습관 기반의 연속 시청 정

렬 알고리즘, 시청 이력 기반 유사 비디오 추천 알고리즘을 사용했으며, 추천 페이지 생성, 검색 경험 등에서 페이지 생성 선택 정렬 알고리즘, 추천 이유 선택 알고리즘, 검색 추천 추천 알고리즘 등을 적용했다.

Netflix는 계속 발전하는 인공 지능 기술을 활용하여 추천 알고리즘을 지속적으로 개선하고 사용자가 관심을 가질 만한 콘텐츠와 연결하며 사용자 경험을 지속적으로 개선하다.

6.3.5 클라우드 컴퓨팅

업계에서 비교적 인정받는 클라우드 컴퓨팅의 정의는 미국 국립표준기술연구원(NIST)이 2011년 9월 발표한 것으로, "클라우드는 일종의 모델로서, 설정 가능한 컴퓨팅 자금의 실현에 사용된다"고 지적하고 있다. 소스(네트워크, 서버, 스토리지, 애플리케이션 및 서비스 등)의 공유풀은 유비쿼터스하고 편리한 온디맨드 네트워크 액세스를 제공하며 이러한 리소스는 최소한의 관리 작업을 통해 신속하게 프로비저닝 및 게시하거나 서비스 제공자와 상호 작용할 수 있다. 클라우드 컴퓨팅의 다섯 가지 기본 특징은 다음과 같다.

(1) 지원

대부분의 클라우드 컴퓨팅 기업들은 하나 이상의 형태의 가상화를 수행하고 있으며, 가장 일반적인 것은 서버 가상화이며, 서버 가상화는 NIST의 자원 풀에 포함되지만, NIST 표준 정의의 일부일 뿐이다. 클라우드 컴퓨팅의 정의는 컴퓨팅 리소스 외에도 스토리지와 네트워크를 포함한 IT의 다른 모든 구성요소의 가상화로 구성되며, NIST 정의는 모든 리소스가 다중 고객 모델을 사용하여 풀링되고, 소비자 요구에 따라 서로 다른 물리적 및 가상 리소스를 동적으로 할당하고 재분배한다고 가정한다. 오늘날의 환경에서 이러한 풀링 리소스는 일반적으로 API를 통해 액세스된다.

(2) 광범위한 인터넷 접속

NIST의 정의만 놓고 보면, 이 특징은 스마트폰, 태블릿, 노트북, 워크스

테이션에 관계없이 모든 사용자에게 리소스 풀을 사용할 수 있다는 것을 의미이다.

(3) 온디맨드 셀프 서비스

사용자의 필요에 따라 각 서비스 제공업체는 사용자에게 일방적으로 컴퓨팅 파워를 제공할 수 있으며, 이는 간섭 없이 자동으로 수행된다.

(4) 빠른 탄성 확장 또는 팽창

이 같은 기본 기능을 클라우드 컴퓨팅의 특성을 의미할 수 있고 공급과 탄력 있게 풀어 주는 경우가 대부분으로, 이는 자동적으로 수요에 따라 빠르게 외부로 확장과 팽창한다.

(5) 측정 서비스의 제공

클라우드 시스템은 자원 사용을 자동으로 제어하고 최적화하며, 서비스 유형에 맞는 측정 기능을 사용하여 특정 추상 수준에서 자원 사용 상태를 모니터링, 제어 및 보고할 수 있다.

1999년 클라우드 분야에서 첫 번째 주요 발기인 중 한 명으로 자리매김한 Salesforce는 인터넷을 통해 단말 사용자에게 기업 수준의 애플리케이션을 제공하는 개념을 개척했으며, 인터넷에 접속한 사용자는 누구나 해당 애플리케이션에 접속할 수 있고, 기업은 주문형으로 서비스를 판매할 수 있다.

Salesforce가 글로벌 시장에 새로운 개념을 도입한 직후 아마존은 2002년에 네트워크 기반 소매 서비스를 도입하여 첫 번째 인터넷 버블의 붕괴 위기를 성공적으로 극복했다. 아마존은 데이터 센터를 현대화한 최초의 기업으로, 데이터 센터가 용량의 약 10%만을 사용하고 있는 상황에서 새로운 클라우드 컴퓨팅 인프라 모델이 기존 용량을 보다 효율적으로 사용할 수 있다.

2006년 출시해 아마존에 클라우드 컴퓨팅의 탄력성은 일종의 상업(EC2) 웹 서비스를 통해 작은 회사와 개인을 허용하는 컴퓨터로 자신의 임대 운영 앱이다.

클라우드 업체들의 응원 속에 저예산으로 구독을 시작할 수 있도록 고객을 위해 필요한 대로 서비스를 제공한 수요에 따라 신축적으로 구독자 구독 서비스를 제공하는 규모로 날아가는 소리 등 전 씨와 업체를 어떻게 하는 구독 서비스들은 모두 대량의 클라우드 플랫폼에서 구축한 것이다.

또한 클라우드 컴퓨팅의 추세에 따라 많은 소프트웨어 기업들이 Oracle, SAP, Adobe, Autodesk, 마이크로소프트 등 라이센스 기반의 로컬 소프트웨어 모델에서 클라우드 컴퓨팅 가입 모델로 이동하고 있다. SaaS(Software as a Service)는 인터넷을 통해 소프트웨어를 제공하는 모델로 사용자가 소프트웨어를 구매할 필요가 없으며, 웹 기반 소프트웨어를 공급자에게 임대하여 비즈니스 활동을 관리하는 전형적인 클라우드 컴퓨팅 응용 프로그램이다.

기존 소프트웨어를 제공하는 가장 간단한 방법은 독립형 소프트웨어의 형태로, 각 사용자의 컴퓨터에 일련의 응용 프로그램을 설치하고 프로그램 실행 및 데이터 저장을 로컬에서 수행하는 것이다. SaaS 모델에서 애플리케이션은 로컬 설치 및 배포 없이 대부분의 경우 클라우드에서 실행되며 웹에서 직접 제공되며 동시에 여러 테넌트에 서비스를 제공할 수 있다. 기존 소프트웨어 업체의 과금 모델은 1회성 라이선스 요금을 부과한 후 유지보수 서비스 요금을 부과하는 방식이고, SaaS 업체의 과금 모델은 구독형으로 고객은 연회비를 온디맨드로 지불한다.

SaaS는 데이터베이스, 서버, 스토리지, 네트워크, 운영 및 유지 관리 및 기타 기능을 가입 서비스로 통합하여 사용자에게 통합 IT 서비스를 제공하며 사용자는 더 이상 기본 소프트웨어와 하드웨어를 별도로 구입할 필요가 없다. SaaS의 장점은 [그림 6-15]와 같다.

자료 : 화금증권연구소

[그림 6-15] SaaS의 장점

1999년 3월 설립된 Salesforce는 고객과 독립 소프트웨어 공급업체가 필요한 응용 프로그램 소프트웨어를 구축하면서 제품을 사용자 정의 및 통합할 수 있도록 하는 고객 관계 관리(CRM) 소프트웨어 서비스 제공업체이다. Salesforce는 2004년 뉴욕 증권 거래소에 상장되었으며 상장 이후 여러 전략적 인수합병을 수행하고 클라우드 혁신의 기술적 혁신을 완료했으며 SaaS 및 PaaS를 포괄하는 기존 데스크톱 CRM에서 클라우드 CRM으로 성공적으로 변환했다. 서비스를 제공하고 인공 지능과 빅 데이터를 도입하여 CRM 산업 전반의 생태 사슬을 구축한다. Salesforce의 개발 과정은 [그림 6-16]과 같다.

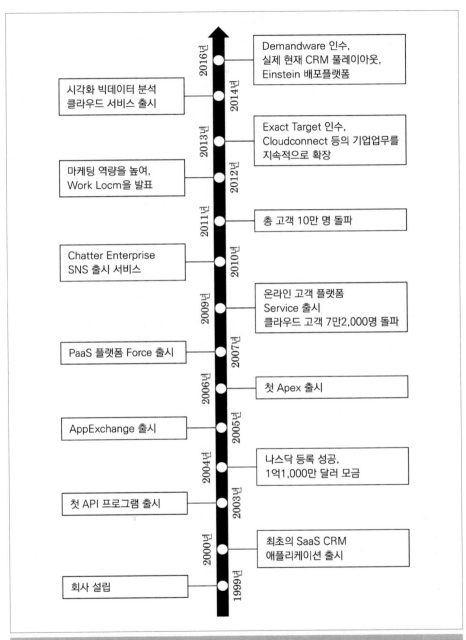

시각화 빅데이터 분석 클라우드 서비스 출시 (2014년)

Demandware 인수, 실제 현재 CRM 풀레이아웃, Einstein 배포플랫폼 (2016년)

Exact Target 인수, Cloudconnect 등의 기업업무를 지속적으로 확장 (2013년)

마케팅 역량을 높여, Work Locm을 발표 (2012년)

총 고객 10만 명 돌파 (2011년)

Chatter Enterprise SNS 출시 서비스 (2010년)

온라인 고객 플랫폼 Service 출시 클라우드 고객 7만2,000명 돌파 (2009년)

PaaS 플랫폼 Force 출시 (2007년)

첫 Apex 출시 (2006년)

AppExchange 출시 (2005년)

나스닥 등록 성공, 1억1,000만 달러 모금 (2004년)

첫 API 프로그램 출시 (2003년)

최초의 SaaS CRM 애플리케이션 출시 (2000년)

회사 설립 (1999년)

[그림 6-16] Salesforce 발전 과정

Salesforce는 설립 이후 매출액 복합 증가율이 30%를 넘었고, 회사의 수익은 구독수입과 서비스수입을 포함한다. 구독수입은 회사의 주요 수입으로 전체 수입의 90% 이상을 차지하며, 서비스수입은 프로젝트 실시, 관리 및 교육 등 기타 수입을 포함한다. 순이익이 계속 저조한 것은 SaaS의 수익모델과 수익추구를 위한 공격적인 판매전략에 따른 것으로 감가상각비와 주식보수비용은 순이익에 큰 영향을 준다. Salesforce 영업수익 상황을 [그림 6-17]에 나타낸다.

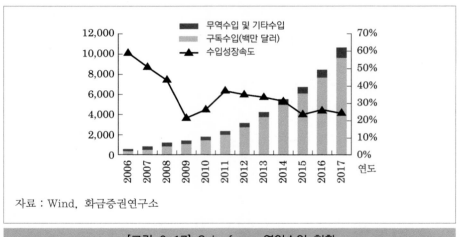

자료 : Wind, 화금증권연구소

[그림 6-17] Salesforce 영업수입 현황

Salesforce는 CRM을 시작으로 고객 클라우드와 마케팅 클라우드를 적극 확장해 기업 플랫폼 커뮤니티를 만든다. 최근 몇 년 동안 회사는 재고량 사용자에 대한 가치 발굴을 확대하여 사용자가 더 높은 버전으로 업그레이드 하도록 촉진하고, 사용자의 제품에 대한 의존성을 증가시켰다.

Salesforce는 세계 최대의 SaaS 기업으로서 비즈니스 모델에 있어 클라우드를 최대한 활용하여 전통적인 라이선스 모델과 차별화된 구독 모델을 구축함으로써 고객의 부담과 비용을 최소화하여 기업 고객에게 높은 유연성을 제공하여 사용자 수와 수익의 비약적인 성장을 획득하였다.

제7장 구독경제 투시

7.1 구독기업유형

구독 모델은 하나의 큰 바구니로, 그 안에 많은 세부 분류형이 있어 분류 분석을 통해 더 깊이 이해할 수 있다.

7.1.1 고객 유형별

어떤 구독업체는 개인(Dollar Shave Club)이고, 혹은 기업, 정부 등의 기관 (예: 祖睿)이며, 아니면 둘 다(예: Adobe)이다.

북유럽의 경우 구독기업의 65%가 B2B 유형, 25%가 B2C 유형, 기타는 하이브리드 유형이다.

7.1.2 제품 유형별

구독기업 제품은 가상 디지털 제품, 서비스, 오프라인 제품 세 가지로 구분할 수 있다. 동영상 스트리밍, 음악 스트리밍, Saas 소프트웨어, 클라우드 서비스 등 디지털 제품은 온라인 배포에 적합하며 온디맨드 구독 모델을 채택하고 있다. 헬스, 트레이닝, 커리큘럼, 배달 등 구독 서비스는 양도 불가하다. 오프라인 제품 구독은 구독박스라고도 한다.

이러한 오프라인 제품 구독에는 3가지 방식이 있다.

(1) 지속적인 동일 상품의 주문이다. 예를 들어, 샤오밍은 해바라기를 매우 좋아해서 한 꽃 구독 플랫폼에서 한 달 동안 해바라기를 주문하고, 플랫폼에서는 그에게 매주 한 묶음의 해바라기 한 다발을 보낸다.

(2) 제품별 취향대로의 주문이다. 예를 들어 샤오밍이 꽃 구독 플랫폼에서 한 달 구독료를 내고 샤오밍이 직접 꽃다발을 고르면 플랫폼은 매주 해당 꽃다발을 배송해준다.

(3) 플랫폼에서 무작위로 상품의 발송이다. 예를 들어 샤오밍은 꽃 구독 플랫폼에서 한 달 동안 꽃값을 지불하고, 플랫폼에서는 매주 랜덤 꽃다발을 배달해준다.

맥킨지 2018년 보고서에 따르면 구독박스는 2011~2016년 폭발적 성장을 겪으며 연평균 약 100%의 성장률을 보였다.

7.1.3 수직에 따라 업종을 세분

수직적 세분화 업종마다 구독 기업이 존재한다. 일부 수직세분업종의 구독기업은 〈표 7-1〉과 같다.

〈표 7-1〉 수직적 세분업종의 구독기업

업종	구독기업 예시
양초	Amina Ahmed
육류	ButcherBox
영상	Motor Trend
음악	Rdio
게임	GameFly
도서	McGraw Hill
생활용품	Dollar Shave Club
여장	FabFitFun
애완동물	The Farmer's Dog
남장	Champzee
술류	Vinebox
영아	Bitsbox
양말	Nanrenwa

과자	Graze
금융	Charles Schwab
단련	Peloton
꽃	Hvadian Time
법	LegalZoom
에너지원	SolarCity
문구	Nicely Noted

7.2 구독 비즈니스 유형

운영 특징에 따라 구독업체는 주로 6가지 비즈니스 모델을 갖고 있다. 서로 다른 모델은 서로 다른 산업과 비즈니스 시나리오에 적용된다. 창업자에게 핵심은 자신의 업무에 맞는 모델을 찾는 것이다.

7.2.1 지식부담금

앱 최초의 유료 구독 칼럼을 탄생시킨 나집마인드는 오디오 플랫폼 히말라야FM, 테크놀로지 미디어 36 크립톤, 독서 사이트 두반, 유명인사 위챗호까지 유료 구독 칼럼을 잇따라 내놓고 있다. '5분 경영대학원' '설조풍(紅楼夢)의 북대 경제학 강의' '백선용(白先勇)은 홍루몽(紅楼夢)을 자세히 말한다' '오샤오보(吳波波)를 매일 듣는다' 등의 칼럼이 알려지고 있다. 우수한 유료 구독 칼럼은 연간 1000~2000만원의 구독료 수입을 창출한다.

지식 유료화는 인터넷상에서 미디어·출판·교육 등이 교차 융합해 만들어진 '새로운 종'으로 대중이 책에서 지식을 얻는 방식을 바꾸고 있다. 오디오 형식의 도서 판독과 교육 과정이 주목을 받으면서 히말라야, 번든 독서회, 지호, 재행, 10시 독서, 유서 등이 급성장했다.

많은 종사자들이 '지식 서비스'를 자처하지만 대중과 언론은 자연스럽게

이 새로운 분야를 '지식 유료'라고 부르며 '지식 유료'로 자리매김하고 있다.

연중 칼럼, 소칼럼, 강의과정, 온라인캠프, 개인커뮤니티 등 각종 인터넷 지식상품은 구독모델을 접목해 독서를 포함한 전통적인 오프라인 학습방식을 신기술, 새로운 모델로 온라인으로 옮기고 있다.

해외에는 목공 애호가들을 위한 목공 테크닉 구독 서비스를 제공하는 목화자협회, 이탈리아 관광 공략을 제공하는 이탈리아의 꿈, 요리사에게 레스토랑을 만드는 법을 알려주는 Restaurant Owner, 배관공과 전기공에게 회사를 만드는 Contractor Selling 등 다양한 분야의 구독 사이트가 있다.

7.2.2 대용량 콘텐츠 라이브러리

넷플릭스·소나타(Xonata)는 방대한 양의 영화와 음악 콘텐츠를 보유하고 있으며 유료 구독 회원은 무제한의 접근권을 갖고 있어 플랫폼에서 어떤 영화든 보고 어떤 노래든 들을 수 있다.

넷플릭스의 성공으로 도서구독 사이트 오이스터, 게임 구독 플랫폼 게임플라이 등이 생겨나고, 다양한 분야에서 콘텐츠 라이브러리를 운영하는 구독 서비스가 속속 등장하고 있다.

2014년 아마존은 전자책 구독 서비스 킨들 언리미티드를 정식 출시했다. 아마존에서 월 9.99달러만 내면 60만 대에 이르는 전자책과 2,000권에 가까운 오디오북을 마음껏 읽을 수 있는 구독 서비스는 킨들 기기 및 iOS판과 안드로이드판 킨들 앱 모두에 적용된다.

7.2.3 우선권

일부 구독업체는 구독 회원들에게 제품 할인 및 VIP 특권을 제공하는데, JustFab과 NatureBox가 대표적이다.

JustFab은 2010년 설립됐으며 본사는 캘리포니아에 있다. JustFab은 의류 월정액 구독 서비스가 가장 유명하다. 사이트 전체 상품의 구독자 대상 소매가격은 39.95달러지만 비회원 가입자는 4,979달러에 물건을 사야 한다.

구독회원의 월 최저 소비는 39.95달러다.

NatureBox는 소비자들이 맛있는 간식을 발견하고 건강한 식사를 할 수 있도록 돕는 간식 구독 서비스를 제공한다. NatureBox는 매달 5가지 다른 간식을 골라 재활용 과자 상자에 담아 구독자에게 보낸다. 이들 간식 중 일부는 현지 재배자, 다른 일부는 독자적인 식품 공급자에서 나온다. Nature Box 구독료는 월 19.95달러다.

7.2.4 주기성 소모품

구독자들에게 안정적인 면도기를 공급하고 있는 Dollar Shave Club은 시간과 돈을 절약하는 데 소비자 가치가 크다. 일상생활에서 우리가 자주 사용하는 치약, 세탁액, 목욕용품 등은 주기적인 소모품에 속하며, Dollar Shave Club의 구독 모델을 채택할 수 있다.

아마존의 '구독하고 저장' 서비스도 이용자의 양에 따라 정기적으로 배송되고, 고객은 할인된 가격에 정기적으로 일상용품을 받아 비용도 절약되는 주기적인 소모품 맞춤형 구독 서비스다. 아마존은 이를 통해 장기 고객을 많이 확보할 정도로 이 같은 주문 서비스의 선호도가 높다.

7.2.5 셀렉트 박스

셀렉트 구독은 소비자 취향에 맞는 맞춤형 상품을 제공하고 의류, 뷰티, 식품 등 카테고리의 새로운 제품이나 고도로 개인화된 제품을 제공함으로써 소비자들에게 놀라움과 좋은 사용자 경험을 선사하는 것이다. 예를 들어 BirchBox는 5가지 뷰티 아이템을, 블루 앞치마는 메뉴와 그에 맞는 식재료를 제공한다.

개인화된 경험은 사용자가 셀렉션 박스를 구독하는 가장 중요한 이유다.

7.2.6 샘플 블라인드 박스

상인들이 좋아할 것이라고 생각하는 상품의 작은 샘플을 골라 보내면 어

떤 상품을 받을지 모르기 때문에 이런 패턴을 '샘플 블라인드 박스'라고 한
다. BirchBox는 매달 10달러를 내면 4~5종의 고급 화장품과 생활용품을 골
라주는 구독박스를 처음 시도했다.

이런 모델을 채택한 회사로는 Blissmo, Foodzie, Club W, Citrus Lane
등도 있다. 샘플 블라인드 박스는 브랜드가 새로운 고객을 유치하는 데 도
움을 주며, 고객들도 신선하고 색다른 쇼핑 경험을 할 수 있다. 지속가능성
은 이러한 구독모델의 가장 중요한 요소이며, 일부 공급업체는 제품의 공급
량이 제한적이면 이러한 모델을 채택할 수 없으며, 그들에게 다양성은 지속
적인 성장을 위한 관건이다.

변혁이
일어나다

2

제8장 제품전환서비스

산업혁명 이후 줄곧 제품이 시장을 주도하고 있다. 기업들은 사활을 걸고 몸집을 불려서 대량으로 제품을 생산한 다음 판매한다. 이때 사람들의 주요 수요는 TV · 냉장고 · 자동차 등 유형 제품이다.

정보화 시대에 접어들면서 사람들의 욕구가 바뀌기 시작했다. 중산층이 두터워지고 가정이 부유해지면서 TV · 냉장고 · 자동차 등 많은 제품이 거의 집집마다 있다. 다양한 콘텐츠가 필요했던 넷플릭스는 TV 생산업체보다 훨씬 높은 시가총액을 자랑했다.

제품경제가 서비스경제로 전환되기 시작했다.

8.1 서비스 경제 도래

2018년 미국의 3차 산업 증가치는 165,147억4,700만 달러(중국 GDP 총량보다 많은 것)로 전체 GDP의 약 80.6%를 차지했다.

상무부에 따르면 2018년 우리나라 서비스업의 GDP 비중은 52.2%에 달해 서비스업이 명실상부한 1위 산업과 경제성장의 주요 동력이 됐다.

현재 전 세계는 이미 서비스 경제 시대로 접어들었고 서비스업은 세계 경제의 중요한 성장 극치가 되었다. 디지털 경제의 광범위한 보급에 따라 디지털 기술이 빠르게 발전하고, 제조업과 서비스업이 깊이 융합되며, 서비스의 무역가능성도 대폭 증강되고, 서비스의 아웃소싱화 · 디지털화 추세가 갈수록 뚜렷해지고, 서비스 무역은 전례 없는 발전기회에 직면하게 된다. 서비스 경제로의 전환도 가속화하고 있다.

개혁개방 전 중국 사회주의 경제건설의 첫 번째 임무는 공업, 특히 중공업을 발전시키는 것이며, 서비스업은 보조와 종속의 지위에 있으며, 경제 성장에 대한 기여율이 낮다. 1978년 말 서비스업의 그해 GDP 기여율은 28.4%로 2차 산업의 33.4%포인트보다 낮았다.

개혁·개방 이후 급속한 산업화·도시화 추진으로 기업·주민·정부 등의 서비스업 수요가 왕성해지면서 서비스업의 경제 성장 기여율이 높아지고 있다. 1978-2018년 서비스업의 GDP 기여율은 31.3%포인트 높아졌다. 당 18차 대회 이후 서비스업의 GDP 기여율은 2012-2018년 14.7%포인트 오른 반면 2018년 서비스업의 GDP 기여율은 59.7%로 2차 산업보다 23.6%포인트 높았다.

2018년 말 서비스업 취업자는 3만5,938명으로 비중이 46.3%에 달해 우리나라에서 가장 많은 일자리를 유치했다. 외국인 직접투자액 중 서비스업은 2005년 24.7%에 불과했고 2011년 50%를 넘어섰으며 2018년 68.1%로 외국인 투자 1순위가 됐다.

2018년 광둥(廣東)성, 장쑤(江省)성, 산둥(山東)성, 저장(20江)성, 베이징(北京)시, 상하이(上海)시의 서비스업 증가치는 전국 6위권이었으며, 전국 서비스업 증가치에서 차지하는 비중은 50%에 육박했다. 이 가운데 베이징시와 상하이시의 서비스업 증가치가 지역내 총생산에서 차지하는 비중은 각각 81%, 69.9%로 선진국 수준에 근접했다.

서비스경제는 떠오르는 샛별이 돼 많은 기업과 인재를 끌어들이고 있다. 이와 함께 GDP에서 제조업의 비중은 갈수록 낮아지고 종사자 수는 갈수록 줄어들고 있다.

산업혁명으로 경제구조와 고용패턴이 크게 달라졌다. 생산성 향상이 계속되면서 현재 미국인의 2%(1820년 70%)만 농업에 종사하고 있지만 생산량은 그 이전 수준을 훨씬 웃돌고 있다. 이제 제조업도 비슷한 생산성 향상을 보여 더 적은 사람이 더 많은 제품을 생산할 수 있게 됐다.

8.2 모든 것을 다 서비스

8.2.1 XaaS 뭐예요?

XaaS는 '모든 것을 서비스한다'는 뜻으로 'Xas a Service' 'Everything as a Service'를 의미하며, 어떤 것을 서비스로 인도하는 것을 말한다. 흔한 XaaS로는 SaaS, PaaS, IaaS가 있다. IT 환경 로직 계층화는 [그림 8-1]에 나타나 있다.

자료 : 东北证券

[그림 8-1] IT환경논리계층

SaaS는 서비스형 소프트웨어로 인상노트, 판매용역, 마이크로소프트 오피스 365 등 인터넷을 통해 소프트웨어를 제공하는 모델이다. 제조업체는 어플리케이션 소프트웨어를 자신의 서버에 일괄 배치하고 고객은 자신의 실수요에 따라 인터넷을 통해 제조업체에게 필요한 어플리케이션 서비스를 구입하고 실제 구매 상황에 따라 제조업체에게 비용을 지불하며 인터넷을 통해 제조업체가 제공하는 서비스를 즐길 수 있다.

사용자가 인터넷 기반 소프트웨어를 구입하면 소프트웨어를 자신의 컴퓨터에 설치할 필요가 없고, 소프트웨어의 정기적인 유지·관리를 할 필요가 없으며, 서비스 제공자가 이러한 업무를 총괄한다.

PaaS는 Amazon Web Services(AWS)의 Elastic Beanstalk, Google의 AppEngine, Apache Stratos와 같은 플랫폼으로, 일반적으로 애플리케이션 개발과 테스트에 사전 구성된 가상 머신(VM)과 기타 리소스를 제공한다. PaaS는 기업 맞춤형 연구개발(R&D) 미들웨어 플랫폼을 제공하고 데이터베이스와 애플리케이션 서버 등을 망라한다. PaaS는 사실상 소프트웨어 개발 플랫폼을 하나의 서비스로 SaaS 모델 사용자에게 적용할 수 있다. 따라서 PaaS는 SaaS의 한 응용으로도 볼 수 있으며, PaaS의 출현은 SaaS의 발전을 촉진할 수 있으며, 특히 SaaS 응용 프로그램의 개발 속도를 빠르게 할 수 있다.

IaaS는 "인프라 즉 서비스"(Infrastructure as a Service)로, 공급업체 데이터 센터에 호스팅된 가상 머신을 배포하고 프로비저닝하며 Microsoft Azure, Google Compute Engine, AWS Elastic Compute Cloud와 같은 가상 머신을 원격으로 관리할 수 있다. 사용자는 CPU, 메모리, 스토리지, 네트워크 및 기타 기본적인 컴퓨팅 자원을 포함한 모든 클라우드 컴퓨팅 인프라를 이용하여 운영 체제와 애플리케이션을 포함한 임의의 소프트웨어를 배포하고 실행할 수 있다. 사용자는 어떤 클라우드 인프라도 관리하거나 제어하지 않지만 라우터, 방화벽, 로드 밸런서 등 일부 네트워크 구성 요소에 대한 제어 권한을 얻을 수 있다.

이 밖에 CaaS, SECaaS, DaaS, MaaS, BaaS 등 각 종류의 XaaS는 〈표 8-1〉에 나타나 있다.

〈표 8-1〉 분야별 XaaS의 종류

업종	XaaS	주요 제공자
응용	서비스형 소프트웨어 (SaaS)	Adobe ADP AWS Atlassian Cisco Akamai DocuSign Dropbox
응용개발	플랫폼 즉 서비스 (PaaS)	Appian Betty Blocks Caspio Fujitsu Kintone Mendix Oracle Out Systems QuickBase Salesforce
IT기초 설계	인프라는 서비스 (IaaS)	Alibaba Cloud AWS Century Link Fujitsu Google IBM Interoute Joyent
트워킹	소프트웨어 정의 네트워크(SDN)	AWS Cisco Google Juniper Microsoft Nuage Networks VMware
저장	서비스형 스토리지 (STaaS)	Alibaba Cloud AWS Google IBM(Bluemix) Microsoft Oracle 텐센트 Rackspace Virtustream
컨테이너	컨테이너 서비스 (CaaS)	AWS Google IBM Joyent Rackspace
기능	기능 즉 서비스(FaaS)	AWS Google IBM Microsoft
데스크톱 컴퓨터	데스크톱 즉서비스 (DaaS)	Adapt AWS Citrix DELL dinCloud Dizzion Evolve IP NaviSite NuveStack VMware
안정	안전 즉 서비스 (SECaaS)	AT&T Atos BAE Systems BT Century Link CSC HCL Technologies HPE, IBM
데이터베이스	데이터베이스 플랫폼 즉 서비스(DBPaaS)	Aiiria Altiscale AWS BlobCity Cazena Century Link Citus Clear DBLabs Salesforce SAP Snowflake Teradata Tesora Tieto
재해 복구	재해 복구 서비스 (DRaaS)	Acronis Axcient Bluelock C&W Business Carbonite CloudHPT Daisy
클라우드 서비스 통합	통합 플랫폼 즉 서비스 (IPaaS)	Actian Adaptris Attunity Built.io Celigo DBSync Dell Boomi Fujitsu IBM
인적 자원	인적자원서비스 (HRaaS)	ADP Ceridian Infor Kronos Meta4 Oracle Ramco Systems SAP
금융	핵심재무관리(CFM)	Acumatica Deltek Epicor Software FinancialForce Intacct Microsoft
고객참여	고객관계관리(CRM)	BPMOnline CRMNEXT eGain Eptica Freshdesk Lithium Microsoft

동영상	동영상 즉 서비스 (VaaS)	Adobe Avaya Applied Global Technologies AVI-SPL Blue Jeans Cisco Eagle Eye Networks HUAWEI
통합 통신	통합 통신 서비스 (UCaaS)	8X8 AT&T BroadSoft BT Google Fuze Masergy Microsoft Mitel
인공지능	인공지능 즉 서비스 (AIaaS)	AWS Datoin Google IBM(Bluemix/Watson) Microsoft Noodle.ai NvidiaGPU Cloud ServiceNow
인증	아이덴티티 서비스 (IDaaS)	Auth0 Strom Path 九州云腾
데이터 분석	분석 즉 서비스 (AaaS)	Hengshi Technology
운영 체제	Windows 즉 서비스 (WaaS)	Microsoft
정부	국가 즉 서비스 (CaaS)	Eesti

〈표 8-1〉의 내용 중 가장 흥미로운 것은 에스토니아의 '국가 즉 서비스'일 것이다. 에스토니아는 공공서비스의 99%가 인터넷을 통해 원격으로 이뤄지는 등 우리 전자정부와는 다르다. 중국의 전자정부에서는 서류신고, 자료조회 등 의 절차만 온라인으로 할 뿐 마지막 단계인 도장 날인은 해당 부처에서 실지 로 해야 한다. 에스토니아에서는 모든 조작을 인터넷으로 할 수 있다.

에스토니아는 완전 디지털 건국계획인 에스토니아를 제시하고 에스토니아 모든 공공서비스를 디지털 공간으로 단계적으로 이전한다. 2000년 디지털 세금 신고, 2001년 인구 통계와 x-road, 2002년 디지털 ID 카드(디지털 신 분증), 2003년 디지털 토지 등록(전국 토지의 디지털화), 2004년 디지털 거래 기록 등록(학력 등록 등), 2005년 디지털 투표(의원 선출, 대통령 선출 포함), 2008년 디지털 건강, 2010년 디지털 클리닉, 디지털 접수, 2011년 디지털 그리드, 2012년 디지털 충전, 2014년 디지털 대사관, 2015년 디지털 송장 및 디지털 관련 증빙서류를 통해 누구나 개설할 수 있다. 에스토니아는 디 지털 인프라를 개방해 이를 사용할 수 있는 허가를 받은 사람을 '디지털 시민'이라고 부른다.

각 업계의 XaaS는 매우 유연하고 기업과 개인이 필요에 따라 사용할 수 있어 비용을 크게 줄일 수 있기 때문에 놀라운 속도로 빠르게 성장하고 있다. "모든 것이 곧 서비스"인 이 새로운 세계에서, 기업은 끊임없이 변화하는 직원과 고객의 요구에 더 잘 적응하기 위해 자신의 환경을 맞춤화할 수 있다.

XaaS모델은 다음과 같은 이점을 가지고 있다.

(1) 고도의 유연성과 확장성을 갖추고 있다.

(2) 프로세스를 간소화하여 구현 속도를 높이고 유지 보수 요구를 감소시키며 비용을 현저하게 절감할 수 있다.

(3) 각종 최신 기술에 쉽게 접근할 수 있다.

(4) 제품 출시 속도를 높일 수 있어 기업은 몇 주 안에 신제품을 출시할 수 있다.

XaaS는 비즈니스 모델의 변화를 가져와 소프트웨어, 자동차, 컴퓨터 등의 산업을 제품에서 서비스로 변화시켰다. 전통적인 제품 기업의 요금 모델은 일회성 요금이고, XaaS 기업의 요금 모델은 구독 모델을 채택하여 고객이 필요에 따라 비용을 지불한다. 이러한 배경에서 고객 이전 비용이 낮아지고, 구독 모델 구동 기업은 과거 '신규 고객 확장'을 중점으로 하는 모델에서 '신규 고객 확장+기존 고객 점성 향상'으로 패러다임을 전환한다. 기업은 점차 제품형에서 서비스형으로 변화하고 있으며, 사용자 경험을 지속적으로 향상시켜 높은 수준의 고객 유치율을 유지하는 것이 경쟁의 중점 방향이 되고 있다.

8.2.2 SaaS대표 : Salesforce

Salesforce는 고객관계관리(CRM) 소프트웨어의 글로벌 리더로 2000년 CRM 혁신이념을 처음 추진한 혁신적인 클라우드 플랫폼으로 이미 세계 굴지의 CRM 솔루션이 됐다. Salesforce의 핵심 임무는 클라우드, 모바일 기술, 소셜미디어, 사물인터넷, 인공지능(AI) 기술을 통해 기업과 고객을 완전히 새로운 방식으로 연결하는 것이다.

Salesforce는 출범 때부터 마이크로소프트(MS)·시벨(Siebel)·오라클(Oracle)·SAP 등 업계 거물들을 공략하고, 일련의 브랜드와 마케팅 활동을 통해 자신의 포지셔닝(SaaS·SFA 업계의 선두주자)과 아이디어(No Software)를 알리는 데 성공했다.

Salesforce 초기의 성공은 주로 다음과 같은 점에 힘입은 바 크다.

(1) 간단한 CRM 스프트웨어

회사가 개발한 CRM 소프트웨어는 클라우드를 통해 제공되는 SaaS 제품으로 CRM 소프트웨어를 쉽게 사용할 수 있도록 클라우드가 작동한다.

(2) 바이러스식의 배포 전파 경로

Salesforce의 마케팅 전략에 따르면, 어떤 기업의 상위 5명의 사용자도 무료로 CRM 툴을 사용할 수 있으며, 팀 구성원들이 이 제품을 사용해 본 후 더 많은 구성원들이 사용할 수 있도록 함으로써 Salesforce가 높은 자본 효율성을 달성할 수 있도록 도와준다.

(3) 연간유료판매패턴

Salesforce는 고객과 연차적으로 계약을 체결하며, 고객은 선불금을 지불해야 한다. 고객은 연간 구독 요금제에서 매우 매력적인 할인을 받을 수 있다.

종래의 소프트웨어 모드와 Saas 모드의 차이는 [그림 8-2]와 같다.

2018년 시장조사기관 Synergy Research에 따르면 MS가 SaaS 서비스 공급자 1위, Salesforce가 2위, Adobe, Oracle, SAP가 뒤를 이었다. 그 중에서도 CRM이라는 세부 부문에서는 Salesforce가 1위를 지켰다.

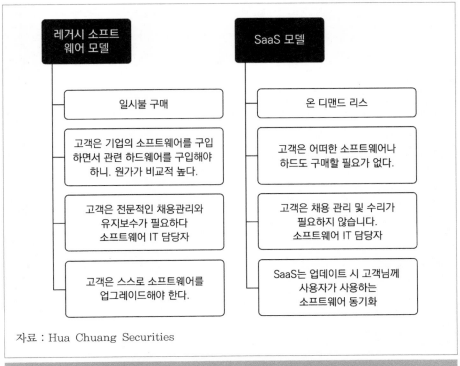

자료 : Hua Chuang Securities

[그림 8-2] 전통적인 소프트웨어 모델과 Saas 모델의 차이

8.2.3 HaaS대표 : Nest

스마트 홈 브랜드 Nest는 스마트 홈 기업 Nest Labs가 2011년 창업했다. 2014년 구글은 Nest를 32억 달러에 인수하였고 Nest의 주요 제품으로는 커넥티드 스마트 서모스탯, 스마트 스모그 감지기, Nest Cam 카메라, Hello 스마트 초인종 등이 있다.

Nest는 HaaS(Hardware as a Service 하드웨어 즉 서비스)의 대표적인 사례다.

카메라의 경우 Nest Cam은 카메라 장치와 브라켓 두 부분으로 구성돼 있다. 바닥 받침대는 철을 빨아들이는 기능이 있기 때문에 사용자는 테이블

위에 평평하게 놓거나 냉장고에 흡착할 수 있어 별도의 공간을 차지하지 않는다. 실시간 모니터링, 이상경보, 나이트비전, 음성대화 등 기능도 풍부하다.

더 나은 사용자 서비스를 위해 Nest는 구독 서비스를 내놓았다. Nest Aware는 Nest가 Nest Cam 사용자를 위해 30일 동안 녹화된 동영상을 클라우드에 저장할 수 있도록 하는 구독 서비스다. 이용자는 30일간 무료체험을 할 수 있으며, 이후에도 계속 이용하려면 요금을 내야 한다.

Nest Aware는 가입자가 선택할 수 있는 구독 패키지가 두 개 있는데, 유일한 차이점은 동영상이 클라우드에 저장되는 시간이 다르다는 것이다. 한 가지 시나리오의 동영상은 월 10달러 또는 100달러, 추가 Nest Cam 비용은 월 5달러 또는 50달러이다. 또 사용자가 30일 분량의 비디오 녹화물을 월 30달러 또는 300달러, 추가 Nest Cam은 월 15달러 또는 150달러까지 저장할 수 있도록 하는 방안도 있다.

8.3 변화의 구동력

제품경제가 서비스경제로 바뀌기 시작한 것은 제품이 동질화되고 있는 요즘 기업들은 가격전쟁에 휘말려 이익을 떨어뜨리기 십상이기 때문이다. 살아남기 위해서는 기업이 차별화를 해야 하고, 서비스는 차별화를 만드는 효과적인 수단이다. 기업은 전환 후 더 높은 마진율, 더 강한 경쟁력을 갖춰 장기적으로 높은 이익을 얻을 수 있다.

8.3.1 서비스는 차별화

업종별 생애주기는 [그림 8-3]과 같다.

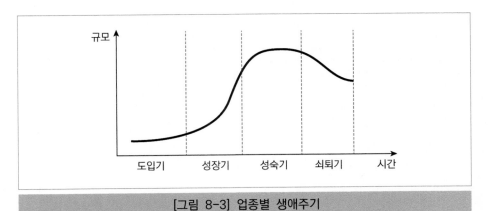

[그림 8-3] 업종별 생애주기

업종별 생애주기 단계별 특징은 다음과 같다.

(1) 도입기

시장성장률이 비교적 높고 수요증가가 비교적 빠르고 기술변동이 비교적 크며 업종중의 기업은 주로 신규가입자개발과 시장점수에 주력한다. 그러나 이때 기술 방면에 매우 큰 불확실성이 있으며 제품, 시장, 서비스 등의 전략 방면에 매우 큰 여지가 있다. 업종특성, 업종경쟁상황, 사용자특성 등이 불명확하고 업종진입장벽이 낮다.

(2) 성장기

시장 성장률이 매우 높고, 수요가 고속 성장하며, 기술은 점차 정형화되고, 업종 특성, 업종 경쟁 상황 및 사용자 특성 등은 비교적 명확하며, 업종 진입 장벽이 높아지고, 제품 품목 및 경쟁자가 많아졌다.

(3) 성숙기

시장성장률과 수요성장률이 높지 않다. 기술은 이미 성숙하였으며, 업종 특성, 업종경쟁상황 및 사용자특성 등이 매우 안정적이며, 구매자시장이 형성되어 업종 수익력이 저하되고, 신제품과 제품의 새로운 용도개발이 더욱 어려워 업종진입장벽이 매우 높다.

(4) 쇠퇴기

시장성장률이 떨어지고 수요가 줄면서 품목 및 경쟁자가 감소한다. 이미 많은 업종이 성숙기에 접어들었다. 성숙한 시장에서 차별화는 기업의 생존에 중요한 요소이며, 혁신적인 서비스는 그 중 중요한 방식이다.

2019년 도요타는 고객에게 구독 서비스를 제공하는 자동차 제조사가 됐다. 도요타의 자동차 구독 서비스 이름은 킨토(Kinto)로 구독자는 매달 구독료를 내고 그 대가로 자신이 좋아하고 운전하고 싶은 차를 자유롭게 즐길 수 있으며, 매달 구독료는 보험금, 자동차세, 등록비, 차량 정기유지비 등 관련 비용을 지원한다.

도요다 아키오(公司田章男) 도요타 사장은 성명에서 "고객이 차를 갖고 싶어한다는 사실을 알게 되면 이 서비스는 쉽게 시작할 수 있다. 또 고객이 다른 차를 시도하려고 하면 차를 바꿀 수 있고, 더 이상 필요하지 않으면 반품할 수 있다"고 말했다.

Kinto는 현재 Kinto One과 Kinto Select 두 가지 서비스를 제공하고 있다.

킨토셀렉트 소비자는 RX450h, NX300h, UX250h, ES300h, RC300h, IS300h 등 6개 하이브리드카(HV) 중에서 선택할 수 있다. 임대차 계약기간은 3년이며 비용은 월 19만4400엔으로 자동차세, 임의보험, 등록비 등이 포함된다. 이용자는 6개월에 한 번꼴로 차종을 바꿀 수 있어 초기 대금이 필요 없다.

Kinto One과 Kinto Select는 내용이 다르고 소비자는 프리우스, 코롤라, 엘파, 윌파와 크라운을 선택할 수 있으며 리스 계약기간은 3년으로 최초 대금을 내지 않아도 되지만 차종을 마음대로 바꿀 수 없고 구독료도 차종에 따라 달라지며 자동차세, 임의보험, 등록비도 포함된다.

현재 자동차 시장은 성숙기에 접어들어 경쟁이 치열하다. 도요타는 다른 자동차 업체와의 차별화를 위해 자동차 업체에서 모빌리티 업체로 변신을 꾀하고 있다.

8.3.2 차별화는 높은 이윤을 가져옴

모두 비슷한 제품이라면 가격을 맞출 수밖에 없지만 이렇게 되면 판매량을 올려도 이익을 낼 수 없다. 하지만 차별화된 서비스가 있으면 이익률을 크게 높일 수 있다.

중국 자동차 딜러를 예로 들어보자. 대형 자동차 판매업체로는 정통자동차, 영달자동차, 보신자동차, 중승그룹, 물산중대, 방대자동차, 국기자동차, 아샤자동차 등이 있는데, 이 중 아샤자동차는 3.4%에 불과하고 물산중대 3.61%, 보신자동차 5.4%, 영달자동차 5.2% 등이다. 그만큼 전체 이익률이 낮은데 반면 A/S 마진은 완성차 판매 마진보다 훨씬 높은 43.6%, 물산 중대형 A/S 마진은 21.3%로 딜러별 순이익이 뒷받침됐다.

예를 들어 애플의 소프트웨어 서비스 산업은 iTunes Store, App Store, iBooks Store, Apple Music, Apple Pay, Apple Care 및 다양한 라이선스 프로토콜이 애플 소프트웨어 서비스의 범위에 있다. 애플로서는 서비스산업이 차지하는 수입 비중이 크지 않을지 몰라도 애플 전체를 지탱하는 초석이다. 앱스토어가 없었다면 App Store, iPhone과 iPad가 이렇게 인기를 끌지 못했을지도 모른다.

애플의 서비스산업은 마진율이 놀라울 정도로 높아 유망하다. 투자기관인 Piper Jaffray의 Gene Munster는 보고서에서 애플 이용자가 늘면서 소프트웨어 서비스의 중요성도 높아지고 있다고 밝혔다. 루카 마스트리 애플 CFO는 서비스업 총금리가 애플 전체 업무 총금리와 거의 같은 약 40%라고 밝힌바 있다. 애플 서비스산업의 2015년 기준 총금리는 59.2%에 달했지만 2016년 기준 아이폰SE의 총금리는 약 35%, 아이폰6s의 총금리는 40%대에 불과하다.

애플의 서비스산업을 뜯어보면 더 놀라운 수치다. 예를 들어 App Store의 이율은 90~95%, Apple Care의 이율은 70%, iTunes Store의 이율은 30~40%.

2017년 4분기부터 2019년 8월까지 애플 제품의 총금리는 36%에서 30%로 계속 낮아졌고, 서비스 사업은 영업이익과 점유율뿐만 아니라 58%에서 64%

로 점차 높아지고 있다.

스마트폰 사업의 성장으로 산업사슬이 무르익으면서 화웨이, 샤오미 등으로 대표되는 국산 휴대전화는 가성비 면에서 큰 장점이 있지만 글로벌 스마트기기 시장 구도가 상대적으로 안정돼 있다는 전제 아래 하드웨어 마진이 갈수록 떨어지고 서비스야말로 미래 수익공간과 순이익을 끌어올리는 수출이다.

유료 구독은 2020 회계연도에 생태계 구독료 5억 달러(현재 2억2000만 달러) 이상을 목표로 하고 있다.

투자회사인 Jefferies의 Timothy OShea애널리스트는 애플이 성장하고 있는 서비스 사업은 안정적인 아이폰 사업이라는 케이크 위의 크림이라며 아이폰 사업은 이를 바탕으로 거대하고 순환 가능하며 높은 수익률을 낼 수 있다고 말했다. Timothy Oshea는 App Store, Apple Music, iTunes Store와 iCloud를 포함한 서비스 사업이 2020회계연도에 애플 전체 매출의 25%, 전체 매출의 40%를 차지할 것으로 보고 있다. App Store와 Apple Music은 애플의 서비스 사업 성장을 견인할 것이며, 시간이 흐를수록 애플은 새로운 서비스를 선보일 기회를 갖게 될 것이다.

제9장 온디맨드 서비스

휴대전화에서 간단히 몇 번 조작하면 김이 모락모락 나는 음식, 빨래를 손에 들고 호화로운 승합차를 타고 가거나, 전 세계 영화를 마음대로 보거나, 전 세계 다른 스타일의 음악을 듣고, 최신 출판된 책을 읽을 수 있다.

이것이 바로 온디맨드 서비스로, 우리는 과거보다 더 빠른 속도로 각종 상품이나 서비스를 제공받고 있다. 디디, 메이단 테이크아웃, 아이치이, QQ 뮤직, 할로생선 등이 온디맨드 서비스를 제공하는 대표적인 사례다. 온디맨드 서비스를 제공하는 일부 업체는 아래 그림과 같다.

온디맨드 서비스 제공업체

사람들의 생활 리듬이 빨라지고 전통 업무도 점차 이 분야로 옮겨감에 따라 수천만의 기업들이 온디맨드 서비스 대열에 합류하고 있으며 관광, 전자상거래, 물류, 교통운수, 음식, 의료보건, 소매 등의 업종에 관여하고 있다. 많은 전통 기업은 상품과 서비스를 더 빨리 인도하기 위해 공급망을 개선할 방법을 모색하고 있다.

9.1 손끝 서비스

이제 소비자는 실시간 스트리밍이든 차량공유 서비스든 원하는 콘텐츠를 언제 어디서나 온라인으로 얻을 수 있게 됐다.

Zipcar는 북미의 한 자동차 렌터카 회사이자 현재 미국에서 가장 큰 온라인 렌터카 회사이다. 그것은 전통적인 렌터카 모델을 뒤집고 모든 단계를 간소화하려고 노력하며 렌터카 행위를 더욱 경제적이고 편리하게 변화시킨다. Zipcar 이용자는 렌터카를 매우 짧은 시간 안에 이용할 수 있으며, 매번 신청서류를 작성하거나 렌터카 사무실을 방문하거나 불편한 곳으로 차를 돌려보내거나 할 필요가 없다.

Zipcar는 '당신의 옆 바퀴'라는 슬로건을 내걸고 사용자가 어디에 있든 걸어서 7분 만에 원하는 차를 탈 수 있다는 점을 강조했다. 고객은 고객 전용선으로 전화하거나 회사 홈페이지에 접속하면 손쉽게 렌터카를 빌릴 수 있다. 회원이 사이트에 장소, 차량 인도 시간, 예상 대여 시간을 입력하면 홈페이지에서 회원이 있는 곳과의 거리에 따라 가까운 곳에서 먼 곳까지 대여할 수 있는 차를 제공하고, 회원은 이 중 한 대를 선택하면 된다. 1분 정도밖에 걸리지 않는다.

미국에선 연간 2240만 명의 가입자가 온디맨드 서비스를 받기 위해 약 576억 달러를 쓰는 것으로 집계됐다([그림 9-1] 참조).

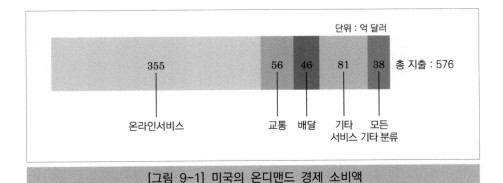

[그림 9-1] 미국의 온디맨드 경제 소비액

유비쿼터스 인터넷과 매우 낮은 거래비용이 지속적으로 새로운 온디맨드 서비스 회사를 탄생시키고 있으며, 이러한 회사들은 고도로 확장 가능한 플랫폼과 혁신적인 애플리케이션을 통해 소비자와 공급자를 효과적으로 한데 모으고 있다. 어디서든, 언제든지 휴대전화로 택시를 호출하고, 배달음식을 주문하고, 호텔을 예약할 수 있어 의사결정 방식이 크게 달라졌다. 깔끔한 인터페이스와 편리한 결제 시스템을 통해 온디맨드 서비스는 참을 수 없는 대기 시간을 없애고 있으며, 이용자들이 해야 할 일은 스마트폰에서 '살짝살짝' 하는 것뿐이다.

9.1.1 활발히 발전하는 온디맨드 서비스

많은 사람들이 온디맨드 서비스가 부자들을 위한 서비스라고 생각할 수도 있지만 그렇지 않다. 실제로 미국 온디맨드 소비자의 46%는 연소득 5만 달러를 밑돈다. 미국 성인의 약 42%가 온디맨드 서비스를 이용하고 있으며, 280개 이상의 회사가 16개 업종의 온디맨드 서비스(On Demand Service)를 제공하고 있다.

시장조사업체 BIA/Kelsey에 따르면 미국의 온디맨드 경제 거래 총액은 2015년 220억 달러에서 2017년 340억 달러로 전년 대비 50% 이상 증가했다. 반면 미국은 2017년 온디맨드 서비스 시장 점유율이 7%에 불과해 아직 성장 여지가 많다.

이미 수백 개의 온디맨드 서비스 기업이 넷플릭스, 할로선 및 온라인 학습 플랫폼 Udemy, 쇼핑 플랫폼 Instacart, 프리랜서 플랫폼 Upwork, 숙박 플랫폼 Airbnb, 퀵서비스 Shyp 등 벤처 투자가들의 러브콜을 받고 있다.

9.1.2 핵심원칙

(1) 즉시

온디맨드 서비스 중 기다리는 사람은 없다. 즉각적인 경험이 매우 중요하기 때문에 온디맨드 서비스는 신뢰할 수 있는 실시간 처리 시스템을 필요로 하며, 사용자에게 실시간 주문 상태 조회 서비스를 제공하며, 다른 환경에서 사용할 수 있으며, 주로 모바일 기기를 대상으로 한다.

(2) 연결

많은 온디맨드 서비스 중에서 관련된 사람은 한 사람이 아니라 따라서 전체 거래 체험은 사실상 하나의 연결된 공유 체험으로, 한 사람이 상품이나 서비스를 요청하고 다른 한 사람 또는 여러 사람이 이를 구현하기 때문에 모두가 동기화할 필요가 있다. 한 사람이 한 일을 할 때, 이러한 행동은 다른 사람에게 실시간으로 반영되어야 하며, 연결된 공유 경험은 사용자의 만족도를 높이고 서비스의 성공을 촉진하는 중요한 요소이다.

(3) 이동

온디맨드 거래에 참여하는 사람들이 대부분 휴대전화 등 모바일 기기를 사용하는 것은 온디맨드 서비스에 '모바일'이 중요한 고려 요소가 돼야 한다는 의미이고 여행 중인 이용자에게도 확실한 서비스를 제공해야 한다.

9.1.3 산업사례

(1) 교통수송

교통수송은 온디맨드 서비스 혁명의 첫 번째 업종 중 하나다. 택시 예약과 렌터카 여행이 편리해진 것은 우리 모두 알고 있다.

대여(出租) 택시는 이미 수요 대비 모드로 완전히 전환됐다. 많은 택시회
사들이 자체 앱을 출시해 사용자들이 손쉽게 택시를 예약할 수 있게 했다.
또 렌터카를 시간 단위로 빌려 탈 수 있고, 카셰어링 플랫폼으로 카풀을 할
수 있다. 이미 많은 플랫폼이 우버, 리프트 및 화물차 공유 플랫폼
Cargomatic, 렌터카 플랫폼 ZoomCar, DriveU 서비스 플랫폼 드라이브유
등 벤처캐피털로부터 많은 자금을 확보해 더욱 발전시키고 있다.

2017년 벤처캐피털의 75%가 넘는 벤처캐피털이 5개 스타트업에 투자됐는
데, 이 중 4개는 [그림 9-2]와 같이 교통 관련이었다.

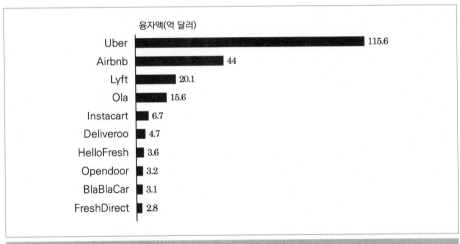

[그림 9-2] 벤처투자 75% 상위 5개 스타트업 집중

(2) 배달

배달 플랫폼은 사람들이 온라인으로 주문한 음식을 집 앞까지 배달해 누
구나 모바일로 배달시킬 수 있다. 반면 한 가족이 요리를 즐긴다면 하루생
선 등 식재료 구독 플랫폼은 식단과 신선한 식재료를 제공한다.

주문형 식품 배달 플랫폼 중 하나인 도어대시는 단기간에 큰 성공을 거뒀
다. DoorDash는 수많은 레스토랑을 통합한 온디맨드 배달 서비스로 40여개
국 500여개 도시에서 사업을 진행하고 있으며, Delight Scoring 시스템을

통해 플랫폼 내 모든 레스토랑의 음식 배달 품질을 보여주는 맞춤형 서비스를 제공하고 있다.

또 잡화배달 Instacart, 식자재배달 블루 앞치마 및 요리사를 불러 밥을 짓는 Munchery, 식탁을 예약하는 OpenTable 등도 외식업계가 잘나가는 사례다.

온디맨드 서비스는 이미 외식업계와 하나가 되어 사용자의 일상생활에 편리함을 더하고, 자신의 방식대로 식품을 주문할 수 있을 뿐만 아니라, 별도의 인프라 투자 없이 음식점의 판매 확대를 도울 수 있다.

음식 배달업은 이미 1조 달러 규모의 산업이 되었다. 벤처투자가 늘고 아마존 선샤인 등 대형 업체들이 잡화 배송 사업을 벌이면서 온디맨드 서비스가 외식업계에서 좋은 성장세를 보일 것으로 예상된다.

(3) 미용 화장

화장품은 오프라인 매장에서 주로 구매하던 화장품 업계가 언제 어디서나 고객에게 서비스를 제공하기 위해 점차 사업모델을 바꾸고 있다. 헤어예약부터 스타일리스트 영입까지 다양한 온디맨드 서비스가 등장했고 스타일리스트를 영입한 미니룩스, 헤어예약 스타일시트 등 플랫폼이 잘 발달했다.

뷰티 메이크업 업계의 '온디맨드' 플랫폼은 이용자들이 집에서 편리하게 양질의 서비스를 누릴 수 있도록 돕는 것은 물론 살롱과 뷰티 기관의 고객층 확대에 도움을 준다. 바쁜 도시인들의 시간과 노력을 아낄 수 있는 가성비 높은 서비스를 제공하는 뷰티 서비스 플랫폼이 조만간 더 많은 소비자들에게 인기를 끌 것으로 보인다.

(4) 기업서비스

일부 기업은 핵심 업무에만 전념하기 위해 다른 업무를 아웃소싱하는 경우가 많다. 기업 서비스를 제공하는 회사는 정규직 채용 없이 다양한 제3자 서비스를 받을 수 있도록 다른 기업의 원활한 운영을 돕는다. 현재 비교적 흔한 기업 서비스로는 기업의 직원 채용을 돕고, 회사 활동을 조직하며, 물류 서비스를 제공하는 것 등이 있다.

일부 분야의 기업 서비스를 제공

① 겸직자 : ShiftGig, TaskRabbit

② 회사활동 : Vanuebook

③ 회사출행 : Rockettravel

④ 기업음식 : Grubhub, EzCarter

⑤ 아웃소싱 컨설팅 : HourlyNerd

특정 작업을 빠르고 효율적으로 수행할 수 있어 기업 서비스 분야 스타트업의 인기가 높아지고 있다.

(5) 의료 건강

온디맨드 서비스가 절실한 업종은 헬스케어다. 일찍이 환자를 진찰하려면 병원을 찾아 줄을 서야 했고, 약을 사려면 오프라인 약국까지 가는 데 시간이 걸렸다.

온디맨드 서비스가 도입되면서 많은 문제가 해결됐다. 예를 들어, 사용자들은 현재 휴대폰에서 몇 번의 주문만으로 30분 이내에 약을 배달하는 서비스를 받을 수 있고, 각종 애플리케이션을 통해 휴대폰에서 전국의 의사들에게 병세를 문의하거나, 혹은 간호사 집에서 주사를 맞을 수 있는 인터넷 예약을 할 수 있다.

HealthTap은 미국의 7×24h 원격 문진 서비스를 제공하는 모바일 인터넷 기업이다. HealthTap은 세계적으로 10만 명이 넘는 양질의 개업의들이 모여 있고, 가입자가 1억 명이 넘으며, 온라인으로 응답하는 의료 질문은 19억 개에 이른다. HealthTap은 환자의 요구를 모두 충족시킬 수 있는 것으로, 즉 사용자가 증상을 묘사하는 것부터 의사의 온라인 진단과 처방까지 HealthTap 플랫폼을 통해 수행할 수 있다.

중국의 딩당쾌약은 단일 오프라인 의약품 소매모델에 대해 오프라인 약국 및 전문 의약품 배송팀을 자체 건설하여 '약공장 직공급, 온라인 주문점 배달'이라는 온·오프라인 일체형으로 운영되는 의약 신소매모델을 만들어 7×24h, 28분 이내에 배달하는 방문업무와 함께 전문 약사의 지도를 곁들였다.

헬스케어 산업은 1조 달러 규모의 글로벌 산업으로 온디맨드 서비스 창업가들이 가장 진입을 원하는 업종 중 하나다. 이 업계 기타 온디맨드 서비스로는 닥터온디맨드, 텔라닥, 고투너스, 프락토 등이 있다.

(6) 전문서비스

목공 · 전기공 · 보모 · 난방 등 거의 모든 전문 서비스가 온디맨드 서비스를 구현할 수 있다.

TaskRabbit은 온디맨드 서비스를 제공하는 앱으로, 도움이 필요한 사용자를 자격을 갖춘 전문 서비스 종사자와 연계하여 사용자가 홈 프로페셔널 서비스를 편리하게 이용할 수 있도록 한다.

이러한 수직적 영역의 온디맨드 서비스 플랫폼은 사용자에게 많은 선택권을 제공하고 전문 서비스 종사자에게 일자리를 제공하기 때문에 흥미롭다. 비슷한 앱으로는 수도와 전기 서비스를 제공하는 Handy, 소프트웨어 개발 서비스를 제공하는 Venturapact, Serviz 서비스를 제공하는 서비스 등이 있다.

9.2 '지금 당장' 소비자

지난 10년 동안 소비자들은 세대간 변화로 인해 새로운 특징을 가지게 되었다. 그들은 시간을 절약하는 방식으로 상품을 구매하고 서비스, 특히 선별적이고 개인화된 상품과 서비스를 얻기를 희망한다.

온디맨드 서비스는 즉각적인 만족이라는 개념 위에 구축되어 있으며, 빠른 시간 내에 사용자가 원하는 것을 그들에게 전달함으로써 사용자 경험을 크게 향상시킬 수 있다.

2016년 하버드 비즈니스 리뷰에 따르면 온디맨드 서비스를 이용하는 이용자의 상당수(49%)가 18~34세로 [그림 9-3]과 같다.

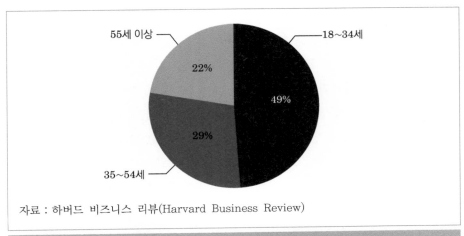

자료 : 하버드 비즈니스 리뷰(Harvard Business Review)

[그림 9-3] 온디맨드 서비스를 이용하는 사용자의 연령 구성

그 외 49%는 밀레니얼 세대 55%는 남성, 45%는 학부 이상, 54%는 교외, 46%는 연소득 5만 달러 이하, 47%는 7만5,000달러 이상이다.

자료 : 하버드 비즈니스 리뷰

[그림 9-4] 온디맨드 서비스를 사용하는 사용자 구조

밀레니얼 세대는 현재 미국에서 가장 규모가 큰 세대로, 온디맨드 서비스 시장의 성장 뒤에 있는 원동력이다. 밀레니얼 세대는 1982~2000년에 태어나 21세기에 성인이 된 세대로 흔히 말하는 '80세대', '90세대'다. 이 세대의 성장기는 인터넷과 컴퓨터과학이 형성되고 비약적으로 발전한 시기로 생활여건, 인터넷 정보폭발, 외동딸 등 시대적 특성을 갖고 있다.

생활 소비 측면에서 밀레니얼 세대는 '60세대', '70세대'와 구별되는 뚜렷한 특징이 있다. 골드만삭스의 연구보고서에 따르면 중국의 '80세대'와 '90세대'는 약 4억1,500만명으로 전체 인구의 31%를 차지하며 이들의 평균 연소득이 2014년 4만1,000원에서 2024년 9만1,000원으로 늘어나면서 이들이 미래 소비지형을 주도하게 됐다. 밀레니얼 세대가 향후 10년간 우리나라 소비시장의 주력이 될 것이라는게 현재 모든 기업의 공통된 인식이다. 이 세대의 소비 관념, 소비 능력 및 소비 의욕은 이미 새로운 소매 시장에 심각한 변혁을 일으켰다.

'기다린다'는 단어는 밀레니얼 세대와 거의 관련이 없다. 시간과 효율성을 따지는 밀레니얼 세대가 기다림에 대해 거의 무관용적이라는 것은 수치로도 잘 입증된다. 밀레니얼 세대 중 86%가 온라인 쇼핑과 모바일 결제에 열광했고, 70%가 기다릴 수 있는 홈페이지 로딩 시간이 5초를 넘지 않았으며, 60%는 오프라인 매장에서 옷을 입어보고 결제할 때 기다리는 것을 싫어한다고 답했다.

많은 밀레니얼 세대는 콘텐츠를 온디맨드 방식으로 스트리밍하는 것에 만족한다. '게으른 소비'와 같은 소비 습관은 신소매·공유경제·패스트트랙·음식점 등 신·구 업종의 전방위적 변화를 낳았다.

밀레니얼 세대가 변화에 빠르게 적응할 수 있고, 변화를 끌어안는데 열심인 것은 그들이 태어나면서부터 처한 변화로 점점 더 편리한 생활환경과 관련이 있으며, 인터넷·휴대전화·소셜미디어 등의 시대적 흐름에 가장 적극적인 응답자들이다.

밀레니얼 세대는 온라인 쇼핑의 옹호자이자 실천자다. 밀레니얼 세대의 비중은 86%가 넘는다. 스마트폰·모바일 결제가 보편화되고 모바일 쇼핑이 완비되면서 밀레니얼 세대의 80% 이상이 모바일·태블릿pc 등 모바일 기기에서 쇼핑을 더 선호한다고 답했다. 제품군의 완비, 가격 혜택, 시간과 노력을 절약한 점 등이 이들을 끌어들이는 요인이다.

중국의 밀레니얼 세대는 쇼핑의 편리성과 신속성에 대한 기대가 높다. 온·오프라인을 막론하고 자신의 욕구를 가장 잘 충족시킬 수 있는 채널을 선택하는 풀채널 쇼핑객들이다. 온라인 쇼핑을 할 때는 대부분 모바일로 제품 리서치부터 구매, 결제, 배송, 애프터세일즈까지 쇼핑 여행 전반을 마친다.오프라인 매장에서 돈을 쓸 때는 알리페이 등 편리한 결제 수단과 무료 배송 서비스를 이용하는 경향이 있다.

구글의 연구보고서에 따르면 스마트폰을 사용하는 사람들은 소비의 즉시성을 더 많이 요구한다. 구글 검색에서 2015~2017년 '당일 출하'라는 단어는 검색량이 120%, '오늘의 항공편'과 '오늘의 호텔'은 150% 늘었다.

전통 기업은 밀레니얼 세대의 즉각적인 요구를 충족시키기 어렵다. 전통적인 공급망은 동일한 제품을 대량으로 기반으로 하고, 이후 제품 운송을 통해 수천 개의 주문을 통합함으로써 새로운 시대의 소비 수요와 완전히 일치하지 않는다. 요즘 고객들은 빠르고 저렴한 배송을 선호하고, 빨리 상품을 받거나 서비스를 받고 싶어 한다.

자라(Zara)는 유럽에 본사를 둔 의류매장으로 소비자 데이터를 통해 소비 선호도와 트렌드를 추적해 공급망 패러다임을 확 바꾼 곳이다. Zara는 제조사에 한정된 원단 선택권을 제공해 패션의 오프라인 매장 진입 속도를 높이고 있다. Zara의 경우 15일 이내에 새로 디자인한 옷을 입을 수 있으며 업계 평균 기간은 6개월이다.

아마존 Prime 구독 회원들도 갈수록 빨라지는 배달 속도를 즐기고 있다. 아마존은 고객의 화물 수요를 충족시키기 위해 2016년 제트기 40대를 임대해 소비자에게 배송했다. 2018년 아마존은 '마지막 1km' 배송에 'Prime' 로고가 새겨진 전용 화물차 40대를 추가하고 벤츠 Sprinter 화물차 2만대를 미국 본토 배송 지원용으로 주문하겠다고 밝히는 등 배달 서비스를 거듭 업그레이드했다. 프라임 서비스의 기준 도착 시간은 2일이고 아마존은 이를 하루로 압축해 시간당 계산까지 할 수 있다.

아마존은 2012년 창고센터를 자동화하고 물류 효율을 높일 목적으로 7억 7500만 달러를 투자해 로봇 제조사 Kiva Systems을 인수한 뒤 Amazon Robotics로 사명을 바꿨다. 아마존은 2020년 전 세계 26개 운영센터에 10만 개가 넘는 Kiva 로봇을 적용했다. Kiva 로봇은 높이 40cm, 이동속도 최대 1.3m/s, 최대하중 340kg으로 기존 물류작업보다 2~4배 높은 작업효율 99.99%의 정확도를 자랑한다.

이미 2013년 12월 아마존은 Prime Air 무인택배를 발표했는데, 고객이 온라인으로 주문하면 5파운드 이하 물량을 골라 배달할 수 있고, 드론은 30분 안에 물건을 집까지 배달할 수 있다. 전 과정이 무인화돼 드론은 물류센터 파이프라인 끝에서 부품을 자동으로 빼낸 뒤 고객에게 직접 날아간다.

2014년 제프 베이조스 아마존 CEO Jeff Bezos이 8세대 무인 배달기를 설계하고 있다며 아마존 프레시 생선에 드론을 적용해 배송 서비스를 제공하겠다고 공언했다. 2022년 아마존은 보잉의 전 임원인 David Carbon 787사업부 부사장을 Prime Air부사장으로 영입해 30분 안에 고객에게 물건을 배달하는 것을 목표로 드론 배달 사업을 운영하고 있다.

아마존이 드론·로봇·빅데이터·인공지능(AI) 등의 기술을 활용해 물품 배달 속도를 꾸준히 끌어올린 것은 미래 트렌드를 어느 정도 대변한다고 볼 수 있다. 아마 얼마 지나지 않아 대부분의 상품을 30분 안에 배달할 수 있을 것이다. 소비자들이 이런 온디맨드 서비스에 익숙해지면 더 빠른 서비스 응답을 기대할 수 있다.

시대가 변하고 대중의 소비선호도 변하는데 소비자의 입장에서 문제를 생각하고 소비자의 요구를 해결해야 기업을 더 잘 키울 수 있다. 즉각적인 서비스가 소비자의 즉각적인 요구에 부합할 수 있다는 것은 기업의 미래 승리에 관건이다.

9.3 소유권의 종말

  소비자들은 소유권보다는 사용권이나 접근권에 더 관심을 갖는 시대다. 예를 들어 집 한 채를 사는 게 아니라 원하는 집을 수시로 임대하는 것, 차를 사는 게 아니라 디디, 우버 등을 이용해 차를 수시로 부르는 것, DVD를 잔뜩 사는 게 아니라 텐센트 동영상을 틀어놓고 최신 고화질 영화를 보는 것이다.

  특히 편리하고 신속한 온디맨드 서비스에 비해 한 가지 사물의 소유 비용이 너무 무거워졌다. 예를 들어 자동차를 소유할 경우 매주 기름을 넣어야 하고, 매달 주차비, 매년 보험료를 내야 하며, 위반료와 정비비, 통행료 등이 있다. 자동차 한 대를 키우는 데 드는 연간 비용(제타의 경우)을 [그림 9-5]에 나타낸다.

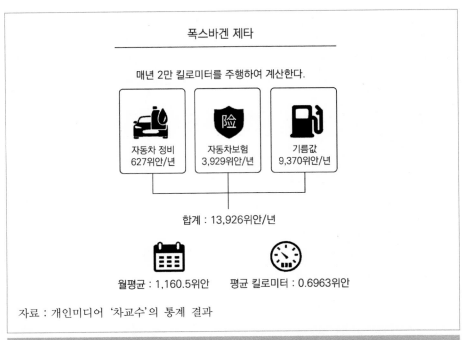

[그림 9-5] 차 한 대 키우는 데 드는 연간 비용(제타의 경우)

또 시간이 지날수록 스로틀, 흡기덕트, 인젝터, 에어컨 시스템 등을 청소해야 하고 변속기 오일과 타이어 교체도 일정이 잡혀 있다. 비용이 많이 들기는커녕 번거롭고 시간도 많이 걸린다.

디디, 우버 등이 제공하는 인터넷 예약 서비스를 이용하면 주차 공간을 찾아 주유소를 찾을 필요 없이 언제든지 이동의 편리함을 누릴 수 있다. 매번 비용도 몇 십 위안에 불과해 누구나 부담할 수 있고, 한 달 총비용은 아마도 자동차 정비 비용보다 적을 것이다. 이런 상황에서 굳이 차를 살 필요가 있을까.

어느 정도 소유권은 걸림돌이다. 일단 우리가 뭔가를 얻으면, 소유권을 얻으면서 우리는 많은 책임을 져야 한다.

선진국에서는 밀레니얼 세대와 1998년 이후 출생한 '디지털 원주민'이 부모 세대보다 소유권에 더 관심이 없다는 연구결과가 나왔다. 이들이 모바일 인터넷과 함께 성장한 것은 이들 신세대에게 소유권보다 공유와 접근이 더 의미 있는 일이다.

스포티파이나 유튜브, 넷플릭스 등의 스트리밍 구독 서비스가 좋은 사례다.

외국에서는 1999년 노래와 영화를 보려면 CD와 DVD만 구입할 수 있었고 냅스터에서 노래를 내려받는 것은 불법이었다. 2003년부터 아이튠즈를 통해 합법적으로 정식 곡을 내려받을 수 있게 됐지만 한 곡당 0.99달러의 비용이 들었다.

2015년이 되자 모든 것이 달라졌다. 이용자는 유료로 구독한 뒤 방대한 분량의 음악·영상 콘텐츠에 자유롭게 접근할 수 있다. 사용자는 콘텐츠의 소유권을 취득할 필요 없이 접근할 수 있으면 되고, 사용자는 콘텐츠를 저장하기 위해 물리적 또는 디지털 저장공간 없이 온라인으로 접속하면 된다.

온 디맨드 서비스가 저렴하고 만족스러우며 소유권 프리미엄이 사라질 정도로 신뢰할 수 있을 때, 개인 습관과 특별한 이유가 없는 한 소유권은 버려진다.

미래의 사람은 아무 것도 소유할 필요가 없을지도 모른다. 충분한 온디맨드 서비스를 구독하면 모든 수요를 충족시킬 수 있다. 사람들은 집을 빌릴 필요 없이 한 에어비앤비에서 다른 에어비앤비로 이사하면 되고, 출장 여행도 옷가지, 컴퓨터, 핸드백을 원스톱으로 빌릴 필요가 없다.

일부 전통 업종도 구독 잠재력이 크다. 예를 들어 웨어러블 기기 제공업체인 핏빗(Fitbit)이 스포츠 팔찌를 통해 사용자의 심장박동, 혈압 등의 정보를 수집한 뒤 건강상태를 분석해 사용자에게 피드백하는 데 월 몇 달러면 충분하고, 건설업계에서는 미국 기계회사인 Caterpillar가 사용자의 상황에 따라 트랙터를 구입해야 할지 렌탈해야 할지, 일부 시멘트 회사가 도로 밑에 센서를 깔아 교통정보를 수집해 정부에 서비스를 제공하는 등 우리나라 '스마트시티' 건설에서 이미 시도되고 있다.

사람과 사물 사이의 관계는 더 이상 정적인 점유 관계가 아니라 동적인 접근 관계이다.

인터넷, 휴대전화는 각종 서비스의 입구가 되고 있다. 사용자는 마치 이 상품이 그 자신의 것인 양 빠르게 상품 하나를 얻을 수 있다. 어떤 경우에는 사용자가 자신의 '지하방'에서 찾는 것보다 상품의 획득 속도가 더 빠를 수 있고 상품의 품질도 보장된다.

온디맨드 서비스는 우리가 하나의 물품을 소유할 수 있는 절대다수의 권익을 누릴 수 있게 해주며, 동시에 물품의 점유로 인한 부담(예: 세척, 수리, 저장, 분류, 보험 가입, 업그레이드 및 유지 보수 등)을 감소시킨다. 케빈 켈리는 그의 신간 필연에서 사물에 대한 소유는 예전처럼 중요하지 않고 사물에 대한 사용은 이전보다 더 중요하다고 지적했다.

왜 소유권은 갈수록 중요하지 않습니까? 케빈 켈리는 다섯 가지 트렌드에 영향을 받았다고 지적했다.

(1) 감(減)물질화

감물질화 추세는 우리가 더 적은 재료로 더 좋은 물건을 만들 수 있게 한다. 1970년대부터 자동차의 평균 중량은 25%나 떨어졌고, 엔진 성능과 제동 효과, 안전성은 모두 향상됐다. 책상 위에 올려놓을 정도로 육중했던 전화기가 이제는 컴퓨터 한 대에 버금갈 정도로 주머니에 쏙 들어간다. 혁신적인 디자인, 스마트 칩 및 네트워크 연결 등 무형의 소재가 많은 원료가 필요했던 작업을 떠맡았다. 실리콘밸리에서는 이를 '소프트웨어가 모든 것을 먹어 치운다'고 표현한다.

서비스로의 제품 전환도 감물질화 추세를 가속화하는 힘이다. 제품은 '구입한 것을 가지고 있다'고 하고 서비스는 '구입한 것을 사용한다'고 한다. 제품은 소유권을 주장하고 서비스는 이용권을 주장한다. 제품은 일회성 이벤트인 반면 서비스는 업데이트, 배포 및 버전에 대한 끊임없는 서비스 프로세스를 제공하며 생산자와 소비자 간 영구적인 연결을 유지한다.

(2) 실시간 공급매칭

실시간에 가까운 전달을 위해 스타트업들은 새롭고 기발한 방식으로 비효율적인 영역을 개척하려 하고 있다. 이들은 1초 안에 유휴 자산을 대기 중인 사람들과 매칭할 수 있다.

A시에서 B시까지는 8가지 승차 방식이 있다.

① 차를 한 대 사서, 혼자 차를 몰고 간다.

② 회사를 선택해서 목적지까지 태워다 준다(택시).

③ 모 회사에서 차를 한 대 빌려, 혼자 차를 몰고 지나간다(Hertz).

④ 사람을 고용하여 목적지까지 차로 모셔다 드린다(우버).

⑤ 다른 사람으로부터 차를 빌려, 스스로 차를 몰고 지나간다(RideRelay).

⑥ 회사를 고용하여 당신과 동행하는 사람을 고정 노선에 맞추어(버스)보낸다.

⑦ 한 사람을 고용하여 당신과 탑승객을 목적지까지 데려다 준다(래복차라인).

⑧ 한 사람을 고용하여, 너와 동승객을 일정한 목적지로 보내라(BlaBlaCar)

우버와 같은 온디맨드 서비스가 다른 업계를 강타하며 'X 분야 우버'로 떠오르고 있다. 방문 네일아트, 꽃 택배, 세탁 서비스, 의사 왕진 등 언제 어디서나 안내문을 기다리는 사람들이 있어 저렴하다.

(3) 탈중앙화

지금 우리는 100년에 걸친 탈중앙화의 중간 지점에 와 있다. 사회가 탈중앙화될수록 사용성이 중요하다. 그 중 가장 트레이드마크인 전환은 통화다. 화폐는 중앙정부의 강력한 보장이 필요하며, 화폐를 탈중앙화하면 다른 어떤 것도 탈중앙화 할 수 있다. 2009년 탄생한 비트코인은 완전 탈중앙화, 분산 화폐로, 민중공유(民衆公有)라는 새로운 형태의 소유물로 누구나 소유하지만 실제로 소유하는 사람은 없다.

(4) 플랫폼 시너지

전통적인 조직 형태는 기업과 시장이지만 이제 제3의 조직 형태가 등장한 것이 플랫폼이다. 시장도 기업도 아닌 새로운 생태계다. 하나의 플랫폼은 하나의 우림과 같으며, 하나의 종(제품)의 성공은 다른 공존 종들의 토대 위에 세워져 있다. 오늘날 가장 부유하고 파괴적인 조직들은 거의 다자간 플랫폼으로 애플, 마이크로소프트, 구글, 페이스북, 우버, 알리바바, 에어비앤비, 위챗, 안드로이드 등 상호의존적인 제품과 서비스로 구성된 강력한 생태계 조성을 함께 추진하고 있다. 생태계는 공동진화의 원칙에 의해 지배되고 공유는 암묵적인 설정이며, 당신의 성공은 타인의 성공에 달려 있다. 나누는 사물은 많아지고 재산으로 취급받는 사물은 적어진다.

(5) 클라우드

클라우드는 우리의 디지털 생활을 운영하고 있다. 당신이 접하는 영화, 음악, 전자책, 게임은 모두 클라우드에 저장돼 있고, 당신이 모바일에서 하는 대부분의 일은 클라우드 컴퓨팅을 통해 이뤄진다. 클라우드가 클수록 우리의 설비는 더 작고 가벼워진다.

Marshall McLuhan은 바퀴는 다리의 연장, 카메라는 눈의 연장이라고 제안했다. 우리 삶의 모든 영상, 관심을 갖는 모든 정보, 우리의 다양한 기록, 우리가 친구들과의 모든 채팅 및 모든 선택, 모든 생각, 모든 소망 등이 클라우드에 존재한다.

제10장 고속 진화

"옛날엔 차마도 느리고 편지도 멀어서 평생 한 사람밖에 못 사랑했어요." 우리 주변의 세계와 환경은 빠르게 변화하고 있다. 이동통신 기술은 1G부터 2G, 3G, 4G, 5G, 휴대전화는 100만 화소부터 1000만 화소, 1억 화소, 장비는 데스크톱부터 노트북, 스마트폰, VR헬멧, AR글라스, 뇌기계 인터페이스까지 디지털 혁명이 몰아치고 있다. 교통, 엔터테인먼트, 소매, 미디어, 자동차, 식품, 의료 등의 산업을 크게 변화시키며 기업과 사회의 모든 영역을 재구성하고 있다.

빠르게 변화하는 환경에 직면하여, 기업은 어떻게 생존해야 하는가?

10.1 인터벌 밸런스의 세계

유인원에서 사람으로의 진화 이론은 이미 대중들에게 보편적으로 받아들여졌다. 인류 진화사는 [그림 10-1]과 같이 진화단 맨 왼쪽은 오스트랄로피테쿠스, 맨 오른쪽은 호모 사피엔스입니다. 점진적 진화 이론은 두 사람 사이에 13종의 점차 발전하는 종이 약 230만 년 동안 천천히 진화한다고 한다. 이것은 원인들이 어느 날 갑자기 사람처럼 깨어나지 않는다는 것을 의미하였다.

그러나 이런 완화된 점진적 진화 이론은 1972년 뒤집혔다. 당시 두 고생물학자인 하버드대 굴드(Stephen Jay Gould) 박사와 미국 자연사박물관의 나일스 엘드리지(Niles Eldredge) 박사는 화석 기록이 진화가 천천히 일어나는 것이 아니라 빠르게 폭발하는 것을 보여주었다. 새로운 종은 선계 분기에 의해서만 생겨날 수 있고, 도약의 방식으로 빠르게 형성될 수 있으며, 새로운 종은 한번 형성되면 보수적이거나 진화가 정체되어 다음 종의 형성 사건이 일어나기 전까지는 겉모습에 큰 변화가 없을 것이며, 진화는 도약과 정체 사이의 것이며, 등속, 매끄러움, 그라데이션의 진화는 존재하지 않을 것이다.

[그림 10-1] 인류 진화의 역사

화석 기록을 보면 생물의 진화는 오랜 시간 작은 변화만 있는 안정이나 균형이 짧은 시간 동안 일어나는 큰 변화에 의해 중단되는 패턴을 보인다. 즉, 오랜 미세진화 후에 빠른 대진화가 나타나며, 그라데이션적인 미세진화와 약변적인 대진화가 번갈아 나타난다는 것이다. 대진화는 미진화와는 다른 메커니즘을 가지고 있는데, 이러한 대진화의 메커니즘은 자연선택이 아니라 다른 요인에 의해 야기되는, 예를 들면 배아발달의 패턴이다.

전통 학설에서는 진화량(생물종이 일정 기간 동안 성상의 변천 총량)은 점진적 변이가 점차 축적되는 총합이며, 선계 점변은 진화의 주류이며, 간헐적 평형론은 점진적 변이도 변이를 일으킬 수 있고 축적을 통해 새로운 종을 형성할 수 있지만, 그 총 변이량에서 차지하는 몫은 매우 작기 때문에 종형성이 진화의 주류라고 주장한다. 선형 그라데이션과 중단 평형의 차이를 [그림 10-2]에 나타낸다.

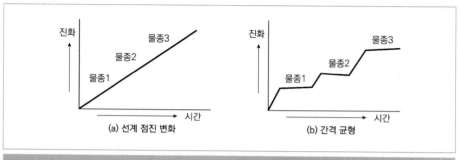

[그림 10-2] 선계 그라데이션과 중단 평형의 차이

캄브리아기 폭발은 진화사에서 간헐적 평형 급성장 단계의 가장 유명한
예이다. 불과 2,000만 년(지구의 40억 년 진화 역사의 0.5%) 사이에 현존하는
거의 모든 생물종이 출현했다. 캄브리아기가 발발하기 전에는 대부분의 생
물은 매우 단순하고 단일 세포로 이루어져 있었지만, 그 시기가 끝난 후에
는 세계 도처에 매우 다양한 복잡한 생물들이 있다. 폭발하는 동안 종의 다
양화 속도는 10배 빨라져 새로운 양적 수준에 도달했다.

우리는 간헐적으로 균형 잡힌 세계에서 생활한다. 몇 세기 전에, 공업 혁
명은 가장 중요한 혁명 중의 하나로 거의 백 년의 시간을 들여서야 비로소
뿌리를 내렸다. 프랑스 외교관 루이 기욤 드 오토(Guillaume de Hauteville)
는 1799년 7월 6일 쓴 편지에서 '산업혁명'이라는 단어를 처음 썼고, 90여
년이 지나서야 산업혁명의 개념이 보편화되기 시작했다. 지금은 기술 반복
과 사회 진보가 몇 년, 심지어 몇 달 만에 빠르게 일어나고 있다. 첫 아이팟
이 나오고 그 안에 천 곡의 노래를 담을 수 있을 때 놀라셨나요? 이제는 아
이팟이 사라지고 전 세계 수백만 곡의 노래를 듣고 다니며 들을 수 있는 스
마트폰이 등장했다. 15년 전만 해도 인터넷이 대규모로 채택되지 않았던 지
금, 우리는 인터넷 없는 나날을 어떻게 보내야 할지 상상도 할 수 없다.

지금 우리가 처한 사회는 완만한 점진적 변화가 아니라 캄브리아기 시대
와 같은 급속한 급변 속에 놓여 있음은 두말할 나위도 없다.

10.2 빠른 진화 또는 죽음

2014년 진화생물학자들은 플로리다주 인디언 리버레이크 섬의 녹색도마뱀([그림 10-3] 참조)이 20대 만에 갈색도마뱀의 침입에 적응할 수 있다는 사실을 발견했다. 갈색도마뱀에 의해 더 높은 서식지로 내몰린 녹색도마뱀은 불과 15년 만에 더 큰 발가락 패드와 더 많은 점성 비늘을 진화시켜 나뭇가지에 더 잘 밀착하고 나무에 오를 수 있어 침입자를 피할 수 있다.

[그림 10-3] 인디언강 석호섬의 녹색도마뱀

지난 수십 년 동안 진화생물학자와 생태학자들은 자연선택이 충분히 강력하다면 종은 빠르게 진화해 우리가 관찰할 수 있는 시간 범위 내에서 발전할 것이라는 것을 이미 인식해 왔다.

각종 기술이 급변하는 시대에 소비자 니즈는 끊임없이 변화하고, 기업은 빠르게 '진화'하고 제때 조정하지 못하면 도산할 위험에 처한다.

하나의 가정된 시나리오에서는 A팀과 B팀, B팀, A팀보다 10배 많은 두 명의 소프트웨어 엔지니어 팀이 동일한 툴과 풀어야 할 문제를 제공한다. 팀B는 3개월에 한 번씩 소프트웨어를 최적화하고, 팀A는 하루에도 여러 번 최적화한다. 더 빠른 속도로 진행되기 때문에 A팀의 비즈니스 가치는 A팀의 규모가 더 작더라도 B팀보다 훨씬 높다.

전통 기업은 제품이나 서비스를 출시하기 전에 대량의 시장 조사를 실시한 후, 정확한 광고 투하와 시장 보급을 진행하고, 제품이 출시된 지 1~2년 후에 사용자의 피드백을 수집한 후 상세한 논증을 진행하며, 후속 제품이나 서비스를 어떻게 조정해야 하는지를 토론하고, 전체 "진화" 속도는 년 단위로 한다. 제품이나 서비스의 개선은 시장 수요에 크게 뒤처져 있는 경우가 많다.

구독기업은 월, 주, 일 단위로 최적화해 반복한다. 구독은 대부분 월 단위로 이뤄지는데 가입자가 마음에 들지 않아 구독을 해지하면 그 달의 데이터가 반영된다. 또 구독자와 기업이 상시적으로 연결돼 기업에 빠르게 의견과 조언을 할 수 있다. 넷플릭스는 빠른 속도로 '진화'할 수 있는 능력이 빠른 시간 안에 글로벌 인터넷 콘텐츠 공룡으로 부상한 대표적인 사례다.

1997년 설립된 넷플릭스는 초기에는 온라인 DVD 대여 및 판매 사업을 주력으로 했으며, 당시 DVD 대여 서비스의 주류 서비스 사업자는 Blockbuster였으며, 절정기에는 6만 명에 가까운 직원과 9000개가 넘는 매장을 거느리고 있었으며, 미국인의 70%가 Blockbuster 체인점에서 차로 10분 이내에 거주하였다.

당시 Blockbuster가 미국 DVD 대여시장을 독점하다시피 한 상황에서 이용자들은 정해진 기간 내에 DVD를 반납해야 하고 그렇지 않으면 비싼 연체료를 내야 한다는 임대료 연체 조항을 받아들여야 했다. 이 제도는 Blockbuster의 이익 규모를 높였지만 사용자 경험에도 큰 영향을 미쳤다. 또 Blockbuster의 오프라인 렌털 비즈니스 모델은 매장, 인력, 상품(DVD) 등에 초기 투입되는 돈이 많아 이용자 렌털 물량이 기대에 못 미치면 적자를 낼수 있다. 이에 넷플릭스는 다음과 같은 3가지 조치를 취했다.

첫째, 이용자의 약점을 꽉 잡고, 임대 절차를 간소화하며, 연체료 제도를 없앤다. 넷플릭스의 DVD 대여 과정은 이용자가 온라인 검색을 통해 원하는 DVD를 찾으면 회사가 직접 이용자의 집으로 보내주는 방식이다. 이용자가 보고 나서 DVD를 다시 사서함에 넣기만 하면 누군가 찾아가서 받는 등 모든 과정이 간편하다. 또 넷플릭스는 만기와 연체료를 완전히 없애고 시청

시간에 관계없이 이용자는 새 DVD를 대여하기 전에 헌 DVD를 반납하면 된다. 이에 힘입어 넷플릭스는 회원들의 자발적인 렌털 관리를 독려하면서 불편한 소비 경험을 피했다. 전복적인 사용자 경험으로 넷플릭스는 운영 첫해 23만9000명의 가입자를 확보했다.

둘째, 회원 제도를 채택하여, 사용자의 점성을 높인다. 1999년 9월 넷플릭스는 기존 방식에서 단회 요금 대신 DVD 월세 모델을 내놓아 이용자들이 더욱 끈적끈적해졌다. 멤버십 월정제는 영업수익과 회원수가 함께 증가하고 넷플릭스의 운영목표를 보다 단순하고 명료하게 만들어 회원 가입을 유도하고, 가능한 한 만족스러운 서비스를 누릴 수 있도록 함으로써 지속적인 구독을 목표로 하고 있다.

셋째, 경자산 전략을 채택하여, 운영 비용을 낮추고, 빠른 발전을 실현한다. 넷플릭스는 온라인 서비스 공급자로서 점포 없이 영업사원 없이 가벼운 자산운용 모델을 채택해 기존 오프라인 매장 진열대의 제한된 병목현상을 타파했을 뿐만 아니라 매장 비용을 면제해주는 선에서 지역 배송센터를 확장해 늘어나는 회원 수요를 충족시킬 수 있었다.

그 결과 Blockbuster 일가가 독식하는 가운데 넷플릭스는 획기적인 발전을 이뤘다.

2007년 미국의 많은 가정이 초고속인터넷에 접속했다. 2010년 미국 가정의 광대역 침투율은 62%로 높아졌고 기술 발전은 스트리밍 비디오 플랫폼의 부상에 좋은 발판을 제공했다. 또한, 미국 전통 텔레비전의 "선형 방송" 모드는 좋지 않은 시청자 경험을 가져다 준다. 게다가, 전통적인 텔레비전은 고정 비용이 많이 든다. 미국 텔레비전의 일일 시청 시간은 314분에서 점차 감소한다. 시청자들은 가성비가 높고, 영화 관람 경험이 좋고, 영화 선택이 자유로운 새로운 유형의 관영 방식을 얻는 것이 시급하다.

넷플릭스는 DVD우편 서비스를 스트리밍 서비스로 업그레이드하고 동영상 콘텐츠를 대폭 늘려 인터넷을 통해 TV와 PC, 모바일 기기에서 언제 어디서나 동영상을 감상할 수 있도록 했다.

2008년 새로운 스트리밍 서비스를 시작한 넷플릭스는 판권 가격이 낮은 오래된 영화와 TV 프로그램을 구입해 비용 증가 없이 회원들에게 무료로 온라인 동영상 시청 서비스를 제공했다. DVD 대여 회원 수 증가에도 영향을 주지 않으면서 온라인 동영상 시청에 관심 있는 일부 이용자를 끌어들여 Blockbuster 등 동종업계 경쟁자들과 거리를 두겠다는 전략이다. DVD 사업이 스트리밍 동영상 서비스로의 원활한 전환으로 2009~2011년 넷플릭스의 DVD 대여 사업은 매년 약 30%씩 성장했고, 회원들의 온라인 영화 관람 시간도 급증했다.

2000년 미국 멀티채널 TV 패키지의 가격은 월 60달러, 넷플릭스는 온라인 스트리밍 사업 초기 월 7.99달러에 인터넷 동영상 서비스를 제공하면서 수많은 라인 꼬집기족을 끌어들였다. 한편 넷플릭스는 미국 정통 방송사의 주간 방송 방식과는 달리 시즌 내내 동시에 방송하는 방식을 획기적으로 채택해 작품 전체의 일관성을 더 많이 고려했고, 단회 리듬에 대한 부담도 줄었으며, 시간적 측면에서도 분 단위 제한을 두지 않았다. TechPinions 조사 결과 넷플릭스 이용자의 83%가 시즌제를 한 번에 본 경험이 있는 것으로 나타났다. 방송 플랫폼과 모델에 국한돼 전통적인 케이블TV가 비슷한 혁신 서비스를 내놓기는 쉽지 않다.

스트리밍 붐은 동영상 사이트들의 헤드라인 판권 경쟁으로 이어지면서 가격이 급등했다. 예를 들어 넷플릭스는 '광고광'의 편당 가격을 약 100만 달러로 제작비(200~250만 달러)의 절반에 육박한다. AMC에서 먼저 방영해야 넷플릭스에 접속할 수 있다는 방침에 따라 넷플릭스가 비싸게 사들인 독점권은 인터넷 2차 방송의 권익일 뿐 1차 방송을 따라잡지 못한 이용자들만 건드릴 수 있다.

이런 상황에서 넷플릭스는 프리미엄 자체 제작물을 시험적으로 제작한다. 넷플릭스는 2012년 콘텐츠 제작에 뛰어들어 오리지널 범죄 코미디 '릴리하이머'를 처음 선보인 이후 영화와 드라마 제작 사업을 대폭 확장하며 오리지널 콘텐츠를 속속 선보이고 있다. 2013년 하이엔드 오리지널 드라마 '하우스 오브 카드(House of Cards)'가 히트하면서 전 세계 이용자는 36.5% 증가했고, 2013년 말에는 미국 3,171만2,000명, 글로벌 4435만 명이 가입했다. 이로써 넷플릭스의 콘텐츠 배치는 양적, 질적 풍부함에서 독주로 변모하기 시작했고, 2014년 1월 넷플릭스는 미국 이용자들에게 영화 6,484편과 드라마 1,609편을 제공했다.

넷플릭스의 오리지널 콘텐츠 투자는 2013년 이후 매년 꾸준히 증가해 평균 25% 안팎의 증가율을 유지하고 있다. 넷플릭스는 2013년부터 5년 연속 연보에서 오리지널 콘텐츠가 스트리밍 콘텐츠 비용 상승의 주요 원인이며, 프리미엄 오리지널 콘텐츠를 양산할 뿐만 아니라 품질도 우수하다고 밝혔다. 2017년 에미상에서 넷플릭스가 91개 부문, 20개 부문 후보에 올라 오리지널 콘텐츠 대가인 HBONow에 이어 두 번째로 많은 상을 수상하면서 '넷플릭스, 프리미엄' 브랜드 이미지가 각광받았다.

넷플릭스는 DVD부터 스트리밍, 오리지널 콘텐츠까지 사회 환경 변화에 발빠르게 대응하며 끊임없이 조정하며 스스로를 불패의 지위에 올려놓았다.

느린 진화의 시대에 코끼리는 거대한 몸집에 의지해 더 많은 먹이를 얻는 장점이 있다. 하지만 환경이 급변할 때 가장 먼저 쓰러지는 것은 소행성이 지구에 충돌한 티라노사우루스 같은 거대 생물들이고, 생존할 수 있는 것은 진화 속도가 가장 빠른 종들, 티라노사우루스와 동시대의 포유동물인 쥐들일 것이다. 반복 속도가 빠르기 때문에 서로 다른 갈래의 차세대 서브클래스를 빠르게 번식시킨 뒤 자연 도태로 최적의 서브클래스를 골라낸 뒤 계속 진화한다. 또 구조가 단순한 생물은 상대적으로 쉽게 구조를 바꿀 수 있기 때문에 더 큰 진화적 이점을 얻을 수 있다.

생물유전학적 실험을 할 때 코끼리를 쓰지 않고 초파리를 쓰는 것처럼 열흘마다 다음 세대를 번식시켜 원하는 결과를 더 빨리 걸러낼 수 있기 때문이다. 그래서 미래는 빨리 진화하든지 아니면 망하든지 하는 것이다.

10.3 실시간 피드백 폐쇄 루프

기업이 빠른 속도로 진화하려면 고객의 요구에 대한 이해 없이는 안 된다.

어느 정도 기업의 유일한 장기적인 경쟁 우위는 고객에 대한 이해이다. 기업은 소비자의 피드백을 끊임없이 수집·분석하고, 얻은 피드백을 이용하여 기업의 문제점을 파악한 후 개선·향상하여 제품과 서비스를 재설계해야 한다.

많은 구독 기업은 이미 피드백의 속도를 매우 빠르게 하여 인터넷을 이용하여 실시간 피드백을 실현하고, 7×24h의 전천후로 고객과 소통할 수 있다. 고객의 피드백을 받은 후, 기업은 빠르게 반복 최적화를 진행하여 하나의 양성적인 운영 폐쇄 고리를 형성한다. 충성스러운 고객 관계는 한 번의 더 빠르고 더 나은 피드백 루프에서 계속 강화되고 있으며 고객 중심의 기업문화가 뿌리내리고 있다.

많은 전통적인 고객 피드백 방식에는 중대한 결함이 있다. 실시간이 아니다. 분기별 고객조사가 고객의 기억에 의존한다면 이러한 기억은 시간이 흐를수록 점점 희미해진다. 많은 고객 조사는 주관적인 인식과 편견에 영향을 받기도 한다. 회사가 월별 서비스 종료 후 바로 고객을 조사해도 운영진은 불만이 있는 고객에게 제때 대응하지 못하는 경우가 많다. 이런 지연은 고객이 회사가 그들의 피드백을 중요하게 생각하지 않는다고 느끼게 할 수 있다.

Graze를 예로 들어보자. Graze는 미니 간식 구독 박스를 제공해 매주, 매2주 또는 매월 맞춤형 간식을 배달한다. 구독상자에는 8가지 종류의 간식이 포함되어 있으며, 1개당 11.99달러에 무료배송 된다. 고객 스스로 배송 빈도를 선택할 수 있고, 언제든지 구독 계획을 변경하거나 취소할 수 있다.

Graze는 아몬드, 크랜베리 바닐라 젤리, 밀크초콜릿, 부드러운 사과 슬라이스, 건포도, 치즈맛 캐슈넛, 구운 땅콩 등 100여 종의 간식이 풍부하다. 모든 간식은 유전자 변형 성분이 없고 트랜스지방, 인공색소, 향료, 방부제가 없으며, 전 세계적으로 엄선된 것으로 다른 곳에서는 같은 종류의 간식을 찾을 수 없다.

Graze의 구독 과정은 간단하다.

(1) 사용자가 계정을 만들고 Graze에게 자신이 좋아하는 것을 알려준다.

(2) Graze는 박스를 주문 제작해 샘플을 무료로 제공한다. Graze는

DARWIN이라는 알고리즘을 사용하여 구독자가 웹사이트에 입력한 선호 정보에 따라 간식 케이스를 맞춤 제작한다.
(3) 사용자들은 구독 상자를 받으면 Graze가 자신의 취향을 더 잘 알 수 있도록 평가와 피드백을 줄 수 있다.

Graze와 구독자 간의 피드백 루프는 일회성이 아닌 지속적인 과정이다. 몇 번의 반복 후에 Graze는 사용자의 선호를 잘 알고 매우 좋은 사용자 경험을 제공할 것이다.

Graze의 품목개발 책임자인 패니는 "세계적으로 10억 개가 넘는 스낵 등급 데이터베이스를 보유하고 있어 스낵 시장에 대한 깊은 이해를 얻었다. 혁신이 Graze의 생명선이고 우리는 이틀에 한 개꼴로 신제품을 내놓는다"고 말했다. 고객의 실시간 피드백은 회사의 민첩성과 제품 개발 프로세스의 신속성을 크게 향상시켰다. 패니는 Graze의 혁신팀이 미국에서 '비건 단백질' 트렌드를 적시에 발견하는 등 트렌드를 발견할 수 있었다고 주장했다.

Graze는 소비자 피드백을 혁신의 시작 모델로 삼았고 제품에 대한 빠른 피드백도 혁신의 위험을 줄일 수 있게 했다. 운영 철학은 '빠른 시도, 빠른 실패, 빠른 반복 최적화'다. 예컨대 Graze는 단백질 곡물 스틱을 출시했지만 효과가 기대에 못 미치자 출시 6개월 만에 관련 제품 계획을 완전히 바꿔 재가동했다. 이런 유연성은 대형 식품 제조사에 비해 중요한 경쟁 우위다. 대형 브랜드는 복잡한 혁신 프로세스를 따르며 신제품을 시장에 내놓는 과정이 매우 길다. 이 과정의 속도 부재는 기업이 많은 기회를 놓칠 수 있다는 것을 의미한다.

구독 기업은 유연성과 속도를 추구하고 먼저 완벽한 제품을 설계하고 온라인에 올리기보다는 신속하게 최소의 실행 가능한 제품을 개발하여 즉시 배포한 후 잠재 사용자, 구매자 및 파트너에게 관련 비즈니스 모델의 모든 요소에 대한 피드백을 획득해서 여기에는 제품 기능, 가격 책정, 유통 채널 및 고객 획득 전략 등이 포함된다. 이후 기업들은 피드백을 이용해 이전 제품을 수정하고, 루프를 다시 시작하고, 제품을 재설계하고 테스트한다.

구독기업의 피드백 클로징을 [그림 10-4]에 나타낸다.

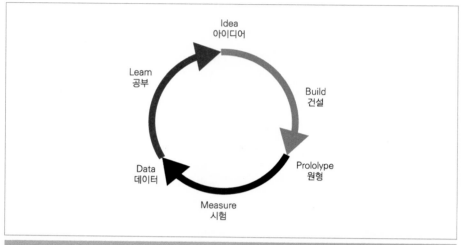

[그림 10-4] 구독업체의 피드백 폐쇄

대부분의 업종에서 고객의 피드백은 정보의 비밀유지보다 더 중요하며 지속적인 피드백은 제품을 문 닫고 다듬는 것보다 훨씬 더 효과적이다. 출시전에 제품이나 기능을 보완하는 데 너무 많은 시간을 들이기보다는 신제품과 새로운 기능을 빠르게 출시하고 반복하는 것이 새로운 창업 철학이다.

빠른 반복은 강력한 복리 효과를 가져올 수 있다. 초기 성공률이 5%에 불과할 경우 기업이 20회 반복을 완료하면 64%로 높아진다.

택배 반복은 혁신을 가져올 수 있다. 기업이 가치 있는 혁신을 이루려면 체계적인 방법을 채택해 많은 새로운 아이디어를 대량으로 테스트한 뒤 이를 비즈니스 가치로 전환해야 한다. 빠른 반복실험은 가설을 사실로 변환해 조직이 아이디어를 검증하고 실행 가능한 좋은 아이디어를 선별해 실행 불가능한 나쁜 아이디어를 도태시킬 수 있기 때문에 효과적인 전환이 중요하다.

Dollar Shave Club은 사소해 보이는 수요 통점 발굴에 신경을 쓴다. 예를 들어 면도할 때 쓰는 휴지가 너무 거칠다는 사용자 불만이 제기되자 면도 전·후용 물티슈 2종을 개발했다. 유행이 소비자에게 이런 수요를 알려주지 않는다는 것은 분명하다. 이 밖에 면도유·드라이샴푸 등도 사용자 수요에 따라 생산되는데, 실제 이 회사 제품의 80%가 이렇게 시장에 투입된다.

물론 Dollar Shave Club은 신제품이 백발백중이 아니라 죽은 피부를 문지르는 타올을 출시해 소비자 반응이 좋지 않았다. 돌라 쉐이브 클럽은 혹평을 피하지 않고 이용자들과 투명하게 대화를 나눴다. 이용자의 의견을 들은 뒤 2주 만에 제품을 개선했다. 이뿐 아니라 구제품을 주문했던 회원 6만 4000여 명에게도 환불을 자청했다.

이번 경험으로 신제품 테스트와 사용자 피드백 획득의 중요성을 더욱 인식하게 된 Dollar Shave Club은 이를 위해 500명의 장기 구독자를 신상품 테스터로 초빙하여 적시에 사용감을 얻을 수 있게 되었다. 이는 Dollar Shave Club의 시장 수요에 대한 반응 속도를 한층 높였다.

10.4 일찍 실패하면 일찍 성공

유명 디자인회사 IDEO의 슬로건은 일찌감치 실패, 일찌감치 성공이다.

일단 진화, 변혁, 혁신이 일어나면, 모험과 실패가 뒤따르지만, 실패를 어떻게 보느냐에 따라 달라진다. 실패는 경험을 쌓을 수 있다. 적어도 다음 모험을 위해 지식을 쌓을 수 있다. 실패가 많은 인재보다 더 많은 인재를 사용할 수 있다. 좋은 실패는 자원이 감당할 수 있는 범위 내에서 계속 시도할 수 있는 토대를 마련한다.

물론 불굴의 굴레도 필요하지만 무모한 모험, 비감내적 능력의 내기를 피하는 것도 필요하다. 당신은 최선을 다해야 하지만, 구독으로의 전환에 대한 불확실성이 완전히 해소되기 전에 큰 베팅도 할 필요가 없다.

내결함성의 전제는 가설 식별, 저비용 검증, 일련의 간단하고 저비용의 시험 방법 사용, 빠른 실패에 의한 빠른 학습, 불완전한 생각의 시도, 나아가 매력적이고 계발적인 획기적인 진전이다.

변화 속도가 빨라지는 시장에서 우리는 신제품에 대한 소비자의 최종 인식을 예측할 수 없다. 성공적인 구독 스타트업은 전통적인 제품 관리와 개발 프로세스를 버리고 민첩한 엔지니어링과 고객 개발을 결합해 소비자가 인지하는 핵심 가치를 끊임없이 반복하고 테스트하고 찾아냄으로써 업계의 획기적인 혁신을 '미지'에서 '알려진'으로, '불확실'에서 '확실'로 변화시킨다.

막연한 미래에 대한 변신은 교과서도 없고 따라갈 경험도 없어 한 번에 모양을 만들거나 실패를 겪지 않는 것은 불가능하다. 위기마다 기업의 새로운 자기계발과 조정, 최적화를 이끌어낼 수 있는 전략은 없다.

생물 진화는 스트레스, 무작위성, 불확실성에 의존해 존재하는데, 생물의 유전자 풀은 바로 이 충격을 이용해 이루어지며, 실패가 없으면 진화하지 않는다. 실패를 용인하기 위해 인도 타타그룹은 올해의 실패 아이디어상을, 또 어떤 기업은 올해의 실수상을, 어떤 기업은 시행착오를 추진하기 위해 실수 없이 금메달을 따기도 했다. 혁신은 소유되거나 임명될 수 없으며 허용되어야 한다. 크리에이터에게 혁신을 명령하는 것이 반드시 효과가 있는 것은 아니며, 이를 방치하는 것이 올바른 방식이다.

구독 시대의 의사결정과 혁신에 직면하여 초조해할 필요 없이 시행착오를 거치면 규모가 허용하는 범위 내에서 빠르게 실패하며 실패로부터 배운다.

제11장 대규모 개성화

　포드의 T자형 차량의 하선은 대량 생산과 규모의 경제의 도래를 표시한다. 이후 기업들은 규모·원가·가격에 주목했지만 개성화와 독특성은 무시했다.

　지금은 1세기 가까이 지나면서 상황이 달라지기 시작했다. 요즘 소비자들은 차별화된 제품과 서비스, 맞춤형 물건을 더 원한다.

　개성화는 기업에 소득 증가와 소비자 충성도 향상을 가져올 수 있다. 미국 소비자의 40%는 개성화 서비스 때문에 원래 계획보다 비싼 물건을 샀다고 답했고, 44%는 개성화 쇼핑을 경험한 뒤 중복 구매자가 될 수 있다고 답했다.

　2017년 5월 보스턴컨설팅그룹은 맞춤형 서비스를 중심으로 기업을 연구했다. 그 결과 맞춤형 서비스를 제공하지 않는 기업에 비해 맞춤형 서비스를 제공하는 기업의 전환율이 11~48% 높아지는 등 맞춤형 중요성이 부각되고 있다.

　개성화가 전환율에 미치는 영향은 아래 그림과 같다.

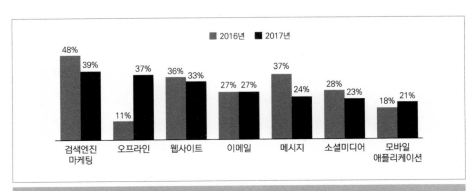

개성화가 전환율에 미치는 영향

사용자의 특정 욕구에 대한 만족도를 높이는 측면에서도, 사용자 경험을 높이는 측면에서도 개성화된 제품은 사용자에게 더욱 가치가 있다. NPD 그룹의 2011년 연구에 따르면, 고객들은 그들의 요구에 따라 특별히 만들어진 상품에 대해 25%의 프리미엄을 기꺼이 지불한다.

개성화된 제품이 더 높은 사용자 만족도와 더 높은 가격을 갖게 함으로써 더 높은 제품 수익률, 더 많은 중복 판매, 효과적인 입소문 광고를 발생시킨다는 증거가 있다. 더 중요한 것은 개성화는 기업과 소비자 사이에 새로운 형태의 관계를 만들어냈고, 개성화된 커스터마이징을 하는 기업은 소비자와 지속적으로 대화할 수 있는 기회를 갖게 함으로써 오랫동안 관계를 맺어왔다.

11.1 대규모 개성화

개성화된 제품과 서비스는 항상 있지만 그동안 고급 사치품을 주로 겨냥해 대량 생산된 표준화된 제품은 가격이 싸 대중이 부담할 수 있었다. 비싼 가격 때문에 맞춤화된 개성화 서비스가 많은 이들의 욕망이 되고 있다.

이제 우리는 새로운 시대로 접어들었다. 대규모 개성화 시대이고 누구나 자신의 상황에 맞게 개성화된 제품과 서비스를 가질 수 있다.

11.1.1 아디다스의 맞춤 운동화

독일 스포츠 장비 대기업 아디다스의 Futurecraft 3D 신개념 러닝화는 3D 프린팅의 밑창 중간층을 개인 맞춤형으로 제작해 매장에서 즉석에서 제작할 수 있다. 벨기에의 3D 프린팅 서비스 업체인 Materialise와 협력하여 만든 이 신제품은 정확한 홈과 외부 실루엣으로 발과 완벽하게 일치하며, 심지어 압력 지점까지 정확하게 맞출 수 있으며, 착용하는 모든 분에게 개별화된 지지대와 완충 시스템을 제공하여 운동 성능을 향상시킨다.

아디다스는 이 새로운 기술을 통해 소비자들이 매장에 들어가 러닝머신에서 잠시 뛰면 매장을 나갈 때 3D 프린팅된 맞춤형 러닝화 한 켤레를 갖게 되는 새로운 모델을 원한다.

Eric Liedtke 전 아디다스 전무는 "Futurecraft 3D는 단지 원형이자 의도적인 설명일 뿐이며 우리는 새로운 방식으로 공정과 소재를 결합했다. 이 3D 프린팅 중바닥 소재는 운동화를 잘 만들 뿐 아니라 성능 파라미터로 진정한 커스터마이징 경험을 추진해 운동가의 어떤 욕구도 충족시킬 수 있다"고 말했다.

11.1.2 각자 좋아하는 음악 청취

2006년 설립된 스포티지는 스트리밍 음악 분야의 선두주자이자 가장 유명한 대표적인 회사다. 최근 디지털 음악 시장의 내부 구조에 큰 변화가 생겼다. iTunes 영구 다운로드 수는 해마다 떨어지고, 스포티파이의 스트리밍 구독은 점차 늘고 있다.

미국음반업협회에 따르면 미국 시장에서 스트리밍 음악 구독 수입은 2016년 공식적으로 음악 다운로드 수입을 넘어 음악 출판업 수입의 최대 원천으로 51.4%를 차지했으며 유료 스트리밍 이용자 수는 2,260만 명, 스트리밍은 4,320억 회를 넘었다. 스트리밍 구독은 언제든지 영구 다운로드보다 더 많은 곡을 들을 수 있고, 소셜 공유도 쉽게 할 수 있다.

개성화 추천은 스트리밍 음악 서비스 차별화의 관건이다. 여러 스트리밍 음악 서비스 사업자는 가격, 곡목, 음질에 큰 차이가 없으며, 개성화된 추천과 독점 콘텐츠가 주요 차이점이고 풍부한 음악 콘텐츠는 더 이상 음악 플랫폼을 가늠하는 중요한 지표가 아니라 사용자가 원하는 음악을 얼마나 빨리 찾을 수 있도록 돕는지가 관건이다.

소나타는 데이터 알고리즘과 인공적인 결합을 통해 사용자의 취향을 정확히 파악해 새로운 음악을 발견하도록 돕는다. 소리타의 음악 편집자는 각기 다른 스타일, 주제의 플레이리스트를 수동으로 만들어 다른 시간에 다른 사용자에게 전달할 수 있다.

스포티지는 2015년 디스커버 위클리(Discover Weekly)를 출시해 매주 30곡을 사용자에게 추천하는 등 스포티지의 가장 유명한 기능으로 자리잡았다. 2016년 5월 현재 디스커버 위클리는 4000만 명의 이용자를 확보해 누적 50억 곡을 재생했다. 이용자의 절반 이상이 일주일에 최소 30곡 중 10곡을 듣고, 절반 이상이 최소 1곡을 자신의 플레이리스트에 저장한다. Discover Weekly는 종종 이용자에게 놀라움을 안겨주며, 이용자들이 이전에 알지 못했으나 듣기만 해도 빠져드는 자신의 음악을 발견하게 되고, 일부 연예인들은 이용자들에게 발각될 수 있게 된다. 디스커버 위클리의 성공에 힘입어 스포티파이는 Release Radar, Daily Mix, Fresh Finds, Spotify Running 등의 기능을 선보이며 다양한 각도에서 음악을 추천하고 있다.

개성화 추천으로 스포티파이는 높은 사용자 점성을 얻었다. 베르토 애널리틱스에 따르면 상위 10개 음악 플랫폼 중 스포티파이의 사용자 점성(사용자 점성=평균 일일 사용자 수/월별 사용자 수)이 25%로 가장 높았다. 이 밖에 이용자는 월평균 51회로 2위 아마존뮤직의 27회보다 훨씬 많았다.

소리타 역사상 여러 차례 소규모 인수가 이뤄진 것도 다음과 같은 맞춤형 추천이었다.

• Niland : 파리에 있는 스타트업. 일반적인 음악 추천과 달리 인공지능 (AI) 기술을 활용해 음악 악보를 분석해 비슷한 음악을 찾아 사용자에게 추천한다. 이 기술은 새로 나온 음악을 특정 사용자에게 더 효과적으로 추천할 수 있다. 새로 나온 음악은 사용자의 청취 습관에 대한 데이터가 부족해 기존의 음악 추천 방식이 특정 사용자에게 정확하게 전달되지 않아 사용자 경험에 영향을 미치기 때문이다.

• MigthyTV : 2016년 4월 설립됐으며 본사는 뉴욕에 있다. MigthyTV는 머신러닝 알고리즘을 통해 사용자 개인 선호 정보와 사용자 리뷰를 결합해 데이터 분석을 통해 사용자들에게 앨범을 추천한다. 한편 미시TV는 e메일과 페이스북을 통해 여러 명이 볼 수 있는 플레이리스트를 추천한다.

• Sonalytic : 2016년 설립돼 노래와 하이브리드 콘텐츠, 오디오 클립을 인식할 수 있는 오디오 인식 기술 개발에 주력하고 있다. 소날리틱은 오디오 분석을 통해 음악 파생상품 중 음악적 요소와 음악 정보도 식별할 수 있다. 소날리틱은 또 일반적인 음악 추천 기술과 달리 사용자의 문자와 동작 피드

백, 처한 환경(헬스나 여행 등) 및 노래 듣기 습관에 따라 원하는 곡을 찾을 수 있는 자기주도 학습이 가능한 음악 추천 기술도 개발했다.

11.1.3 너의 마음을 아는 복장

래시가드는 주로 25~40대 중·고급 남성 소비층을 대상으로 의류 구독 서비스를 제공하며, 가입자는 구독료만 내면 플랫폼이 골라주는 맞춤형 옷을 정기적으로 받을 수 있다.

기본 흐름은 다음과 같다.

(1) 회원 가입

이용자는 299위안의 회원비를 지불하면 회원이 될 수 있으며, 간단한 스타일 테스트를 마친 후 플랫폼은 이형사(전문복장 컨설턴트)를 매칭시켜주며, 이용자는 플랫폼이 제공하는 최소 연 4회의 의상 추천 서비스와 이형사의 일대일 전문 이형 제안을 받을 수 있다.

(2) 옷걸이 상자를 받음

매번 서비스하기 전에 플랫폼은 7일 전에 이용자와 소통하여 그 착용 수요를 확인한 후 "드레스 박스"를 준비한다(그 중 총 6벌, 총 가치는 약 4000위안이며, 몇백원의 저가 브랜드도 있고 수천원의 프리미엄 브랜드도 있다). 이용자가 계약금 500원을 지불한 후 플랫폼은 "드레스 박스"를 이용자에게 보낸다.

(3) 집에서 입어보고 결제하고

사용자는 상자를 받은 후 7일 동안 하나씩 입어보고, 마음에 드는 옷을 남기고 결제하고, 나머지는 무료 반송(상자에는 반품 택배 송장이 들어 있어 순풍택배와 직접 방문 수령 예약 가능)한다.

현 단계에서는 드리븐 사용자의 경우 1차 피팅 후 전퇴율이 약 30%로 대부분 2차 접수 후 구매가 이뤄진다. 현재 개별 박스 권장 구매율은 55%로 가입자의 분기 재구매율은 30%에서 60~70%로 높아졌다.

11.2 네가 좋아하는 추천 엔진 알아맞혀봐

개성화 추천 엔진은 사용자의 특징과 선호도에 따라 사용자가 엔드 투 엔드에서의 역사적 행동을 수집, 분석함으로써 사용자가 어떤 사람인지, 행동 선호는 무엇인지, 어떤 콘텐츠를 공유했는지, 어떤 상호작용 피드백이 발생했는지 등을 파악하여 최종적으로 플랫폼 규칙에 맞는 사용자의 특징과 선호도를 이해하고 도출함으로써 사용자에게 관심 있는 정보와 상품을 추천할 수 있다.

11.2.1 개성화 추천 5가지 요소

개성화는 생산자, 콘텐츠, 소비 플랫폼, 소비자, 피드백 등 5가지 요소를 다룬다. 생산자가 콘텐츠를 생산해 소비 플랫폼에 배포하고, 소비 플랫폼이 일정한 규칙에 따라 콘텐츠를 조직하고, 소비자가 이를 소비 플랫폼에서 사용하는 행위는 피드백을 형성한다.

(1) 생산자 : 유저일 수도 있고 프로일 수도 있다.사용자 생산:각종 카페, 블로그, 웨이보 사이트와 같이, 그 내용은 모두 사용자가 직접 창작하고, 관리자는 조정과 질서 유지만을 책임진다 ; 프로페셔널 생산 : 각종 뉴스 사이트나 동영상 사이트의 경우 내부에서 자체 창작하거나 외부에서 돈을 주고 저작권을 사들이는 내용이다.

(2) 내용 : 생산자에 의해 생산되고, 개성화는 내용을 근본 기반으로 하며, 이것이 본질이다.

(3) 소비 플랫폼 : 소비자가 접근할 수 있도록 콘텐츠를 제공하는 플랫폼, 예를 들어 웹사이트, 애플리케이션 등.

(4) 소비자 : 플랫폼에 들어가서 콘텐츠를 찾는 접속자.

(5) 피드백 : 소비자가 소비 플랫폼에서 콘텐츠와 상호작용하는 행동. 예를 들어 인터넷 뉴스에서는 사용자가 어떤 뉴스를 클릭해서 자세한 내용을 읽을 때 피드백이 형성된다. 상단 네비게이션 탭을 클릭하거나

채널을 추가하거나 삭제하거나 기사를 즐겨찾기 또는 공유하거나 기사를 반복적으로 클릭하는 행위 등은 피드백으로 볼 수 있다. 넷이즈 뉴스는 이러한 피드백에 근거하여 기술적 방법을 통해 해당 사용자의 통상적인 관심 모델 및 최근 관심 모델을 수립할 수 있으며, 그 후 이 모델을 적용하여 시행착오를 하고 행동 분산에 따라 재조정함으로써 해당 모델을 지속적으로 개선하여 사용자의 실제 선호에 점점 더 가까워지게 할 수 있다.

11.2.2 넷이즈 클라우드 음악의 추천 알고리즘

음악 관련 응용 프로그램이 이미 레드오션 시장에 진입했을 때, 넷이즈 클라우드 뮤직이 두각을 나타내며 2년 반 만에 1억 명의 사용자를 돌파한 데는 개성화된 추천 기술이 중요한 역할을 했다. 공중호인 '기계상호능'은 이를 상세히 해부했다.

(1) 협동 필터링 알고리즘 '사람이 무리를 지어'

실제로 넷이즈 클라우드 뮤직의 개성화 추천 알고리즘은 오늘날의 헤드라인, Bilibili 및 많은 O2O 전자상거래 플랫폼들이 적용하는 기반 추천 알고리즘과 대동소이하며 협동 필터링 알고리즘에 속한다. 쉽게 말해 이 알고리즘의 예측은 사람 간 비슷한 소비 패턴을 기반으로 한다. 예를 들어, 내가 좋아하는 노래가 두 곡 있고, 너의 플레이리스트에도 두 곡이 있기 때문에 너의 플레이리스트에는 내가 좋아하는 다른 노래가 있을 수 있다.

협동 필터링 알고리즘은 사용자 기반 협동 필터링 알고리즘과 프로젝트(싱글) 기반 협동 필터링 알고리즘으로 나눌 수 있다.

① 사용자 기반 공동 필터링 알고리즘

사용자 기반 협동 필터링 알고리즘은 [그림 11-1]과 같다.

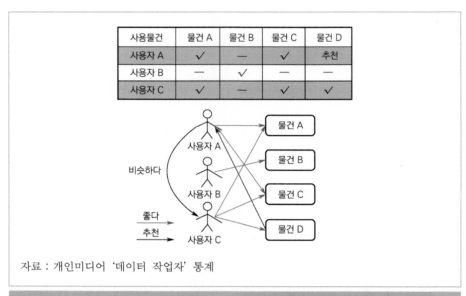

사용물건	물건 A	물건 B	물건 C	물건 D
사용자 A	✓	—	✓	추천
사용자 B	—	✓	—	—
사용자 C	✓	—	✓	✓

자료 : 개인미디어 '데이터 작업자' 통계

[그림 11-1] 사용자 기반 공동 필터링 알고리즘

예를 들어, 내가 샤오밍이 소장하고 있는 리스트와 유사성이 높다고 가정하면, 우리가 비슷한 것을 선호한다고 판단한 다음, 샤오밍에게 내 리스트에는 있지만 그녀의 리스트에는 없는 곡을 추천할 수 있다.

② 프로젝트 기반(싱글) 공동 필터링 알고리즘

프로젝트 기반 협업 필터링 알고리즘 개략도를 [그림 11-2]에 나타낸다.

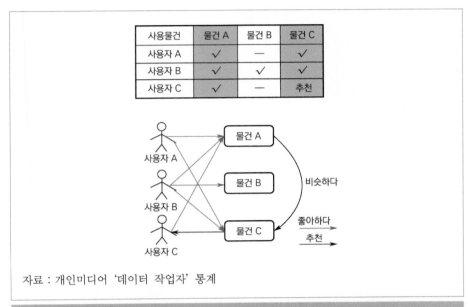

사용물건	물건 A	물건 B	물건 C
사용자 A	✓	—	✓
사용자 B	✓	✓	✓
사용자 C	✓	—	추천

자료 : 개인미디어 '데이터 작업자' 통계

[그림 11-2] 프로젝트 기반 공동 필터링 알고리즘 설명

프로젝트 기반 추천은 한 곡에 대한 사용자의 선호도를 바탕으로 싱글 간의 유사도를 계산하며, 유사도를 비교한 후 한 사용자의 이력 선호도에 따라 다른 사용자에게 싱글을 추천한다. 예를 들어 샤오신이 '용기' '소정가'를 2곡, 샤오이가 '용기,' '어두어두워', '소정가'를 3곡, 샤오예가 '용기'를 다운로드했다면 이들의 역사적 선호도에 따라 '용기'가 '용기'와 비슷하다고 판단할 수 있고, '용기'를 좋아하는 이용자도 '용기'를 좋아할 수 있다면 샤오예에게 추천할 수 있다.

여전히 협동 필터링 알고리즘에 대한 이해가 어렵다고 느낀다면 이를 '사람이 떼를 지어 나눈다'고 쉽게 이해할 수 있다. 이처럼 본질적으로 사용자 선호 유사도에 기반한 추천 모델은 보이지 않는 상황에서 사용자가 음악을 듣는 과정에서 '서로 대화가 잘 통하는' 커뮤니티를 형성한다.

(2) 신경망 모델 하의 유유상종

협업 필터링 알고리즘은 사용자 이력 데이터를 뒷받침할 수 없다. 데이터 양이 방대하고 데이터가 충분히 깨끗한 상황에서 협업 필터링 알고리즘은 강력하다. 하지만 만약 내가 새로운 사용자이거나, 내가 넷이즈 클라우드 음악을 사용하는 빈도가 특히 낮다면, 데이터가 드문 상황에서 넷이즈 클라우드 음악은 나의 선호도를 어떻게 알 수 있을까? 이러한 콜드 스타트 문제는 서로 다른 알고리즘 모델을 교차 사용하는 필연성을 의미하는데, 아래에 소개된 알고리즘은 이 문제를 어느 정도 해결할 수 있다.

콘텐츠에 기반한 추천은 싱글 콘텐츠의 실체를 구분하는 것을 핵심으로 하는 추천 방식으로 '유별난'으로 볼 수 있다.

유명한 음악 스트리밍 플랫폼인 소리밭의 콘텐츠 추천 모델을 만든 사람 중 한 명인 샌델은 '음악 추천에 콘볼루션 신경망 적용'이라는 글에서 단일 협동 필터링 알고리즘을 사용할 경우 발생할 수 있는 오차를 구체적으로 밝힌 바 있다.

(1) 사용자 및 소비 패턴 정보를 제외하고, 협동 필터링 알고리즘은 추천된 싱글 자체에 대한 어떠한 정보도 포함하지 않는다. 그래서 히트곡은 비인기 음악보다 추천을 받기 쉽다.

(2) 프로젝트(싱글) 기반 협업 필터링 알고리즘은 비슷한 사용 패턴의 콘텐츠 이질성에 문제가 있다. 예를 들어 사용자가 새 앨범의 모든 곡을 들었지만 타이틀곡을 제외한 나머지 삽입곡이나 커버곡, 믹싱곡이 가수의 전형적인 작품이 아닐 수 있다면 협동 필터링 알고리즘은 이러한 노이즈 때문에 편차가 생길 수 있다. 물론 그것의 가장 큰 문제는 "데이터가 없으면 모든 것이 효력을 잃는다"는 것이다.

따라서 콘텐츠 기반 추천 알고리즘은 협업 필터링 알고리즘에 대한 보완책이다. 넷이즈 클라우드 음악은 이런 문제에 대해 콘텐츠 기반 추천 알고리즘을 채택하고 딥러닝을 활용해 오디오 기반 추천 모델을 만든다.

싱글과 싱글 간의 콘텐츠 차이를 찾아낸다면 아티스트 및 앨범 정보, 가사, 음악 자체의 멜로디 및 리듬, 리뷰 코너의 댓글, VIP 다운로드 곡인지,

유료화 여부 등 차원이 매우 많고 이는 상당한 계산량에 관련된다.

따라서 특징 엠베딩(Embedding)과 차원 강하(down-down) 방법을 통해 저차원의 암묵적 변수 공간에 많은 특징들을 매핑해야 하는데, 이 공간에서는 각 곡마다 하나의 좌표를 가질 수 있으며, 좌표값이 바로 오디오 특징, 사용자 선호도를 포함한 다중 부호화 정보이다. 그렇다면, 우리가 직접 이 저차원 공간에서 한 곡의 정확한 위치를 예측한다면, 이 곡의 특징(사용자 선호 정보 포함)도 명확해진다. 이를 통해 적절한 청중에게 추천할 수 있으며 역사적 데이터가 필요하지 않다.

넷이즈 클라우드 뮤직은 사용자 행동 데이터와 유사도를 기반으로 한 머신러닝 정렬 모델도 적용했다. 통속적으로 말하면, 사용자의 일일 추천곡 리스트에서, 첫 곡은 일반적으로 시스템이 사용자의 취향과 가장 잘 맞는다고 생각하는 곡이다.

11.3 대량 맞춤 생산

대규모 커스터마이징의 개념은 오랫동안 존재해 왔으며, 최근 기술의 진보와 관리 혁신 등의 요인으로 대규모 커스터마이징이 점차 정착되어 보급되고 있다.

11.3.1 불가능 삼각지대

대량생산과 개인맞춤형 장점을 결합하려는 대규모 커스터마이징(Customizing)은 대량 · 저비용 · 개성화라는 두 마리 토끼를 모두 잡기 어려운 '불가능의 삼각지대'로 현실 앞에 큰 도전에 직면했다. 대량 · 저비용화를 실현하려면 일반적으로 표준화를 해야 한다. 대량 · 개성화를 실현하려면 비용이 급격히 상승해 매력적인 효익이 없다.

대규모 커스터마이징의 비전은 [그림 11-3]과 같다.

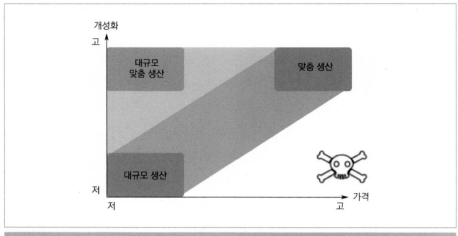

[그림 11-3] 대규모 커스터마이징 비전

낮은 가격과 높은 개성화를 위한 세 번째 코너인 대규모 커스터마이징은 이미 많은 기업들이 대량생산에 가까운 가격으로 높은 수준의 커스터마이징을 실현하고 있다. 네 번째 코너는 기업의 망이다. 제품의 개성화 정도와 가격이 경쟁사보다 낮으면 기업이 좋은 비즈니스 모델을 갖기 어렵고, 품질·브랜드 이미지·독점 등 다른 중요한 이점(예: 품질·브랜드 이미지·독점 등)이 없으면 기업은 결국 망한다.

대규모 커스터마이징이 직면한 문제는 주로 다음과 같다.

(1) 높은 원가

대규모 커스터마이징이 직면한 가장 큰 도전은 대부분의 고객이 전구나 세제를 주문 제작하는 데 관심이 없는 등 모든 시장, 고객, 제품에 적합하지 않다는 것이다. 또한 커스터마이징 제품의 원가가 더 높기 때문에 가격도 그만큼 높아집니다. 예를 들어, 어떤 정규제품의 판매가격은 약 35달러이고, 그에 상응하는 커스터마이징 제품의 판매가격은 약 54달러이다.

(2) 경제 효과 부진

대부분의 비즈니스 유형에서 대규모 커스터마이징은 수익을 고려할 때 경제적인 선택이 아니라 고급 의류와 자동차 등 고급 사치품에 더 적합하다.

(3) 반품 도전

대규모 커스터마이징도 제품 반송 시 제조사에 많은 문제를 일으킬 수 있다.고객의 독특한 취향에 따라 생산되는 독보적인 제품이기 때문이다. 이 때문에 대다수 맞춤 서비스를 제공하는 업체는 아무런 반품 정책이 없거나 특정 상황에서만 반품 손실을 떠안고 있다.

(4) 공급망 챌린지

대규모 커스터마이징이 직면한 가장 큰 장애물은 대다수 기업의 공급망이 수요를 충족시키지 못한다는 것이다. 공급업체 시스템은 대부분 설계와 최적화를 거쳐 미리 안배된 제품을 생산하는데 사용되며, 예측할 수 없는 수요를 만족시킬 수 없다. 기업들은 실시간 재고 및 자동화 프로그램과 같은 최신 공급망 관리 프로세스를 통합하지 않아 대규모 사용자 지정의 유연성이 낮습니다.

현재 비즈니스 세계에서의 공급망은 푸시모델에 기반을 두고 대규모 커스터마이징과 관련된 공급망은 풀모델에 기반을 두고 있으며 기업이 대규모 커스터마이징과 대량생산 사이에서 타협하여 표준제품을 만들고 미래 커스터마이징이 가능한 방식으로 배치할 때에만 이러한 공급망 문제를 해결할 수 있다.대부분의 기업에게 공급망 문제가 해결되지 않을 때 대규모 커스터마이징은 경제적으로 불가능하다.

이는 대다수 기업이 부분적으로만 대규모 커스터마이징을 실시할 수 있다는 것을 의미하지만, 낮은 수준의 개성화도 제조사에 일정한 이점을 제공할 수 있다.

11.3.2 기술 기초

기술의 부단한 진보가 삼각형을 과거형으로 만드는 것은 불가능하다. 인공지능, 혼합현실, 3D프린팅 등의 기술을 통해 제조사는 고객의 요구에 실시간으로 대응해 대규모 커스터마이징 수요를 충족시킬 수 있다.

런던 남성 맞춤 슈즈 브랜드 The Left Shoe Company는 3D 스캐닝 기술을 적용해 남성화를 맞춤 제작했다. 고객이 3D 스캐너를 밟으면 3D 스캐너가 양발의 파라미터를 각도로 측정해 고도정밀 360도 3D 모델을 만든다. 회사는 3D 모델과 관련 데이터를 바탕으로 고객에게 가장 적합한 신발을 '맞춤형'으로 만들고, 고객은 스타일링과 색상, 소재만 지정하면 된다. 사이즈를 정확하게 측정해 발에 맞는 신발을 만드는 방식이다.

일본 도요타 계열 다이하쓰자동차가 미국 스트라타시스(Stratasys)와 협력해 차체 부품 3D 프린팅 서비스를 출시해 다이하쓰 계열 코펜 모델의 부품 맞춤 제작이 가능해졌다. 이렇게 출력된 자동차 부품을 '효과피부'라고 하는데, 사용자가 취향에 따라 10가지 색상, 15가지 기하학적인 모양을 맞춤 제작할 수 있다. 물론 콤비 코디도 가능하다. 기존 기술에 비해 3D 프린팅 부품은 몇 주, 기존 제조 방식은 몇 달이 걸리는 반면 3D 프린팅은 유연하기 때문이다.

나이키는 이미 2013년 '스팀 레이저 발톱'이라는 3D 프린팅 운동화를 개발했다. 나이키는 2018년 4월 신형 나이키 줌 바포플라이 엘리트 운동화를 선보이며 기능성 운동화에 3D 프린팅 직물 기술을 처음 적용했다.

11.3.3 네 가지 유형

대규모 커스터마이징에는 협업형 커스터마이징(Collaborative Customization), 투명형 커스터마이징(Transparent Customization), 장식형 커스터마이징(Cosmetic Customization), 적응형 커스터마이징(Adaptive Customization)의 네 가지 기본 방법이 있다.

(1) 협업형 커스터마이징

지정제 기업이 고객과의 커뮤니케이션을 통해 고객의 니즈를 명확히 하고, 고객의 니즈를 충족시킬 수 있는 맞춤형 제품을 정확하게 설계하여 제조할 수 있도록 도와주는 것이다.

(2) 투명형 커스터마이징

기업이 고객에게 맞춤형 상품이나 서비스를 제공하는 것을 의미하며, 고객은 이러한 제품과 서비스가 커스터마이징을 위해 만들어졌다는 것을 잘 인식하지 못하고, 이는 고객이 상품의 설계 과정에 관여하지 않는다는 것을 의미한다. 이 같은 커스터마이징 방식은 커스터마이징 기업이 고객의 구체적인 니즈를 예측하거나 단순 유추할 수 있는 경우에 적용된다.

(3) 인테리어 커스터마이징

기업이 동일한 제품을 다른 패키지로 다른 고객에게 제공하는 것을 말한다. 이러한 커스텀 방식은 고객이 제품 자체에 대한 특별한 요구는 없으나 포장에 대한 특정한 요구가 있는 경우에 적용된다.

(4) 적응형 커스터마이징

기업이 표준화된 제품을 제공하지만, 제품은 커스터마이징이 가능하므로 고객이 원하는 대로 제품을 조정할 수 있다.

11.4 사례 : Stitch Fix

미국 Stitch Fix는 할인된 가격에 개인 맞춤형 스타일링을 제안해 매달 다섯 벌의 옷을 정성껏 골라 배송한다(배달할 때마다 'Fix'라고 부른다). 스타일링 비용으로 20달러를 내고 이 중 하나를 구매하기로 결정하면 20달러를 공제해주고 5개를 모두 구매하면 70%를 할인해준다.

Stitch Fix 설립자인 Katrina Lake는 풍부한 소매 지식뿐 아니라 스탠퍼드대에서 회귀 분석과 계량경제에 대한 지식을 쌓았다. 그녀는 어떤 사람이 어떤 옷을 좋아하는지 아닌지는 어떤 객관적 요인과 일부 비객관적 요인의 영향을 받을 것이라고 여겼는데, 그녀는 다음과 같은 방법으로 모든 요소를 매우 혁신적이고 과학 기술에 의해 추진되는 대규모 개성화된 생태계를 통합하였다.

(1) 의미 있는 관리 기획으로 복잡도를 낮춘다

많은 개인 맞춤형 스트리밍 서비스가 그렇듯 Stitch Fix의 추천 서비스도 이용 횟수가 늘어날수록 좋아진다. 알고리즘을 통해 먼저 스타일리스트가 참고할 수 있도록 조언을 해주고, 스타일리스트는 자신의 개인적인 경험과 지식을 활용하여 고객에게 스타일링 조언을 제공하며, 마지막으로 선정된 다섯 가지 의상에 반영된다. 구매 횟수가 늘고 고객 피드백이 많아질수록 이후 의류는 고객 눈높이에 맞춘다.

(2) 알고리즘과 사람의 판단을 결합

Katrina Lake는 Stitch Fix의 커스텀 모델 성공 요인으로 콘텐츠 기반 알고리즘, 알고리즘 뒤에 있는 자료과학자를 꼽았다.

Katrina Lake 카트리나 레이크는 넷플릭스 출신 데이터 과학자 Eric Colson을 최고분석책임자로 영입했다. 카트리나 레이크는 "Eric Colson은 독보적"이라고 말했다. Eric Colson은 우리가 해야 할 일은 판매가 아니라 연관성을 찾는 것이라고 말했다. 고객이 Stitch Fix부터 가치를 제공받아야 Stitch Fix가 고객으로부터 가치를 제공받을 수 있다는 얘기다.

또 고객이 새로운 스타일을 시도해보고 싶다고 하면 스타일리스트는 평소처럼 편안한 옷차림에서 벗어나 새로운 스타일과 디자인을 활용해 고객 맞춤형 옵션을 만들 수 있다.

(3) 거래가 성사되지 않은 거래에 주의하다

Stitch Fix는 고객이 Stitch Fix가 엄선한 어떤 의상도 구매하지 않았을 경우 조사 등을 통해 원인을 파악한다. Katrina Lake는 "고객이 이렇게 많은 정보를 스타일리스트에게 제공하려 할 줄은 정말 몰랐다"고 말했다. 이들은 "나는 줄무늬가 싫다"거나 "내가 파란색을 입으면 예쁘지 않다"는 식의 정보뿐 아니라 체중 감량 과정, 심지어 가족에게 알려지기 전에 자신의 임신 소식을 스타일리스트에게 알려주는 등 솔직한 정보를 제공한다. 고객이 이런 자료를 제공하면 Stitch Fix는 다음 Fix를 고객 요구에 맞게 잘 운용할 책임이 있다는 게 Katrina Lake의 주장이다.

(4) 완전한 생태계를 설립

Stitch Fix는 서비스 고객 외에도 관심을 덜 받은 또 다른 고객층인 스타일리스트를 배려하는 비즈니스 모델을 더욱 바꿨다. Katrina Lake는 많은 스타일리스트들이 근무시간에 유연성과 원격근무를 원하고 있다는 사실을 발견했다. 그래서 Katrina Lake는 스타일리스트가 자신의 재능을 마음껏 발휘할 수 있는 환경을 만들었다. 근무시간과 근무지가 탄력적이어서 Stitch Fix는 최고의 스타일리스트를 찾아내는 인재가 많다. Katrina Lake는 이런 방식으로 스타일리스트의 니즈를 충족시키기 때문에 더 완전한 생태계를 만들고 회사의 지속적 성장에 도움을 줄 수 있다.

맞춤화 수요가 증가함에 따라 구독기업은 예술과 과학, 주관과 객관(충분한 인간미를 더해 고객이 배려했다고 느끼게)의 균형을 맞춰야 한다.

제12장

중간상인을 넘어 소비자를 직접 만나다

새로운 세대의 파괴적인 기업, 즉 소비자를 직접 상대하는 스타트업이 등장했다. 그들은 처음부터 제품을 자체 생산하고, 광고를 내보내고, 제품을 판매 및 운송하고, 유통업체 및 광고주와 같은 중간 상인은 제외한다.

2017년 2월 미국 신발 가게의 매출은 5.2% 감소하여 2009년 이후 가장 큰 감소폭을 기록했다. 저가 신발을 취급하는 Payless ShoeSource는 2017년 4월 파산 선언을 하고 미국 전역의 1200개 매장을 폐쇄했다. 이와 함께 소비자를 직접 겨냥한 신발 브랜드 Allbirds(수입 1600만 달러), Jack Erwin(수입 600만 달러), M.Gemi(수입 900만 달러)는 5년 만에 15%포인트 가까운 시장점유율을 기록했다.

한편 질레트의 미국 남성 면도기 시장 점유율은 2010년 70%에서 2016년 54%로 떨어졌고, 이 중 상당 부분이 Dollar Shave Club, Harry's 등 직접 소비자를 대상으로 하는 구독업체로 넘어갔다.

2010년 와튼스쿨에서 만난 4명의 학생이 Warby Parke를 설립한 것은 창업혁명으로 직결됐다. 온라인에서 직접 소비자에게 안경을 판매한다는 논리다. 당시만 해도 이런 아이디어가 통한다고 보는 사람은 거의 없었고, 2018년 3월 Warby Parker의 평가액은 17억5000만 달러에 달했고, 설립 이야기는 Warby Parker의 전설이 됐다. Warby Parker의 공동 창업자인 Neil Blumenthal과Dave Gilboa는 와튼스쿨에서 종종 객원 강연을 했고 Warby Parker의 세 번째 공동 창업자인 제프 레이더도 나중에 면도기 구독 브랜드 Harry's의 인큐베이팅에 참여했다.

외국에서는 이러한 운영 방식을 DTC 모델이라고 한다. DTC는 Direct To Consumer의 약자로 '소비자를 직접 대면한다', 즉 브랜드 측이 소비자와 직접 접촉한다는 의미이다. 우리는 좀 더 '접지적'인 말로 '중간상이 차익을 남기지 않는다'는 뜻이다. 이 중개인은 소매업자, 도매업자, 유통업자 및 광고주를 포함한 전통적인 제3자 판매 채널이다.

전통적인 브랜드는 소비자를 직접 겨냥하지 않고 중간 관련 광고 기관과 채널을 통해 소비자의 쇼핑 행동에 영향을 미친다. 1879–2010년은 전통적인 브랜드 시대이다([그림 1] 참조). 브랜드는 재무, 구매, 연구 개발, 제조, 물류, 유통 등의 능력을 갖추어야 하며 대리상, 미디어, 소비자, 소매상과 함께 완전한 제품 판매 폐쇄 루프를 구성한다.

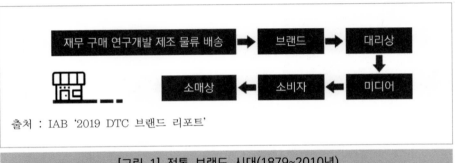

출처 : IAB '2019 DTC 브랜드 리포트'

[그림 1] 전통 브랜드 시대(1879~2010년)

DTC 브랜드는 중간 단계를 제거하고 소비자와 직접 접촉하여 중간 단계를 최소화하고 중간 비용을 절감하며 소비자에게 더 나은 품질과 더 저렴한 가격을 제공한다. 2010년 이후 시장은 DTC 브랜드 시대에 진입하고 DTC 브랜드가 부상했으며 제품 연구 개발, 콘텐츠 마케팅, 사용자 경험, 데이터 분석은 초기 및 개발 단계에서 브랜드의 중요한 연결 고리가 된다. DTC 브랜드 시대는 [그림 2]에 나와 있다.

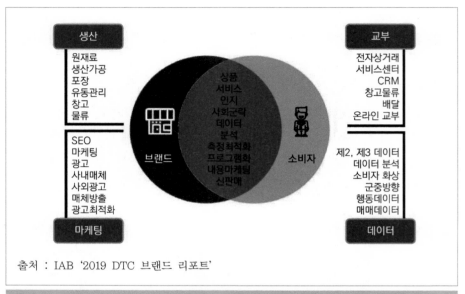

[그림 2] DTC 브랜드 시대(2010)

DTC 브랜드와 전통 브랜드는 판매 경로, 커뮤니케이션 채널, 가격, 브랜드 신뢰도 및 브랜드 개발 시간 측면에서 다르며 자세한 내용은 〈표 1〉에 나와 있다.

〈표 1〉 DTC 브랜드와 전통 브랜드의 차이점

브랜드	DTC 브랜드	전통 브랜드
판매경로	인터넷 홈페이지 직판 위주	중개상과 소매점을 위주
전파 경로	수직 미디어/소셜 미디어 (인터랙티브 소통, 소중정확)	대중 매체/스타의 광고 모델 (일방향 전파로 시청자 많음)
가격	경제(중간원가절감)	고가(대량의 중간 비용)
브랜드 신뢰도	높음	낮음
브랜드 개발 기간	쾌속	느리다

12.1 DTC 브랜드 특징

(1) 제품 디자인 전략: 적으면 단순하지만 간단하지 않다.

매트리스 DTC 브랜드 Casper는 시중에 나와 있는 매트리스 제품을 브랜드 수가 많고 제품 가격이 혼란스러우며 많은 제품으로 인해 소비자가 선택할 수 없다. 따라서 대부분의 사람들의 사용 습관에 맞게 디자인, 포장 및 기타 측면에서 적합한 매트리스만 제공할 수 있으며 소비자에게 '최선이므로 선택할 필요가 없다'라고 알린다.

(2) 사용자 경험에 주의를 기울이고 엔드 투 엔드 서비스와 모든 사용자 접점에 주의를 기울인다.

엔드 투 엔드(End to End)의 개념은 컴퓨터 업계에서 온 것으로, 입력단 (수요단)에서 출력단(제품단)까지 정확한 직결이다. 많은 DTC 브랜드가 설립 초기부터 차별화된 서비스를 통해 사용자 터치율을 높여야 한다는 점을 깨달았다.

사람들이 착용할 수 없는 안경을 사는 것을 싫어한다는 사실을 알게 된 Warby Parker는 사용자에게 안경 5개를 골라 착용 후 가장 좋아하는 안경을 남기도록 했다.

글로시에(Glossier)는 사진 한 장을 올리고 디지털 스틱을 얼굴에 대면 어떤 색이 자신에게 가장 적합한지 알려주는 피부색 매칭를 제공한다.의 피부색. 대형 백화점 내 소매 판매대에 비해 온라인 피부색 매치기의 제작과 유지보수가 용이하고 비용도 저렴한다.

(3) 가격 대체의 주요 방법: 가격은 투명하고 저가 전략을 채택하여 불필요한 프리미엄을 제거한다.

Deciem은 수십 개의 브랜드를 보유하고 있으며 그 중 Niod, Hylamide 및 The Ordinary는 세 가지 대표적인 브랜드로 각각 다른 가격대와 제품의 핵심 사항에 해당하다. 예를 들어, The Ordinary는 대부분의 제품이 저렴하지만 효과가 뛰어난 원료(예: 비타민 C, 비타민 A 알코올 및 니코틴아미드)를 사용하여 더 낮은 가격을 보장할 수 있기 때문에 '저급' 제형 및 '기본' 성분에 해당하다.

의류 DTC 브랜드 에버레인은 설립 초기에 비용 정보 맵([그림 12-1-1] 참조)을 설계하고 소셜 미디어를 통해 브랜드가 디자이너 티셔츠를 만드는 데 어떤 '실제 비용'이 포함되는지 소비자에게 직접 알렸다. 이 게시물은 소셜미디어에서 빠르게 인기를 끌며 '완전 투명한' 에버레인 브랜드 이미지를 구축했을 뿐만 아니라 이 회사의 첫 제품 판매도 이끌었다. Business Insider에 따르면 소셜 미디어 캠페인은 1년 만에 에버레인(Everlane)에 20만 명의 사용자를 유치했다.

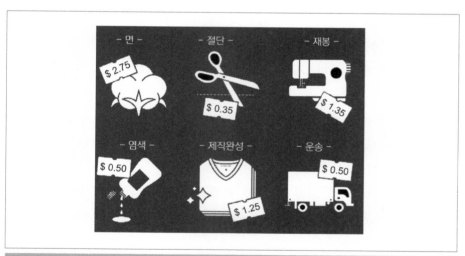

[그림 12-1] 에버레인 원가 정보

12.2 DTC 브랜드 이점

소비자의 경우 브랜드에서 직접 제품을 구매하면 정품을 보장할 수 있을 뿐만 아니라 빠른 애프터 서비스를 받을 수 있다.

12.2.1 더 많은 제어, 더 나은 쇼핑 경험

Gartner의 보고서에 따르면 고객 경험은 새로운 마케팅 전쟁터이다. DTC 분야의 회사는 고객이 다양한 구매 선택 사항뿐만 아니라 자신의 쇼핑 느낌을 표현할 수 있는 다양한 채널이 있음을 인식해야 한다. 고객 경험에는 사전 판매 및 사후 서비스를 포함한 모든 브랜드 상호 작용이 포함된다. 따라서 고객 경험에 대한 투자는 다른 모든 유형의 지출에 숨겨져 있다.

사용자 경험에 주목하는 것은 시장 추세이며 DTC 브랜드는 추세에 따라 소비자와의 거리를 좁히고 제조업체는 소비자의 선호도 데이터와 제안을 직접 얻을 수 있으므로 제품을 개선할 수 있다. 전통적인 브랜드에 비해 생산자와 소비자의 직접 대화는 사용자 경험에 대한 관심에 기초하고 있으며, 이것은 윈윈하는 장기적인 전략으로 무료로 시험해 보고 생산하고 있다. 제품 개선 및 포장 체험에 이전보다 더 많은 노력을 기울였다.

(1) 무료 시용

DTC 브랜드의 제조업체 소비자에게 무료 테스트 기회를 제공하며 테스트 기간은 일반적으로 일주일 또는 그 이상이다. 이것은 소비자에게 제품을 경험할 수 있는 충분한 시간을 줄 수 있으며, 사용자의 점도를 높이는 추가 항목이다.

(2) 제품 개선

제품 개량에 있어서 DTC 브랜드는 '저가+고품질'의 조합을 채택하여 중간 단계를 줄이고 절감된 비용을 사용하여 제품 품질을 향상시키며 판매 가격은 상대적으로 낮다. 가성비는 항상 소비자의 가장 큰 관심사이다. 저가를 추구하는 것은 노동력과 재료를 줄이는 방법으로 드물지 않지만 이러한 방법은 스스로를 '막다른 골목'으로 몰아넣는 것이라고 할 수 있으며 향후 제품 품질이 향상되더라도 소비자의 신뢰를 얻을 수 없다.

DTC 판매 채널을 통해 소비 링크에는 리뷰 섹션이 있으며 한편으로는 제조업체가 소비자의 요구를 더 잘 이해할 수 있도록 하여 품질 측면에서 힘을 내고 사용자의 점도를 높일 수 있다. 다른 한편으로는 제조업체가 입소문에 의존하여 새로운 사용자 그룹을 유치하고 소비 규모를 확장할 수 있다.

(3) 포장 체험

DTC 브랜드의 제조업체 포장에도 많은 신경을 썼는데, 소비자의 관점에서 보면 소비자가 제품 자체뿐만 아니라 제품 포장에도 많은 관심을 기울이고 있으며, 강력한 소셜 미디어를 배경으로 소비자가 제품을 받았을 때 '쇼'한다고 생각한다. 제조업체는 소비자의 심리를 사로잡아 제품 포장에 디자인 감각을 부여하고 일부 제조업체는 소비자가 직접 제품을 장식하고 더 경험적으로 느낄 수 있도록 장식품을 제공하기도 한다.

직접소비자용품카드는 고객 경험을 어느 정도 제어할 수 있기 때문에 고객의 요구를 충족시킬 수 있다. 소비자에게 직접 판매함으로써 DTC 브랜드는 자신이 생각하는 대로 '고객 여행'을 만들고 독특한 쇼핑 경험을 만들 수 있으며, 이는 고객이 브랜드와의 연결을 느끼고 충성도를 높일 수 있도록 지원한다.

Ollie는 사용자에게 설문 조사를 수행하여 사용자의 개에 대한 모든 정보를 얻는다. Olie는 사용자가 개의 이름을 말할 때 장난스러운 애니메이션을 사용하여 개와 그의 건강에 대한 회사의 관심을 보여주는 간단한 사용자 포털 프로세스를 가지고 있다.

12.2.2 사용자 데이터 축적, 차별화된 경쟁 실현

채널마다 제품의 반품률이 다르며 브랜드 독립 웹사이트의 쇼핑 데이터를 통해 판매자는 소비자가 왜 반품하는지 이해할 수 있으며 이러한 데이터를 사용하여 제품을 개선하면 반품률을 줄이면서 운영 이익을 높일 수 있다. 또한 사용자의 쇼핑 데이터 분석을 통해 기업은 품질, 스타일, 가치, 편의성 또는 기타 측면에서 상당한 차별화를 형성하는 등 차별화된 이점을 실현할 수 있습니다.

직접 소비자 지향 판매 모델은 많은 양의 소비자 데이터를 수집할 수 있으므로 고객 행동을 배우고 고객 응답을 추적하며 잠재 고객을 맞춤형으로 개발하는 것이 매우 간단하다.

DTC 모델은 또한 고객을 더 잘 이해할 수 있다. 전통적인 소매 모델에서 소비자 데이터는 일반적으로 소매업체와 유통업체에 의해 수집되고 보호된다. 소비자 행동 데이터는 전통적인 브랜드에 필요하지 않지만 브랜드가 DTC 모델로 전환됨에 따라 이러한 데이터는 좋은 고객 경험을 창출하는 데 필수 조건이 되었다. 고객과 전략적 관계를 유지하기 위해서는, 브랜드는 고객의 구매 행위에 대해 깊이 이해해야 한다.

DTC는 고객 경험을 제어할 수 있기 때문에 온라인 및 오프라인 상호 작용에서 귀중한 데이터를 수집할 수 있다. 그런 다음 이 데이터를 사용하여 비 DTC 회사가 어떤 방식으로 참여 및 소득 증가를 촉진할 수 없는지 이해할 수 있다.

Warby Parker는 고객이 마음에 드는 프레임을 찾도록 돕고자 고객에게 홈 트라이온 키트를 보내 고객이 구매하기 전에 5개의 무료 프레임을 받을 수 있다. Warby Parker는 Home Try-On 프로그램을 통해 오프라인 데이터를 수집하고 수집된 데이터를 후속 온라인 구매 데이터와 연결하여 더 나은 온라인 추천 도구를 구축한다.

Warby Parker의 공동 설립자인 Neil Blumenthal은 "유연한 환경, 기계 학습 알고리즘, 데이터 등은 우리가 공유할 수 있는 모든 것이다. Forrester 의 부사장 겸 수석 분석가인 Dipanjan Chatterjee는 DTC 브랜드는 고도로 맞춤화된 강력한 솔루션을 만들기 위한 데이터를 기반으로 한다.

물론 데이터 수집은 '전투'의 절반에 불과하다. 회사는 심층 정보를 종합적으로 발굴하고 고객 경험을 개선하기 위해 모든 채널의 데이터를 통합해야 한다.

12.2.3 직접 소통, 더 빠른 피드백 얻기

소매상을 통해 판매를 하는 것은 주요 제조사 결함을 잃은 것이 중요한 고객의 창소매업체를 통한 판매의 주요 단점은 제조업체가 고객에게 중요한 창을 놓친다는 것이다. 백화점을 통해 판매하려면 브랜드가 많은 제품을 사전 제조해야 한다. 판매가 잘 되지 않는다는 사실을 알게 되기까지 몇 개월 또는 몇 년이 걸릴 수 있다. 중개자를 차단하면 즉각적인 피드백과 데이터의 보고가 제공되며 이는 좋은 제품을 만드는 데 매우 중요하다.

온라인 소매업체 DSTLD Jeans는 블랙 스키니 진이 작은 사이즈가 더 잘 팔리는 반면 스트레이트 핏 스타일은 큰 사이즈가 있다는 판매 데이터를 보고 생산 계획을 조정했다. 이와 별도로 온라인 의류 브랜드 AYR과 Bonobos는 고객이 신제품에 대해 디자이너에게 직접 피드백을 제공할 수 있는 "테스트 키친" 역할을 하는 매장을 운영하고 있다.

소비자 직접 판매를 통해 기업은 브랜드 스토리를 고객과 공유하여 고객과 더 나은 관계를 구축할 수 있다. 이러한 고객 관계를 통해 기업은 보다 구체적인 가치 제안을 할 수 있다. 비즈니스와 고객 간의 직접적인 연결은 소매업체 모델이 할 수 없는 신뢰와 친숙함을 구축하는 데 도움이 된다. 이를 판매하는 유일한 방법은 주기의 시작부터 끝날 때의 체험에 대한 소비자들은 시종 제어한다. 이것이 왜 수많은 브랜드 회사와 일부 전통적인 초기 창업한 판매 루트를 가지고 있다. 소비자에게 직접 판매함으로써 이러한 기업은 고객의 요구를 더 잘 충족시키고 고객과 좋은 관계를 구축할 수 있으며 기업의 미래 안정성과 장기성을 보장하는 데 도움이 된다.

이를 위한 유일한 방법은 판매 주기의 시작부터 끝까지 소비자 경험에 대한 통제를 유지하는 것이다. 많은 스타트업과 일부 전통 브랜드가 자체 판매 채널을 가져야 하는 이유다. 소비자에게 직접 판매함으로써 이러한 기업은 고객의 요구를 더 잘 충족시키고 고객과 좋은 관계를 구축할 수 있으며 기업의 미래 안정성과 장기성을 보장하는 데 도움이 된다.

12.3 DTC 브랜드 부상 원인

DTC 브랜드의 성장은 소비자 소비 습관, 소셜 미디어 마케팅 전략 등 많은 요인에 의해 영향을 받으며, 소비재라는 전통적인 의미에서 상대적으로 느린 트랙에서 많은 새로운 브랜드가 성장하며, 성장 속도는 기술 회사에 필적한다.

12.3.1 젊은 소비자의 추진

첫째, 인터넷의 발전은 정보 전달 채널의 혁명적인 전환을 가져왔다. 젊은 소비자들이 정보를 얻는 방식이 기존의 라디오, TV, 신문 등 전통적인 매체에서 인터넷, 검색엔진, 동영상 사이트, 소셜미디어로 전면 전환됐다. 젊은 소비자의 브랜드 관련 정보 획득도 부모 세대가 믿었던 미디어, 스타 광고, 브랜드 광고 등에서 보다 탈중앙화된 소셜 미디어의 콘텐츠, 다른 일반 소비자의 의견, 온라인 오피니언 리더의 의견 등으로 빠르게 변화하고 있다. 따라서 마케팅을 위해 전통적인 미디어 채널에 의존하는 전통적인 브랜드에 비해 인터넷 네이티브 DTC 브랜드는 젊은 소비자의 정보 획득 채널을 더 잘 파악할 수 있다.

둘째, 유럽과 미국의 젊은 소비자들은 개성화와 개인적 경험에 더 많은 관심을 기울이고 있으며 상품이 매우 풍부한 시대에 성장하여 많은 옵션을 가지고 있다. 소셜 미디어의 부상은 젊은 소비자에게 개성과 자기 표현을 추구할 수 있는 충분한 기회를 제공했으며 권위와 집단주의에 대해 어느 정도 거부감을 가지고 있다. 브랜드에 대한 그들의 관심은 브랜드가 유명한지 여부가 아니라 제품이 개성화된 요구 사항을 충족하는지 여부와 제품이 자신에게 좋은 개인 경험을 제공할 수 있는지 여부이다.

마지막으로 2000년 닷컴 버블 붕괴 이후 미국 경제는 오랫동안 저성장 단계에 있었다. 따라서 경제적 측면에서 밀레니얼 세대로 대표되는 젊은 소비자는 제품 선택에 있어 제품의 실용성, 품질 및 경제성에 더 많은 관심을 기울인다.

일반적으로 젊은 소비자는 브랜드 인지도보다 개인 경험, 제품 품질 및 가격을 우선시하며, 이는 DTC 브랜드가 부상하는 가장 중요한 '토양'이기도 한다.

12.3.2 상당히 완벽한 제3자 서비스

수요는 공급 사슬 체인 중에서 기술할 수 있는 새로운 시장 진입 문턱을 낮추고 있다. 신규 진입자가 그 어느 때보다 더 빠른 스피드, 더 낮은 원가로 마케팅과 브랜드화할 수 있고 이들 제품으로 판매하는 추세를 보이고 있는 잠재력이 클 수 있도록 제품과 고객 군에 공감하는 거다.

또 다른 발전을 추진하는 것이 관건 DTC은 서비스의 전자 상거래 요소를 제3자 기업들을 보완할 수 있다는 뜻은 쉽게 생성하는 온라인 상점을 대상으로 직접 소비자들이 많은 제3자에게 위임할 수 있도록 절차를 마쳤다. 기업은 예전의 생각을 설립하기도 어렵다는 DTC. 지금은 정착되고 있다. 이들 기업들의 지지를 제3자 서비스를 제공할 수 있을 것이 아주 낮은 원가로 빠르게 재편되고 있다.

(1) 우리는 이미 물류 서비스: 보이는 일부 물류 서비스에 적합하며 브랜드 DTC처럼 낮은 기업부터 판매를 허용하는 국제 판매하고 있다. 베를린의 하나의 훌륭하 Seven Senders.

(2) 이미 존재하는 포장 서비스:둘러싼 기업들에 대한 포장으로 적은 고품질의 맞춤 포장. 양산좋은 예다. 는 폴란드의 Packhelp

(3) 플랫폼 : 이 중합개의 가로형 기능이 있다. 브랜드에 주력하고 중합 Indigo Fair 바꾼 소매상 DTC 구매 상품의 방식이다.

(4) 이것은 마케팅 서비스:브랜드의 부상이 관건 DTC으로 이미 많은 마케팅 서비스 전문 기관의 제3자에 대한 서비스를 제공한다. 브랜드 DTC 이와 함께 구글 등 인터넷과 페이스북도 광고 플랫폼을 채택하고 너무 좋기 때문에 광고 모델을 투입 DTC가 정확히 일치하고 있다. 기점은 매우 낮다.

(5) 많은 주문자 상표 부착 생산: 사용과 대중 브랜드 브랜드 DTC까지 공장 같은 럭셔리 브랜드가 아니며 대신 비밀이다. 때문에 많은 화장품 브랜드로 많은 공장 대행은 브랜드와 디지인 DTC를 개발한 뒤 구체적인 업무를 아웃 소싱 제조 생산, 공장이 있다.

12.3.3 인터넷의 대규모 연결

소셜 미디어는 DTC 브랜드 성장의 핵심 동력이기도 한다. 소셜 미디어의 역할은 기업이 소비자와 직접 연결할 수 있는 기회를 만드는 것이다. Weibo, WeChat, YouTube, Douyin과 같은 소셜 플랫폼을 통해 브랜드는 대규모로 저렴한 비용으로 소비자에게 직접 다가갈 수 있습니다. 브랜드는 교차 채널 경험을 만들고 고유한 콘텐츠를 통해 소비자를 끌어들이며 소비자 브랜드 인지도와 충성도를 높일 수 있다.

캐스퍼(Casper)는 DTC의 대표적인 브랜드로 떠오르는 매트리스 기업이다. Instagram과 Twitter에서 Casper 제품과 관련된 수많은 이미지, GIF 및 비디오를 찾을 수 있다. Kylie Jenner는 2015년 3월에 새 캐스퍼 매트리스 사진을 게시한 후 800,000개 이상의 "좋아요"를 받았고 캐스퍼 매트리스 판매량이 두 배로 증가했다.

제13장 추세 전망

구독 기업의 변화 속도가 빠르며, 구독 모델의 모든 면이 계속 혁신되고 있다. 인공지능 기술이 구독 기업에서의 적용이 구독 기업의 운영 프로세스를 깊이 변화시켰다. 각 세부 영역에서 구독 창업 기업이 출현하기 시작했으므로, 어떤 영역에서 구독 모델이 적합한지? 수직적 구독 기업은 플랫폼형 기업에 비해 어떤 장점이 있는지? 이 장에서는 수직적 세부 분류, 글로벌화, 인공지능의 세 가지 차원에서 구독 경제의 트렌드를 전망한다.

13.1 수직적 세부화된 분류

2004년 10월, 미국의 〈Wired〉 잡지 편집자 Chris Anderson가 네트워크 시대에 등장한 새로운 이론인 "롱 꼬리 이론"을 제시하였다. 롱 꼬리 이론의 핵심 관점: 전파, 생산, 마케팅의 효율 향상이 기존의 상업 모델을 변화시킬 수 있으며, 규모 경제(종류가 적을수록 비용이 적음)에서 점차 범위 경제(종류가 많을수록 비용이 적음)로 전환된다. 저렴하고 편리한 생산 제조, 인터넷의 대규모 전파, 검색 및 추천 시스템 등 공급 수요 연결 기제, 이 세 가지 힘이 결합하여 보조제 제품의 얻기 위한 비용을 크게 낮추어 선물 제공 시장이 형성된다.

제품의 여러 종류나 단일 종류와 여러 형태의 제품을 가지는 구독 회사 모두, 적절한 조건하에서 마치 끝이 긴 시장이 형성되어 있음을 보여주는 끝이 긴 곡선을 구축할 수 있다. 점점 많은 수직적으로 분류된 구독 회사의 등장은 끝이 긴 이론의 생생한 묘사임을 보여준다. 이는 요구 곡선 꼬리의 많은 소수 요구에 의해 추진된 것이다.

다음은 면도기와 비디오 스트리밍을 예로 분석한다.

13.1.1 면도기

Dollar Shave Club이 등장한 후 다양한 종류의 면도기 구독 서비스가 등장하였다. 불완전 통계에 따르면, 현재 30종 이상의 서비스가 있으며, 〈표 13-1〉과 같다.

〈표 13-1〉 면도기 구독업체

순위	기업명
1	Harry's
2	Dollar Shave Club
3	Bevel
4	BirchBox Man
5	Billie
6	Morgan's
7	Wet Shave Club
8	Happy Legs Club
9	Toppbox
10	Gillette Shave Club
11	BIC Shave Club
12	Cornerstone
13	Dorco
14	Bearded Colonel
15	The Personal Barber
16	Shavedog
17	The Beard Club
18	Bladebox
19	Luxury Barber Box

20	Brickell
21	Viking Shave Club
22	Shave Select
23	Luxury Barbe
24	Oui Shave
25	Flamingo
26	. Dorco Classic
27	Huntsman Club
28	Women's Shave Club
29	Supply
30	KC Shave Co
31	Angel Shave Club
32	Shaves2U

이러한 면도기 정기 배송 서비스는 다양한 제품 종류, 가격이 다르며 각자 다른 소비층에 관심이 있는 사람들과 시장을 대상으로 하며 각자 고유한 장점이 있다. 가격에 따라 면도기 정기 배송은 대중, 중간, 고급 세 가지 세분성 시장으로 나눌 수 있다.

예를 들어, Dollar Shave Club은 가격이 매우 저렴하고, 대중급의 가격은 5 달러에 한정되어 있으며, 날(2개), 면도기 손잡이, 면도 베이비 등을 포함한다. Oui Shave는 더 높은 급으로, 한 장의 날은 9.9 달러, 면도기 손잡이는 75 달러이다. 일부 면도기 정기 배송 기업의 구독 가격은 〈표 13-2〉에 나와 있다.

〈표 13-2〉 면도기 구독 업체의 구독 가격

순위	기업명	구독 가격
1	Harry's	8~24달러/월
2	Dollar Shave Club	5~9달러/월

3	Bevel	29.95달러/월
4	BirchBox Man	10달러/월
5	Billie	9달러/월
6	Morgan's	8~80달러/월
7	Wet Shave Club	29.99달러/월
8	Happy Legs Club	12달러/월
9	Toppbox	19파운드(배송비 포함 3.35파운드)/월
10	Gillette Shave Club	16.99~22.45달러/월
11	Cornerstone	10파운드/월
12	Chave dog	150원/년
13	The Beard Club	1달러/월(배송비 별도)
14	Bladebox	4.49파운드/월
15	Luxury Barber Box	26~30달러/월
16	Brickell	21~46달러/월
17	Women's Shave Club	1.99~9.99달러/월
18	Supply	129달러/6월
19	KC Shave Co	50.95달러/월
20	Angel Shave Club	9달러/월
21	Shaves2U	40홍콩 달러/월

성별, 피부 유형 등을 기준으로 다른 면도기 구독 서비스를 제공하는 기업도 있으며, 〈표 13-3〉과 같다.

〈표 13-3〉 분야별 면도기 구독업체

순위	기업명	사용자 그룹
1	Oui Shave	피부가 민감하고 모발이 굵은 경우
2	Brickell	피부가 민감자
3	Harry's	남성

4	Dollar Shave Club	남성
5	BirchBox Man	남성
6	Billie	여성
7	Happy Legs Club	여성
8	Flamingo	여성
9	Women's Shave Club	여성
10	Angel Shave Club	여성

Harry's는 남성 사용자 서비스에 집중하고, Flamingo는 Harry's의 Labs 핵심 제품 라인으로, 여성 사용자를 대상으로 한다.

Flamingo의 제품들은 전통적인 탈모 제품이 '적절하지 않은' 더 짧은 털을 제거하기 위한 고정형 제거패드가 포함되어 있다. 이 여성 몸 관리 제품 라인의 제품 중심은 탈모 제품과 선보인 면도기(세 가지 색상의 선택 가능한 손잡이, 면도기 및 칼날 포함)와 탈모 베이비 유제 구성 요소, 탈모 젤 및 몸 유제가 있다. "브랜드가 새로 설립될 때, 우리가 하려고 했던 것은 남성과 여성 모두 사용할 수 있는 제품이었다. 시장을 이해하면서, 남성과 여성 소비자가 면도와 탈모에 관해서 다른 제품이 필요한 것을 알게 되었다." Harry's 공동 창업자 Jeff Raider이 말한다.

Dollar Shave Club은 최초로 면도기 시장을 "파괴"한 기업이지만, 여성 면도기 시장에서 부족한 공간이 있었다. 그의 투자자 Kirsten Green은 해당 브랜드는 남성 시장에 아직 개발되지 않은 가능성 영역에 집중해야 한다고 말한다. 또한, Oui Shave, Brickell은 피부 민감 사용자를 대상으로 한다.

13.1.2 비디오 스트리밍

해외 스트리밍 미디어 플랫폼이라면 누구나 넷플릭스에 익숙해야 하는데, 그 외에는 무엇일까?

"스포츠 팬"은 MLB.tv를 피할 수 없으며 "2차원팬"은 Crunchyroll을 자주 사용한다. 이러한 세그먼트의 스트리밍 미디어 플랫폼은 Netflix만큼 잘 알려져 있지는 않지만 각자의 분야에서 번성하고 있다. 광대한 블루오션 시장을 형성하였다.

미국에서는 Netflix, YouTube, Amazon Prime Video, Hulu를 스트리밍 "네 가족"이라고 한다. ComScore의 데이터에 따르면, 이 4개의 스트리밍 플랫폼이 사용자의 스트리밍 시간 중 75%를 차지하였다. 그리고 Netflix는 절대적인 선도적 지위를 가지고 있어 미국 최대 스트리밍 플랫폼을 주도하고 있다. 영국, 프랑스, 스웨덴, 피닉스 등의 유럽 국가에서도 Netfli의 시장 비중이 70% 정도로 큰 시장을 점유하고 있다.

Netfli를 대표로 하는 통합 스트리밍 플랫폼이, 사용자 규모가 크고, 시장이 넓으며, 내용이 매우 풍부하다(다큐멘터리, 코미디 영화, 공포 영화, 애니메이션 등 포함).

대중화된종합적인 스트리밍 플랫폼이 성장하면서, 특정 사용자 그룹을 위한 수직 세분화된 스트리밍 플랫폼이 나타났다. 공포 영화 팬들을 위한 Shudder, "스포츠 팬"들을 위한 ESPN+, 심지어 여러 나라의 왕실(王室) 생활을 전시하는 True Royalty 등이 있다. Parks Associates 연구기관의 연구 보고서에 따르면, 2019년 캐나다에서 100 여 개의 비디오 스트리밍 서비스, 미국에서 200 여 개의 비디오 스트리밍 서비스가 있다. 수직 세분화된 스트리밍 플랫폼은 다음 〈표 13-4〉에서 정리되었다.

〈표 13-4〉 수직 세분화된 스트리밍 플랫폼

분류근거	분류	스트리밍 플랫폼
인간 개체군	흑인	Brown Sugar Urban Movie Channel
	성소수자 집단	Dekkoo Revry Section II
	기크	ConTV VRV
	아동	Toon Goggles BabyFirst
	퇴역 군인	All Warrior Network
언어	프랑스	Club Illico
	에스파냐	Pantaya Pongalo

지역	유럽	BritBox Acorn TV MHz Choice
	아시아	Viki DramaFever Asian Crush KOCOWA Spuul Eros Now
영화와 텔레비전 스타일	공포	Shudder
	코믹	Seeso Break
	낭만	Hallmark Movies Now PassionFlix
	문학과 예술	Criterion Channel Kanopy Hoopla
	완치	Feeln
내용 유형	음악	Qello Vevo
	애니메이션	Crunchyroll FunimationNow Viz Media DC Universe
	체육	MLB.tv ESPN + golftv NFL Live dazn WWE Network
	미식	ifood.tv Food Matters TV
	게임	Twitch Kamcord Vortex GameDuck
	교육	CuriosityStream Sago Mini Forest Flyer TV
	단련	Fightmaster Yoga TV FitNFlow NEOU Fitness Peloton Digital
	자동차	MotorTrend
	공상 과학	Dust
	가극	BroadwayHD Met Opera On Demand
	다큐멘터리 영화	Sundance Now Doc Club SnagFilms Docsville Smithsonian Earth
	역사	History Vault
	황실 생활	True Royalty
제작 방식	독립 영화	Fandor MUBI Tribeca Shortlist

　이러한 수직적이고 세분화된 스트리밍 플랫폼은 전문 시장에 집중하고, 특정 고객 서비스를 제공하며, 가장 큰 특징이 "세분화"이다. 예를 들어, 스포츠 스트리밍 플랫폼에서는 야구 플랫폼 MLB.tv, 골프 플랫폼 golftv, 레

슬링 플랫폼 WWE Network 등이 있다.

스포츠와 애니메이션은 두 가지 세분화된 영역의 수직 스트리밍의 대 분류이며, 전체 사용자 수는 적지 않다.

스포츠의 본질은 인간의 경쟁적 성격이다. 인간이 문명 사회에 진입했는데도 경쟁의 공명점은 존재하고 있다. 사회의 발전에 따라, 사람들이 대중스포츠와 경기대회의 참여에 대한 관심이 지속적으로 상승하여, 이는 스포츠 대회의 시청자 규모를 더욱 늘리게 되었다. 스포츠 대회는 경쟁성이 있기 때문에 계속 인기 있을 것이다. 비디오 스트리밍 플랫폼의 핵심 업무는 다양한 시청자의 요구에 맞는 콘텐츠를 제공하여 광고와 유료 서비스 등을 통해 수익을 얻는 것이다.

NFL은 1920년에 설립된 미국 풋볼 리그이 전 미국에서 가장 인기 있는 스포츠 리그이며, 2019년의 연수익은 130억달러에 달하였다. 또한 이 최고 등급의 스포츠 경기 대회는 이미 영향력과 인기가 있는 대중화된 콘텐츠가 되었다. "미디어 플랫폼 필수 항목"이라고 평가할 수 있다. 2018년 MLB.tv 의 구독자 수는 스트리밍 "네 가족"과 Starz에 이어 미국 스트리밍 구독자 수 순위 6위, CBS All Access, Sling TV, DirecTV Now 등의 통합 플랫폼 보다 높았다.

Crunchyroll은 미국 최대의 애니메이션 비디오 플랫폼으로, 동아시아 애니메이션에 집중하고 있다. Crunchyroll은 2006년에 설립되었으며, 800개 이상의 애니메이션 프로그램과 50개의 만화 프로그램을 제공하고 있으며, 100만명이 넘는 사용자를 보유하고 있다. 2006년 초에 설립됐을 때, Crunchyroll은 개인 제작된 저작권 없는 비디오가 많이 있었지만, 2008-2010년까지 점진적으로 저작권자와 사용허가 계약을 체결하고 저작권 침해 콘텐츠를 삭제하기 시작하였다.

또한, Crunchyroll의 주요 투자자는 일본 방송국 등 유명한 만화 애니메이션 제작 회사를 포함하고 있어, 자원과 비용 우위를 가지고 있다. 2014년 4월 22일, AT&T와 TCG가 합자 회사를 설립하여 Crunchyroll을 인수하며, 5억 달러 이상의 자금을 투입하였다. 그후 Crunchyroll은 작가공사(角川公

司)와 주요상사(住友商社)와의 협력을 시작하여 애니메이션의 투자 및 제작에 참여하였다.

2012년 12월부터 2017년 2월까지 Crunchyroll의 구독 수입 성장률은 최소한 900%에 달한다고 추정되며, 비슷한 시간대의 미국 전체 라이브 미디어 비디오 구독 수입 성장률은 164%이다. 최저 구독 가격인 6.95 달러/월에 기준하면 연간 수입은 8,340만 달러에 달하고, 시장 점유율은 1% 이상이다. 2012-2017년 Crunchyroll 구독자 수 변화 추세는 [그림 13-1]과 같다.

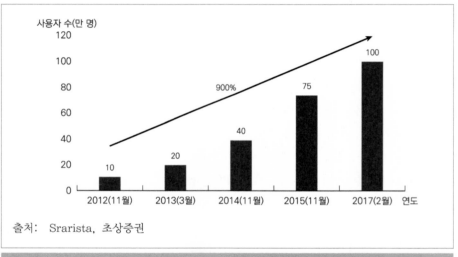

[그림 13-1] 2012-2017년 크런치롤 구독자 수 변화

이를 통해, 이러한 대중을 대상으로 운영하는 수직적인 스트리밍 플랫폼의 사용자 수와 이익 창조 능력을 무시할 수 없다는 것을 알 수 있다. 물론, 특별히 세분화된 수직적인 스트리밍 플랫폼은 실제로 매우 소수적이며, 어떤 플랫폼은 십만 또는 1~2만 명 사용자만 있다.

Netflix, Amazon Prime Video 등의 대세인 스트리밍 플랫폼 "큰나무" 아래에서, 입지가 작은 스트리밍 플랫폼이 생겨나 큰 성장을 경험할 수 있는 이유는 다음과 같다.

1. 더 많은, 더 좋은 독점적인 콘텐츠

Netflix가 제공하는 비이오 콘텐츠는 매우 풍부하지만, 구체적인 세부화된 분류 아래 많은 수직 스트리밍 플랫폼이 더 나은 콘텐츠를 제공할 수 있다. 또 Netflix가 제공하지 않는 콘텐츠도 있고, 다른 스트리밍 플랫폼에서는 Netflix가 저작권을 얻을 수 없는 콘텐츠도 있다.

Shudder는 공포 영화를 중심으로 한 스트리밍 서비스 플랫폼이다. 사용자는 다양한 공포 영화, 미스테리 영화를 무제한으로 접근할 수 있으며, 일반 공포영화와 공포영화 "슈퍼 팬"들이 좋아하는 소수적인 공포 영화, 다수의 독점 공포 영화 콘텐츠를 포함하고 있다. Shudder의 공포 영화 세부 유형에는 초자연적인 것, 살인, 괴물, 심리 공포, 범죄와 비밀, 복수, 과학 등이 포함되어 있으며, 내용이 매우 풍부하다.

Shudder의 최고 경영자 Craig Engler는 Netflix가 많은 공포 영화 콘텐츠를 가지고 있지만, 경험이 풍부한 공포 영화 팬에게는 이러한 내용이 너무 넓고 얕아서 더 깊은 요구를 만족시키지 못한다는 것을 말한다. Shudder를 통해 공포 영화 팬은 그들의 요구에 맞는 공포 영화를 더 많이 찾을 수 있으며, 볼수록 보고 싶어진다.

2. 더 좋은 커뮤니티 분위기

Netflix와 같은 큰 플랫폼에서는 애니메이션이 소수지만, Crunchyroll, FunimationNow에서는 애니메이션이 주류이다. 많은 수직적 스트리밍 플랫폼은 같은 관심사를 가진 사람들이 모인 커뮤니티가 되었다. 커뮤니티에서는 "이상한 사람"이 없으며, 모든 사람들이 다른 사람들과 같이 자신의 취미와 관련된 즐거운 이야기를 나눌 수 있다. 그들의 소셜 관계는 이러한 플랫폼에서 정점화되었다.

중국의 Bilibili와 유사한 애니메이션 스트리밍 플랫폼 Crunchyroll은 전 세계 최대의 애니메이션 커뮤니티를 가지고 있으며, 사용자 수는 4500만 명이다. Crunchyroll은 온라인과 오프라인의 다양한 채널을 통해 좋은 커뮤니티 분위기를 만들고 있다. 온라인에서는 포럼과 다양한 소셜 플랫폼이 있고, 오프라인에서는 각종 전시회 등의 행사가 있다. Crunchyroll의 팬들은 커뮤니티 활동에 대한 관심이 높으며, 같이 커뮤니티 건설에 적극적으로 참여할 수 있다.

매년 개최되는 Crunchyroll의 애니메이션 전시회는 "애니메이션 팬"을 모아 3일간의 전시, 개봉 등 활동을 진행하고, 미국과 일본의 유명한 애니메이션과 관련된 사람을 초대한다. 행사 기간 동안, 수천명의 애니메이션 팬들이 회장에 들어간다. 또한, Crunchyroll은 매년 전 세계 18개국에서 180여 개의 소규모 행사를 개최한다. 이러한 온라인과 오프라인 행사는 "애니메이션 팬"에게 소속감을 제공하여 활발한 커뮤니티를 만들어, 사용자의 충성도와 플랫폼 경쟁력을 크게 향상시킨다. 이는 Netflix가 할 수 없는 것이다.

3. 더 좋은 체험

세분화된 시장을 중심으로 하는 수직 스트리밍 플랫폼은 소비자들을 위한 더 나은 맞춤형 서비스를 제공하여 사용자가 더 나은 경험을 얻을 수 있도록 하여 사용자를 유지할 수 있다.

MLB.tv는 야구 경기 영상을 제공하는 스트리밍 플랫폼으로 야구를 좋아하는 사람들을 위하여 다양한 차별화된 기능을 제공하고 있다. 구독의 경우 사용자는 어느 한 팀이 참가하는 정규시즌의 영상이나 생방송을 구독하거나 모든 팀의 경기 콘텐츠를 구독할 수 있다. 2012년부터 MLB.tv는 Audio Overlay라는 서비스를 시작하였다. 이 서비스는 사용자가 홈 경기 해설과 어웨이 경기 해설 사이를 전환하고, 경기 해설만 제거하여 경기 현장의 자연소리만 들을 수도 있다.

MLB.tv에는 Mosaic 기능도 있다. 한 화면에 여러 경기 비디오 창을 동시에 볼 수 있으며, 좌측은 주 화면, 우측은 두 개 또는 세 개의 경기 화면을 볼 수 있다. 또한, 사용자는 좋아하는 운동선수를 추적할 수 있으며, 해당 운동선수가 특정 경기에서 나타날 때, 시스템이 자동으로 사용자를 알린다.

13.2 글로벌화

구독 경제의 큰 성공에 따라, 국내 시장은 포화 상태가 되어, 많은 구독 업체들이 국경을 넘어 국제화의 길을 열기 시작하였다.

Dollar Shave Club의 인수 후, 그의 창업자 Michael Durbin의 새로운 목표는 회사의 업무를 전 세계로 확장하는 것이다. Dollar Shave Club은 이미 캐나다와 호주에서 업무를 진행하고 있으며, 다음 단계는 유럽-아시아 시장에 진출할 것이다. 이는 큰 도전이다. 미국의 남성과 유럽-아시아의 남성은 개인 선호, 습관 및 예술적 취향 등에서 많은 차이가 있기 때문이다. 그러나 Michael Durbin과 그의 팀은 이를 새로운 기회로 보고, 새로운 발전 경로와 새로운 카테고리가 이로부터 생성될 것이라고 생각한다.

2011년 3월 독일에 Glossybox가 설립됐고, 2011년 10월 Glossybox China가 시작해 그해 12월에 첫 번째 비디오 박스를 출시하였다. 10개월여 만에 Glossybox China는 Glossybox의 타 지역 팀을 바짝 따라붙여 기입회원이 8만 명으로 늘었고 유료 구독자도 1만2000명이 생기며, 이익을 창출하였다.

2015년 Netflix는 스트리밍 사업을 전 세계로 확대하겠다는 글로벌화 계획을 발표하였다. 2016년까지 Netflix의 사업은 전 세계 190개국 및 지역으로 확장되었다. Netflix는 전 세계 수많은 시장 중 아시아 지역을 가장 중요한 시장으로 간주하고 있다. 다음에는 아시아 시장의 확대 사례로 Netflix의 글로벌 전략과 실천을 살펴본다.

아시아는 세계에서 가장 인구가 많은 지역으로 총 인구가 40억 명이 넘고 그 중 중국과 인도의 인구가 10억 명을 넘어 아시아의 시장 잠재력이 크다는 것을 의미한다. 국제통화기금(IMF)에 따르면 아시아태평양 지역은 세계에서 가장 빠른 경제성장을 보이고 있다. 아시아는 급속한 도시화 과정을 거치고 있으며 사람들의 수입은 빠르게 증가하고 있다.

Brookings학회의 보고서는 2030년까지 전 세계 중등 소득 수준 이상 인구의 3분의 2가 아시아에 집중될 것으로 전망하였다. 거대하고 부유한 인구는 관광, 스트리밍 등 오락 수요를 창출할 수 있다.

2021년까지 아시아 지역에서 1억 명 이상의 스트리밍 구독자가 추가되고 영업이익은 2015년 57억4000만 달러에서 약 184억 달러로 220% 급증할 것으로 예상된다. Reed Hastings, Netflix 최고경영자(CEO)는 인도에서만 Netflix 가입자가 1억 명에 이를 것으로 예상하였다.

2020년 4월 Netflix의 전 세계 유료 구독자는 1억 8,200만 명에 달했고 아시아 유료 구독자는 1,623만 명에 달하였다. 아시아 가입자가 360만 명 늘어 북미 신규 가입자(230만 명)를 앞질렀다. 향후 몇 년 동안 아시아 시장의 확장이 기대에 도달한다면 한 Netflix를 더 만든 것과 같다. Netflix에 대하여 아시아 시장의 중요성은 여기에서 보인다.

또한 아시아 지역 확장은 Netflix를 위한 콘텐츠 라이브러리를 풍부하게 하고 글로벌 사용자를 유치할 수 있다. 2018년 Netflix의 아시아 콘텐츠의 절반 이상이 아시아 이외 지역에서 온 플랫폼 시청률로 Netflix 이용자들에게 아시아 지역 콘텐츠의 큰 매력을 보여 주었다. 풍부한 콘텐츠는 Netflix가 미국 현지 시장에서 치열한 경쟁을 벌이는 데도 도움이 될 수 있다.

2017년과 2018년 Netflix의 지역별 오리지널 프로그램 수 증가세는 [그림 13-2]와 같다.

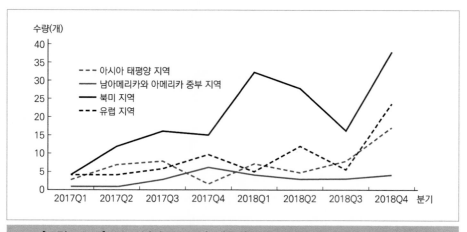

[그림 13-2] 2017년과 2018년 넷플릭스의 지역별 오리지널 프로그램 수

Netflix는 아시아 시장을 개척한 후, 점점 많은 아시아 콘텐츠를 생산할 것이다. 이는 Netflix가 디즈니, HBO, 시대 화나 등 경쟁 업체의 콘텐츠에 의존하지 않게 할 수 있다.

Netflix의 최고 콘텐츠 책임자 Ted Sarandos는 아시아가 전 세계의 창조적인 중심지라고 생각한다. 많은 대단한 영화와 드라마가 여기에서 기인한다. Netflix의 가장 큰 우위는 네트워크를 통해 중국, 한국, 태국, 일본, 인도 등의 아시아 이야기를 전 세계의 각 국가에 전하여, 각 국의 관객들의 앞에 보낼 수 있다는 것이다. 아시아 시장을 확장하기 위해 Netflix는 국제적인 전략을 제시하고 가격 할인, 현지 사무소 설치, 현지 영상 제작 기관과의 협업으로 원작 프로그램을 제작하고, 현지의 특정 상황을 고려한 특정 기능 개발 등의 행동을 취한다.

Netflix는 아시아 지역에 5개의 사무실을 설치했으며, 그 중 싱가포르 사무실은 아시아 태평양지역의 총사무실였다. 또한, Netflix는 아시아의 다수의 국가에서 YouTube, Twitter, Facebook 등 소셜 미디어 채널을 만들었다. 아시아 국가들이 많고, 각 국가의 특징이 매우 다르다. Netflix는 아시아 각 국가의 현실적인 상황을 고려하여, 많은 현지 특징을 가진 기능을 개발하였다.

인도에서는 인터넷 속도가 느리고, 스트리밍 미디어 재생시에 지연 현상이 발생하므로, Netflix는 인도에 "특별히" 낮은 속도 버전의 비디오를 제공하였다. 비디오 압축과 다른 시나리오에서의 비디오 인코딩을 최적화했으며, 비디오 재생이 더욱 원활하도록 하였습다. 또한, 인도의 전력이 빈번하게 끊기는 경우, 컴퓨터에서 비디오 재생이 큰 영향을 받을 수 있으므로, Netflix는 다운로드 기능을 제공하여 인도 사용자가 이동 장치로 다운로드하여 전체 비디오를 볼 수 있도록 하였다.

미국에서는 신용카드가 주된 지불 방식이다. 하지만 아시아의 많은 나라에서는 신용카드 전파율이 높지 않기 때문에 Netflix는 각 나라의 상황에 따라 다른 지불 방식을 채택하고 있다. 말레이시아에서는 네이피와 7-11 편리점과 협업하여 Netflix선불 카드를 판매한다. 국내의 통신 선불 카드와 같다. 카드를 구입한 사용자는 카드를 다른 사람에게 양도할 수도 있다. 인도, 한국 등 나라에서는 Netflix와 해당 지역의 통신 운영사와 협업하여, 통신비 결제수단으로 구독료를 수급한다.

구독비용 차원에서 보면 Netflix의 미국 구독 가격은 8.99달러/월이지만, 말레이시아에서는 4달러/월 정도, 인도에서는 6.85달러/월, 일본에서는 기본 구독 가격이 5.91달러/월이다. 아시아의 발달국와 발전도상국에서도 Netflix의 구독 가격은 미국 지역의 구독 가격보다 낮다. 인도, 말레이시아와 같은 평균 소득이 낮은 나라에서는 미국 구독 가격의 절반도 안 되는 가격이다. 저렴한 가격은 더 많은 아시아 사용자가 받아들일 수 있으며, Netflix가 아시아 시장을 더 잘 개척할 수 있도록 도움이 되었다.

아시아 사용자에게 가장 핵심적인 것은 다양한 콘텐츠이다. Netflix는 해외 작품 구입, 현지 작품 개발 등 다양한 방법을 통해 국제화된 아시아 콘텐츠를 확장하고 있다.

중국어 영화 콘텐츠 시장을 보면 Netflix는 '유랑지구(流浪地球)', '동물 세계(动物世界)', '바람의 맛 원산지 · 조선(风味原产地 · 潮汕)', '백야 추적(白夜追凶)', '반흑(反黑)', '진혼전(甄嬛传)', '천상 장가(天盛长歌)', '왕자 애 개구리(王子爱青蛙)', '진짜 사랑 지금(真爱趁现在)', '랑야방(琅琊榜)', '걸걸 승정(步步惊心)'과 같은 영화, TV쇼, 다큐멘터리의 저작권을 구입하였다. 한국시장에 Netflix는TVN, JTBC, OCN 등의 유선 TV 사업자와 계약을 체결하며, 많은 한국 드라마, 예를 들어, 'Man to Man', '비밀의 숲', 'Black', '화유기', '교통적인 교도소 생활', '나쁜 놈들: 악의 도시' 등의 콘텐츠 판권을 사용할 수 있다. 또한, Netflix는 인도의 '바호바리 왕', 일본의 '죽음의 기억', '강철의 연금술사', '화영 마술사', '진격의 거인' 등의 영상 판권을 구입하였다.

아시아 지역에서는 Netflix가 현지 작품에 매우 중점을 두고 있으며, 현지 작품과 관련된 기관과 많이 협력하고 있다. 이러한 "현지 작품"은 일반적으로 Netflix가 주도하고 투자하며, 그 곳의 주제에서 나오며, 내용은 그 곳의 사용자의 호기심에 맞추어져 있고, 제작은 그 곳의 감독, 배우, 제작자에 의해 완성된다. Amper의 연구 데이터에 따르면 2018년 4분기에 아시아 시장의 현지 작품은 Netflix 플랫폼에서 3위를 차지하였다. Netflix는 2019년에 아시아 지역에서 투자를 늘려나갈 것이라는 공식 선언을 하였다.

일본에서는 Netflix가 동영 애니메이션, Production I.G, A-1 pictures, BONES, P.A.WORKS 등 유명한 애니메이션 제작 기관과 협업을 진행하였으며, 《성투사성야》, 《고스라》, 《악마인》과 같은 유명한 IP를 기반으로 수십 편의 애니메이션 작품을 제작하였다. 한국에서는 Netflix가 대세의TV 드라마 《왕국》을 만들었으며, 예능 《범인은 당신》 등도 제작하였다. 인도에서는 인디어드라마 《신성 게임》, 《욕망 이야기》와 같이 제작되었다.

현지 작품에 대하여 Netflix에서는 아시아 콘텐츠의 세계적 가치도 매우 중요하게 생각한다. 그러므로 현지 제작 영화와는 약간의 차이가 있다. 예를 들어, 인도에서의 Netflix 콘텐츠는 미국 본사와 인도 제작 회사 Phantom Films가 공동으로 결정하고 있으며, 그 중 하나의 원칙은 인도 콘텐츠는 국제화 매력을 있어야 된다는 것이다.

Netflix가 일본에서 출시한 작품 시리즈에서는 80% 이상이 과학, 미래와 판타지 주제이다. 이러한 주제는 전 세계의 관객이 쉽게 이해할 수 있다. 반면, 일본 분위기가 강한 주제는 거의 없다. 이러한 주제는 아시아 이외의 시장에서 인기가 많이 높지 않기 때문이다. "Cannon Busters" 애니메이션의 제작진은 일본 동요 스튜디오 위성사이다. 그 외의 계획, 스크립트 및 공연은 해외 팀에서 온 것으로, 이 애니메이션은 동시에 글로벌와 현지 특징을 가지게 된다.

전체적으로 보면 Netflix는 현지화에 편중하지 않고, 세계화의 시야에서 문제를 고려하며, 현지에 맞추어 아시아 시장과 전세계 시장을 연결하여 상호작용하는 목표를 실현하고 있다. Sensor Tower의 데이터에 따르면 2018년, Netflix의 한국의 모바일 시장 수입이 107% 증가하였고, 일본의 모바일 시장 수입이 175% 증가하였다.

13.3 인공지능

구독경제의 미래는 인공지능 기술에 의해 동력이 제공될 것이다. 인공지능과 구독 경제의 결합은 지금까지 어떤 때보다도 강력해질 것으로 예상되며, 이 두 가지를 결합하면 사용자가 찾고 구입하는 소비재의 방식이 변화할 것이다. 지금, 구독 기업은 소비자들에게 더 많은 원하는 제품을 제공하기 위해 인공지능 기술을 이용하고 있다.

아마존은 손님이 자사 내부 제품을 구매하도록 안내하고, 인공지능 기술이 든 통찰력을 현실 세계에 적용한다. 정기 구매 제품(청소용품이나 화장용품 등)에 대해서는 아마존은 구독 서비스와 저장 계획을 통해 손님과의 연결을 더욱 촉진하고, 정기 구매 손님에게 할인을 제공하는 것으로 약속한다.

하로 프레쉬(Halo Fresh)는 Machine Learning 알고리즘을 사용하여 구독자가 선호하는 음식을 파악하여 어떤 음식이 즐겨요청이 되는지 알 수 있는 것으로, 그것을 통해서 고객에게 그들이 좋아할 만한 커스텀 메뉴를 추천하는 것이 가능해진다.

Stitch Fix의 전체 사업 모델은 인공 지능을 기반으로하며, 인공 디자이너와 사용자 데이터를 결합하여 정확한 의상 추천을 한다. Stitch Fix는 사용자의 관심을 추정하는 기계 학습 알고리즘을 사용하여 디자이너가 고객이 좋아할 수 있는 것을 선택하는 데 도움을 준다.

잠재 고객이 이 구독 서비스에 등록할 때, "스타일 프로파일"을 작성하도록 요청된다. 개인적인, 몸집, 생활 습관, 예산, 좋아하는 스타일과 색상, 그리고 나타나거나 약하게하고자 하는 몸의 특징 등이 포함되어 있다. 다음에는 인공지능 예측 알고리즘이 작동하여 고객에게 가장 최적의 매칭 제안을 한다. 다른 인공 지능 알고리즘은 고객의 장기적인 만족도와 서비스의 갱신 또는 탈퇴 가능성을 추적한다.

정기 구독 모델의 핵심은 고객과의 장기적 관계 구축, 고객 유지율 및 고객 수명 가치 향상이다. 회원 유실을 관리하는 방법, 유지율을 유지하는 방법은 정기 구독 기업에서 대한민국을 이겨내는 거대한 도전입니다. 그래서, 인공지능 기반의 데이터 분석은 정기 구독 기업의 성공에 중요한 역할을 한다.

이 외에도, 인공지능은 구독 업체가 더욱 잘 사업을 유지하도록 다음과 같은 몇 가지 차원에서 도움을 줄 수 있습니다.

(1) 잠재적 판매 기회의 발견

새로운 고객을 찾고 얻는 것은 구독 회사의 발전 과정에서 최우선의 임무이다. 현재 대부분의 회사는 전통적인 시장 연구 및 분석 수단을 사용하여 어떤 잠재 고객이 가장 큰 구매 경향이 있는지 파악하지만, 거의 어떤 회사도 인공지능 기술을 사용하여 잠재 고객을 식별하지 않는다. 역사적인 판매 데이터를 분석하여, 인공지능 기술은 이전에 감지되지 않은 구매 패턴을 인식하여, 어떤 타겟 고객이 구독할 가장 큰 가능성이 있는지 확인할 수 있다.

(2) 고객 손실 감소

모든 구독 사업에서 고객 손실률을 최소화하는 것이 중요하며, 많은 구독 회사는 고객 유지율을 주요 사업 지표로 두고 있다. 인공 지능 기술을 사용하면, 회사는 위험 요소 평가를 통해 고객 손실 예측이 가능하다.

machine learning을 통해 구독 회사는 고객 손실과 관련된 요소, 예를 들어 페이지 로딩이 느리거나 글꼴이 모호한 것 등을 실시간으로 분석할 수 있다. 이는 구독 회사가 고객을 더 잘 이해하고 지향적으로 개선할 수 있는 도움이 될 수 있다.

(3) 지속 구독률의 최대화

높은 지속 구독률을 유지하는 것은 정기적인 월간 수입을 증가시키는 필수 조건이다. 인공지능 기술을 통해 기업은 고객에게 적극적으로 알림을 보내 고객의 연장 기록을 기반으로 연장 프로세스를 시작할 수 있다. 알림 및 지속 구독 프로세스 시작 외에도, 인공지능 기술은 기업에게 실시간으로 지속 구독 과정에서 최상의 방법을 사용하도록 돕는 후속 조치를 제공할 수 있다.

정기 구독 업종에서 기업은 고객과 더 동적인 관계를 구축해야 한다. 시간이 지남에 따라 고객이 업그레이드/다운그레이드/새로운 구독 서비스를 추가할 수 있기 때문이다. 일반적으로 고객이 세 번째 해에 구독한 내용은 첫 번째 해에 구독한 내용과 다르다. 따라서 인공지능 기술을 이용하여 고객의 현재 상태를 평가하고, 최근에 새로운 고객과 비교하여 더 동적화된 구독 관리 계획을 제시하는 것이 중요하다. 인공지능 기술은 구독 기업이 고객의 구독 패턴을 제어하여 기존 고객의 구독률을 최대한 향상시키는 데 도움이 된다.

(4) 구독 승급과 교차 판매

9위안/월의 기본 구독 서비스를 구매하여 29위안/월의 고급 구독 서비스로 교체하는 것이 구독 승급이다. 일반적으로, 구독 승급은 고객에게 기존 제품 또는 서비스의 강화, 추가 또는 다른 기능 또는 용도의 제품 또는 서비스의 업그레이드를 판매하는 것을 의미한다. 특정 제품 또는 서비스는 확장 가능성이 있어야 하며, 추가 판매 대상은 기존 제품 또는 서비스와 관련이 있거나 동일하며, 기존 제품을 보완, 강화 또는 업그레이드하는 기능을 가지고 있어야 한다.

제품 A 구독 서비스를 구입한 고객이 제품 B를 구입하는 판매 방식이 교차 판매이다. 교차 판매는 고객의 다양한 요구에 맞추어 이를 충족시키는 마케팅 방식이다. 즉, 교차 판매는 같은 고객에게 더 많은 요구를 발굴하고 탐색하는 것이며, 단순히 고객의 특정 요구만을 충족시키는 것이 아니라 더 넓은 시장을 탐색하는 것이다.

인공지능 기술은 구독 기업이 기존 고객 군에서의 교차 판매와 상승 판매 기회를 잡는 데 도움이 될 수 있다. 예를 들어, 이동 데이터 플랜을 구독한 고객은 일반적으로 매달 접근 가능한 데이터 양이 제한된다. 인공지능 기술을 통해 서비스 대표가 고객을 안내하여 더 많은 데이터 양을 사용할 수 있는 플랜 또는 무제한 플랜에 가입할 수 있도록 도와줄 수 있다. 장기적으로, 이러한 방법은 높은 추가 비용을 방지하여 고객의 자금을 절감할 수 있다. 마찬가지로, 인공지능 기술은 디지털 상업 포털 웹사이트에 통합할 수 있으며, 고객의 셀프 구매 경험을 최대한 향상시킬 수 있다.

구독 영역에서 가장 흥미로운 그리고 잠재적인 변화 중 하나는 "계획 쇼핑"과 "구독 박스"의 폭발적 성장이다. 두 가지 모두 인공지능 기술의 발전에서 이익을 얻고 있다. 기계 학습 기술의 고객 상호 작용은 고객의 제품, 서비스 및 구매 경험에 대한 전반적인 만족도를 효과적으로 향상시킬 수 있다. 구독 모델, 선보이는 경험, 그리고 인공지능으로 진정한 대규모 개성화가 가능해지게 된다.

구독 차원에서, "체험"이 가장 중요한 개념이다. 제품 자체는 큰 차이가 없지만 구매, 배포, 즐기는 방식에서 차이가 생긴다. 구독경제와 인공지능은 반응이 빠르고 더욱 유익한 비즈니스 환경을 키우는 데 도움이 된다. 이러한 환경에서 구매자와 판매자의 "행복"이 최대화될 수 있다.

구독 변화의 가이드

3

구독경제에 대한 해석을 이렇게 많이 보고 설레지 않는가? 이 책을 보고 있는 당신도 구독 기업을 만들고 싶은가?

　　우선 구독은 월정액과 다르다. 제품 자체, 판매 패턴, 운영 방식 등을 변하지 않고 유료화 방식만 바꾸면 최종적으로 실패할 수밖에 없다. 둘째, 구독 모델은 대부분의 산업 및 다양한 유형의 제품에 적용되나 특정한 산업 또는 특정한 제품은 구독 모델에 적합하지 않다. 구독 모델은 '만능약'이 아니라는 점을 명심해야 한다.

　　구독 기업을 만들고 운영할 때 많은 도전에 직면하게 되어 창업자가 시작할 때 객관적 어려움을 인식하고 세밀한 계획을 준비하면 성공률은 높아질 것이다.

　　각 비즈니스 모델에는 고유한 한계가 있으며 구독 모델도 한계점이 갖고 있다. 다른 제품과 다른 시장 상황에 대하여 다른 비즈니스 모델을 채택해야 한다. 구독 모델을 선택하는 것을 고민할 때 다음과 같은 문제를 종합적으로 고려해야 한다.

(1) 시장 수요량과 성장률은 어느 정도인가? 업계에 대하여 발전의 여지가 얼마나 되는가?

(2) 진입 장벽은 직면할 수 있는 경쟁의 강도를 결정한다.

(3) 고객 획득 비용이 소비자를 쉽게 구할 수 있는 것 여부를 결정한다.

(4) 구매 빈도이다. 빈번히 구매하는가? 가끔 구매하는가?

(5) 총이익률이다. 제약 공장과 같은 높은 총이익인가? 약국과 같은 낮은 총이익인가?

(6) 생산의 복잡성이다. 제품 생산이나 제조에 대한 기술적 한계가 어디에 있는가?

(7) 시장 집중도와 시장 포화도는 분산되어 있는가? 고도로 독점되어 있는가?

(8) 산업이 통제되고 있는가? 별도의 허가증을 신청해야 하는가?

(9) 업계에 있는 대형 브랜드 상황은 어떻 인가? 혁신할 필요가 있는가?

　　Gloabal WebIndex가 영국과 미국에서 실시한 조사에 따르면, 다양한 구독 서비스 중에 동영상 스트리밍, 쇼핑, 음악 스트리밍, 비디오 게임, 뉴스 매거진을 가장 많이 이용하며, 의류, 애완동물, 어린이, 교육, 데이트 앱을 가장 적게 이용한다고 한다.

왜? 구독 모델은 고유한 장점과 단점을 갖고 있기에, 적합한 제품과 시나리오가 있으며 적합하지 않은 제품과 시나리오도 있다. 예를 들어 소비자가 자주 사용해야 하는 제품(예: 면도기)은 구독 모델에 적합한 반면에 사용자가 가끔 사용하는 제품(예: TV)은 구독 모델에 적합하지 않다. 또한 판매당 거래가격, 기존 시장의 경쟁구도와 진입장벽 등도 고려해야 한다.

14.1 높은 빈도

주택 구입, 가전제품 구입, 여행 등 환매 주기가 길고 빈도가 낮은 소비 시나리오의 경우 단기적으로 소비자의 구매 횟수가 적어, 소비 습관을 갖추기 어렵기에 플랫폼이 단기적으로 대량 데이터 베이스를 얻을 수 없어 구독 모델이 적합하지 않다. 의류, 화장품, 식품 등 상품은 특정한 소비자군에 필수적이다. 또한 생활 수준이 향상됨에 따라 소비자들은 상품이 개인화된 요구를 더 충족시킬 수 있는 것을 원한다.

일반적으로 소모품은 1년 이내에 사용한 제품이다. 그러므로 신선 제품, 화장품 청소용품 프린터 카트리지 등은 소모품에 속하여 자주 구입해야 하므로 구독 모델을 선택하는 것은 적절하다. 해외 한 연구에 따르면 소모품의 재구매율(29%)은 의류와 다른 일반상품 재구매율(16%)의 거의 두 배에 달한다. 소모품은 비교적 높은 구매 빈도를 갖고 한편에 부분 일반상품은 수명이 길고 재구매 가능성이 낮다.

매트리스, TV, 반지 등 구매 빈도가 낮은 제품은 구독 모델에 분명하게 적합하지 않다. 구독 모델을 채택한 제품 또는 서비스에 대한 구매 빈도는 최소 1년에 몇 번 또는 한 달에 한 번 이상이어야 한다.

많은 소프트웨어는 고빈도 소비재에 속한다. 고객 요구 전환의 관점에서 고빈도 소프트웨어 제품에 대하여 소비자는 월/연간 구독료 지불 모델을 더 쉽게 받아들일 수 있다. 소프트웨어 회사에 대하여 고빈도는 종종 제품의 반복적인 요구를 의미한다. 한편으로 구독 모델은 소비자가 새로운 버전을 사용할 확률을 높일 수 있어 사용자 체험을 향상시키면서 제품 개발의 비용 효율성을 극대화할 수 있다. 다른 한편으로 고빈도 소프트웨어는 클라우드에 업로드한 후에 가치가 크게 증가할 수 있다. 구독 모델에서 고빈도의 사용자상호작용은 더 많은 데이터를 가져올 수 있기에 기업은 데이터를 사용하여 제품을 최적화하고 반복하여 가능한 응용 분야를 더욱 확장할 수 있다. 고빈도 데이터 가치에서 소프트웨어 회사에 대한 경쟁 우위(즉 상대적 승인 모델)는 지속적으로 강화되어 더 큰 수익 공간을 얻을 것이다.

소프트웨어 업계 Autodesk는 고빈도 소비재에 대한 일회성 승인 구매를 구독 모델로 전환한 대표적인 사례다.

Autodesk는 세계 최대 2차원 및 3차원 디자인, 엔지니어링 및 엔터테인먼트 소프트웨어 회사이다. 회사는 AutoCAD로 시작하고 수십 년의 발전을 거쳐 그 제품 종류가 점차 풍부해지고, 다른 업종에서 디자인을 중심으로 맞추는 해결방안을 출시하였다. 회사의 영업이익은 전반적으로 증가 추세를 보였으나 2007년부터 증가 속도가 둔화되었고, 순이익도 2007년에 피크에 달한 후 전체적으로 하락세를 보였다.

2014년에 Autodesk는 전통적인 일회성 라이선스 모델에서 구독 모델로 전환하기 시작하였다고 결정하였다. 2016년 8월에 Autodesk는 대부분의 소프트웨어에 대한 영구 라이선스를 중단하고 구독 모델로 변경한다고 발표하였다. 구독 모델을 실행하기 전에 업데이트하지 않는 소비자와 불법 복제 소프트웨어를 사용하는 소비자가 많은데 구독 모델로 변한 것은 새로운 소비자 시장을 개척할 가능성이 있다. 클라우드 구독 서비스 모델에서 이전에 운영 및 유지보수 프로토콜을 구매한 사용자가 점차 SaaS 소프트웨어 구독자로 전환된다. 2017년에 SaaS 구독 소득의 비율은 총 소득의 47%로 증가하였으며 SaaS 구독 사용자는 109만 명으로 전년 대비 155% 증가하였다. 회사의 클라우드화는 주로 비즈니스 모델을 업그레이드하였다.

Autodesk의 제품은 크게 건축, 엔지니어링 및 시공(AEC), 제조업(MFG), AutoCAD 및 AutoCAD LT(ACAD), 멀티미디어 및 엔터테인먼트(M&E)의 4가지 범주로 나눈다. 그 중에 AutoCAD와 같은 스타 제품은 여전히 소프트웨어 형태로 존재하며 기존의 단일 컴퓨터 소프트웨어를 기반으로 클라우드 공유 및 다중 인터페이스 액세스 기능이 추가된다. 디자인 기능은 여전히 현지화 배치에 기초하는데, 유료화 모델에서는 영구적인 라이선스를 쓰지 않고 전면적으로 구독 모델을 실시하며, 비즈니스 모델에서는 먼저 클라우드 전환 업그레이드를 완성한다.

전환 기간 동안 Autodesk의 재무 데이터는 낙관하지 않았으나 2016년 8월 1일에 모든 패키지 제품 License판매하는 것을 중단하고 모두 클라우드 구독 서비스 모델로 전환한다고 발표한 후 주가가 고속적 성장기에 접어들었고 회사의 비즈니스 모델이 선행하는 클라우드화 전략은 자본 시장에서 인정을 받았다. 클라우드가 전환된 후 제품 가격은 회사의 가격 협상 능력을 반영하며 가격 협상 능력 뒤에는 회사의 시장 지위와 업계 장벽이다. 소비자가 고빈도 소프트웨어를 사용하는 것은 일반적으로 더 높은 장벽을 갖추고 있으며 제품의 점성이 비교적 강하고 세분화된 영역의 가격 협상권도 더 커 클라우드 전환에 유리하고 새로운 수요를 자극할 수 있다.

14.2 낮은 단가

거래당 단가=총매출액/총펜수다. 거래당 단가와 고객 단가의 차이는 한 고객이 2회 구매한다면 고객 단가는 1회, 거래당 단가는 2회 계산해야 한다는 것이다. 예를 들어 8월 26일 하루 매출이 74,500위안, 당일 고객 수량이 745명, 거래수가 735건이라면 8월 26일 고객단가=매출/고객수=74,500/745=100(위안), 거래당 단가=74,500/735=101.36(위안)이다.

고객 단가는 각 고객이 평균적으로 상품을 구매하는 금액이며 거래당 단가는 각 주문의 평균 금액이다. 고객 단가와 거래당 단가는 모두 고객의 구매 습관을 이해하는 핵심 지표가 된다. 일반적으로 고객 단가와 거래당 단가가 큰 차이가 없으나 구독 모델이 적합한지 측정할 때 거래당 단가가 고객 단가보다 더 정확하다.

일반적으로 거래당 단가는 고객을 이해하는 데 도움이 된다. 즉 소비자들이 더 비싼 또는 더 싼 제품을 주문하는 경향이 있는지 또는 몇 개의 제품을 주문하는 경향이 있는지 이해할 수 있다. 예를 들어, 의류 정기 구독 회사가 15 위안, 21 위안 및 29 위안으로 각각 세 종류의 셔츠를 판매하고 거래당 단가가 19 위안이면, 소비자 행동의 두 가지 경향을 나타낸다. 즉 소비자가 많은 상품을 구매하지 않고 저가의 셔츠를 판매하는 것은 총 판매 금액의 대부분을 차지한다.

거래당 단가는 변환율과 케스트 코스트를 측정하는 지표로도 사용된다. 예를 들어, 현재 구독 변환율이 5%이고 거래당 단가는 가격이 75위안일 경우 새로운 1,000명 사용자가 추가되어 변환율이 변경되지 않으면 매출은 3,750위안 증가할 것이다. 만약 변환율이 6%로 향상시키고 거래당 단가가 변경되지 않으면 매출은 4,500위안 증가할 것이다. 그러므로 우리는 마케팅 비용을 얼마나 지불할 것인가?

또한 거래당 단가는 거래 비용과 거래 관계를 이해하는 데 도움이 된다. 일반적으로 거래당 단가가 높을수록 거래가 가져오는 비용과 요금도 높아진다. 각 주문에 8위안 처리비가 들어가는 경우 500위안의 단가는 100위안의 단가와 비교하여 거래 비용이 매우 낮다.

구독은 장기적이고 지속적인 구매가 필요하다. 거래당 단가가 낮으면 대부분의 소비자가 부담할 수 있고 반복 구매할 수 있다. 한 소비자가 반복하게 구매하는 횟수가 증가하면 고객 평생 가치가 상승할 것이다.

구독 기업이 제품의 가격을 적절히 낮추는 것은 더 많은 소비자가 구매하도록 유도하여 매출을 올릴 수 있다. 이처럼 상품의 총이익률이 떨어지는데 총이익은 증가할 것이다. 구독 기업들은 소비자와의 장기적인 관계와 고객 평생 가치를 추구하기 때문이다.

14.3 시장현황

모델 채택을 평가할 때 경쟁 상황도 평가할 필요가 있다. 즉, 시장 집중성, 시장 독점, 진출 장벽, 브랜드 친화성 등이 포함되어야 한다.

첫째, 시장 집중성과 시장 포화성이 높은 제품 또는 서비스에 대해서는 대두 기업이 강력한 경쟁 장벽을 구축했기 때문에, 후순자는 현상을 깨기 어렵고, 구독기업에 맞지 않는다. 반면, 시장이 상대적으로 분산된 업종에서는 혁신이 적극적으로 진행되고, 다양한 모델의 기업들이 어느 정도의 시장 점유율을 차지할 기회가 있으므로, 구독 모델을 시도할 수 있다.

브랜드 친화력은 시장 연구자가 소비자의 행동 방식을 예측할 수 있는 지표이다. 브랜드 친화력은 소비자를 구분하여 시장 조사를 수행하는데 도움이 된다. 연구에 따르면, 오직 3살의 어린이도 특정 식별 기호를 인식하고 브랜드와 연결시킬 수 있다. 고객이 브랜드 친화력을 보일 때, 어떤 현상이 나타날까? 다음 몇 가지 지표를 참고할 수 있다.

(1) 특정 브랜드의 제품을 지속적으로 사용한다.

(2) 친구에게 좋아하는 브랜드를 추천한다.

(3) 소셜 미디어에서 브랜드에 대한 높은 만족도를 표현한다.

브랜드 충성도와 브랜드 친화력은 매우 비슷하지만, 어떤 사람은 브랜드에 충성할 수 있지만 브랜드 친화력이 없을 수 있다. 브랜드 친화력은 브랜드 충성도보다 더 높은 수준이다.

기업이 매력적인 브랜드를 출시하고 효과적인 홍보를 통해 소비자가 브랜드를 알게 되면, 소비자의 브랜드 인식이 생긴다. 고객이 관련 제품을 구매하면, 기업은 고객의 브랜드 충성도를 구축하여 재구매를 기대할 수 있다. 반면에, 브랜드 친화력을 구축하려면 제품과 서비스를 초월하여 고객이 스스로 브랜드와 깊은 관계와 공유 가치에 느껴지도록 해야 한다.

브랜드 친화력은 가장 가치 있고 오랫동안 고객 관계를 유지할 수 있는 지표이다. 기존의 기업이 높은 친화력을 가지고 있다면, 새로운 구독 기업은 시장에 진출하기 어렵다. 이전 고객들이 이미 해당 브랜드에 높은 신뢰를 가지고 있어서 다른 브랜드로 쉽게 전환하지 않을 것이다.

14.4 결론

다음은 안티에이징 제품, 유아용 케어 제품, 침구용품 등 세 가지 제품을 평가한 결과이다(〈표 14-1〉 참조). 표를 보면 안티에이징 제품과 유아용 케어 제품은 구독의 환경 요구사항을 기본적으로 충족할 수 있기 때문에 구독 모델을 사용할 수 있다. 그러나 침구용품은 구매 빈도가 너무 낮기 때문에 다른 면에서의 문제가 적어도 구독 모델은 적합하지 않다.

〈표 14-1〉 안티에이징 제품, 유아용 케어 제품, 침구용품에 대한 평가

유별	유보율	구매빈도	시장집중도	펜 단가	브랜드 친화력	구독에 적합한지 여부
안티에이징 제품	높다	높다	낮다	낮다	중등	적합
유아용 케어제품	높다	높다	중등	낮다	낮다	적합
침구	낮다	낮다	낮다	중등	낮다	비적합

My Subscription Addiction에 따르면 지난 몇 년 동안 우후죽순처럼 등장한 구독 상자 중 최소 13%가 운영을 중단하였다.

구독 모델의 핵심은 매우 간단하며 구독 기업을 만드는 것도 쉽다. 그러나 낮은 진입 장벽은 종종 낮은 성공률에 해당하며 구독 기업의 운영은 많은 도전에 직면해 있다.

통계에 따르면 2010년부터 2016년까지 해외 구독업체의 30% 이상이 매년 문을 닫았다. 특히 2016년 도산한 기업의 비율은 아래 그림과 같이 47.37%로 높았다. 구독업체는 운영 난이도가 높다. 전망이 좋지만 그만큼 도전적인 면도 크다.

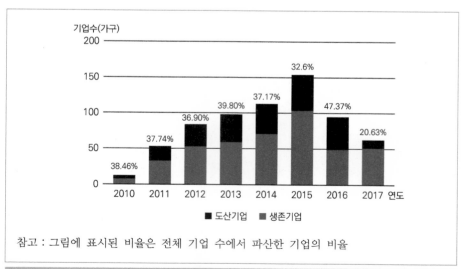

참고 : 그림에 표시된 비율은 전체 기업 수에서 파산한 기업의 비율

구독 기업의 수년간의 부도 및 생존 상황

15.1 높은 고객 획득 비용

단일 구매와 달리 구독은 지속적으로 비용을 지불해야 하므로 사용자의 의사 결정 비용이 더 높고 해당 전환 비용도 더 높기 때문에 사용자가 광고 한 번만 보고 유료 구독을 결정하기를 기대할 수 없다. 또 가입이 원활해 언제든 해지할 수 있어 이용자들이 마음에 들지 않으면 해지해 높은 이용료 부담을 가중시키고 있다.

구독 모델은 브로커를 줄이고 제품 및 서비스를 제조업체에서 최종 소비자에게 직접 공급하여 임대료, 유통 및 기타 비용을 절약하지만 사용자 획득 비용은 크게 증가한다. 일례로 타오바오의 등장으로 많은 상인들이 오프라인 매장을 열지 않고 거의 제로 비용으로 온라인 매장을 열 수 있게 됐지만, 상인들 사이에서 두각을 나타내 소비자에게 자신의 상품을 보여주려면 매우 높은 마케팅 비용을 지불해야 한다.

구독 회사의 설립자들은 고객 확보에 대해 너무 낙관적이며 고객을 확보하는 것은 매우 간단한 일이라고 생각하며, 고객 확보 비용을 과소평가한다. 맥킨지의 연구에 따르면 어떤 상품을 판매하든 전자상거래를 구독하는 고객의 보유율은 60%를 넘지 않는다. 많은 구독 기업의 고객 확보 비용과 고객 이탈률이 매우 높아 지속하기 어렵다.

구독 서비스를 제공하는 기업의 경우 가장 큰 경제적 이익을 얻는 열쇠는 고객 비용과 고객의 수명 주기 가치의 균형을 맞추는 것이다.

통상 구독업체는 이를 세 가지 방법으로 구현할 수 있다.

첫 번째는 객단가를 높이고 교차 판매 및 상향 판매를 강화하는 것이다. 예를 들어 구매 빈도가 높지 않은 제품의 경우 처음 판매할 때 수익을 내야 하고, 부품이나 새로운 시리즈를 출시해 고객을 붙잡아야 한다.

두 번째는 재구매율을 높이는 것인데 면도기, 칫솔, 양말 등과 같이 고객의 단가가 낮은 상품의 경우 기업은 고객을 잠그고 중복 구매를 촉진하여 고객의 라이프사이클 가치를 향상시켜야 한다.

세 번째는 입소문 마케팅, 쇼트 클립, 크리에이티브 광고, 소셜 공유 등 새로운 방법을 통해 사용자 규모의 급속한 성장을 달성하고 고객 비용을 최소화하는 것이다.

Dollar Shave Club은 설립 초기 4500달러를 들여 크리에이티브 광고 영상을 만들어 유튜브에 올렸다. 이 동영상은 90일 동안 조회수가 500만에 이르는 등 고전적인 바이럴 마케팅 사례로 자리 잡으며 회사에 많은 사용자를 끌어들였다.

입시의 콘텐츠 서비스 네트워크에는 구독자 4600만명을 포함한 영향력 집단이 모여 있다. 그러나 Ipsy는 구독 제품뿐만 아니라 콘텐츠 사업도 하며 뷰티 산업에 독특하고 복제하기 어려운 솔루션을 제공한다.

인플루언서 미셸이 2007년 올린 첫 7분짜리 메이크업 입문 튜토리얼은 1주일 만에 4만 건의 조회수를 기록했다. 2009년 미셸 위는 LadyGaga의 눈을 어떻게 그리는 가라는 메이크업 튜토리얼을 발표했는데 조회수가 100만 건을 넘었다. 3년 후, Ipsy의 설립자 Marcelo Camberos와 Jennifer Goldfarb는 그들이 생각하는 가장 큰 성장 고리인 콘텐츠를 이끌 또 다른 파트너(미셸)가 필요하다는 것을 깨달았다.

Ipsy에게 유튜브는 회사의 빠른 성장을 도울 수 있는 효과적인 방법이다. 미셸이 자체 제작한 동영상에 구독 서비스를 넣자 다음날 수천 건의 주문이 쏟아졌다. 그 이후로, Ipsy는 크리에이터를 핵심으로 고수하고 있다.

15.2 초기의 적자

구독 서비스가 시작된 초기에는 높은 사용자 획득 비용과 손실률로 인해 기업의 지출이 비교적 클 것이며 구독 수입의 증가 자체는 가파른 상승 과정을 거치기 때문에 이 기간 동안 수입은 비용보다 낮고 기업은 적자 상태에 있다.

인수 전 300만 명이 넘는 구독자를 확보하고 2억 달러 이상의 매출을 올렸음에도 5년 연속 적자를 낸 것도 독자 상장을 포기하고 유니레버에 인수된 이유다.

'시네마 넷플릭스'로 불리는 미국 영화 구독 서비스 플랫폼 무비패스는 미국 전역에 '핫'했지만 2018년 7월 무비패스의 자금줄이 끊겼다는 소식이 전해진 뒤 무비패스의 모회사인 헬리오스 & 매티슨 주가가 1달러 아래로 떨어지며 장기간 1달러 선을 밑돌면서 나스닥 상장 기준에 미달했다.

2011년 설립된 MoviePass는 2016년 이전 기본 구독 패키지의 가격은 월 50달러이며, 구독자는 지원 극장에서 무제한으로 관람할 수 있다. 미국에서 영화 관람료가 평균 10달러 안팎인 만큼 한 달에 5회 이상 영화를 보는 소비자에게 적용되는 이 서비스는 중증 관객층이 핵심이다.

2016년 넷플릭스 공동 창업자인 미치 로우(MitchLowe)가 무비패스의 CEO가 된 후, 회사는 구독료를 낮춰 가입자를 확보하고, 사용자 데이터를 확보하는 등 미국민들의 외출 엔터테인먼트의 원스톱 플랫폼이 되고, 나아가 광고 수입 및 사업자 제휴 수수료에 의존해 가입자 데이터를 현금화하는 전략을 수정했다. 2017년 영화업계 데이터 분석 상장사인 헬리오스 & 매티슨(Helios and Matheson)이 무비패스 지분 51%를 인수한 뒤 무비패스는 구독료를 월 9.95달러로 낮췄다.

무비패스 이용자는 한 달에 평균 1.5편의 영화를 보기 때문에 특정 지역에서 이용자 1인당 매달 약 15달러의 적자를 내고 있다. 헬리오스 & 매티슨이 2018년 5월 미국 증권거래위원회에 제출한 8-K(중대 사건) 문건에 따르면 무비패스는 현금흐름이 1550만 달러밖에 남지 않았고 회사는 월평균 2170만 달러의 손실을 봤다.

2018년 7월 무비패스 이용자들이 티켓을 구매할 수 없다고 하자 '기술적 문제'라고 대응했다가 회사의 현금 흐름이 끊긴 것으로 드러나 결국 긴급 대출을 통해 병원 측에 티켓 대금을 지급해 정상 운영을 해야 했다.

이 때문에 구독업체들은 창업 초기에는 외부 융자 등 다양한 방식으로 충분한 운영자금을 모아 지속적인 적자에 대비해야 한다. 다행히 구독업체의 비즈니스 모델이 명확해 처음부터 지속적인 현금흐름이 있었다. 구독업체들이 초반의 어려운 시기를 이겨내고 플러스 현금흐름을 달성하면 수익곡선이 매우 아름다워지지만 기업들이 제대로 대응하지 못하면 파산할 수도 있다.

구독 기업마다 손실 기간이 다르며 일부는 짧을 수도 있고 일부는 길 수도 있다. 적자에서 빨리 벗어나기 위해서는 낮은 비용으로 빠르게 고객을 확보하고, 연회비와 시즌비를 더 많이 내도록 하고, 벤처캐피털의 투자를 받는 등 구독업체들이 다양한 방식으로 대응해야 한다.

15.3 거물급 경쟁

구독 모델은 스타트업의 혁신에서 시작되었으며 많은 소규모 스타트업이 번성했다. 처음에는 많은 대기업이 이 새로운 모델을 이해하지 못하거나 마음에 들지 않았지만, 구독 유니콘이 하나 둘 등장하면서 구독자 수가 급격히 증가했고, 거대 기업들도 구독경제에서 '한몫'을 나눠야 한다는 반응을 보이기 시작했다.

블루 스택은 2017년 가장 기대되는 대형 IPO 중 하나였지만 상장 신청 당시 아마존의 신선식품 슈퍼마켓 홀푸드 인수의 영향으로 단숨에 가장 어려움을 겪는 IPO의 대표주자로 변신했다.

블루 스택이 출시된 같은 달 아마존도 자체 식재료 배송 구독 서비스인 아마존 프레시를 선보였다. 당시 소식이 전해지자 블루 스택 주가는 11% 급락했다. 또한 슈퍼마켓 체인 Albertsons가 식품 유통 플랫폼 Plated를 인수하여 블루 스택에 더 큰 압력을 가했다. 블루 스택 주가는 IPO 이후 95% 하락해 상장 당일 고점인 164달러에서 6달러로 급락하는 등 유니콘 지위를 유지할 수 없는 처참한 모습을 보였다.

슬랙(Slack)은 기업 내 소통과 협업을 위한 도구로, 슬랙의 개발은 2012년 말부터 시작됐다. 2013년 8월, 슬랙은 내부 테스트 단계에 들어갔다. 2014년 2월 슬랙이 출시되자마자 일일 활성 사용자는 15,000명에 달했다. 2014년 10월, 회사는 1억 2천만 달러를 조달하고 11억 2천만 달러를 평가하여 역사상 가장 빠르게 성장하는 SaaS 회사가 되었다. 슬랙은 2019년 1월 현재 전 세계적으로 1000만 명 이상의 일일 사용자, 150개 이상의 국가를 보유하고 있으며 세계 시장 점유율이 빠르게 증가하고 있다.

결제 측면에서 슬랙은 무료 버전, 스탠다드 버전(구독료 6.67달러), 강화 버전(구독료 12.5달러) 및 엔터프라이즈 버전 등 4가지 옵션을 제공한다.

무료 버전, 표준 버전 및 강화 버전은 모두 단일 작업 영역으로 구성되며 중소기업이 더 많이 사용하다. 엔터프라이즈 버전은 유료 고객이 무제한 연결 워크스페이스 및 채널을 생성 및 관리하고, 여러 워크스페이스에 걸쳐 검색을 수행하고, 회사 데이터 보안을 보장하기 위해 액세스를 중앙 집중식으로 제어하고, 제3자 데이터 손실 방지 도구와 통합할 수 있도록 한다.

가장 빠르게 성장하는 기업 메신저 앱인 Slack은 MS가 노린지 오래다. 2019년 7월 1300여만 명에 달했던 MS 산하 기업용 메신저 마이크로소프트 팀즈의 하루 이용자는 출시 2년 만에 Slack을 훌쩍 뛰어넘었다. MS는 기업 채팅 시장에서 마이크로소프트 팀즈가 경쟁사인 Slack을 앞섰다는 사실을 모두에게 알리고 싶어 하고, 슬랙(Slack)은 마이크로소프트의 무자비한 압박에 직면했다.

마이크로소프트는 이미 출시된 제품을 복제하고 가격 경쟁을 통해 판매되는 모델에 익숙하다. 이미 2015년에 마이크로소프트는 몇 년 전에 상장된 데이터 분석 및 시각화 회사인 Tableau와 경쟁하기 위해 Microsoft Power BI를 발표했다. 마이크로소프트의 상대적으로 저렴한 데이터 분석 서비스가 태블로의 주가를 끌어내렸다.

마이크로소프트, 구글, 아마존과 같은 거대 기술 기업들은 경쟁사들보다 훨씬 더 큰 사용자 기반을 가지고 있다. 경쟁에서 이기기 위해 이 거물들은 때때로 자발적으로 서비스 가격을 낮춘다.

유명 시장조사업체 ETR의 조사는 Slack에게 다소 우울한 소식을 가져왔다. 이 시장 조사 보고서는 900명의 CIO 및 기업 IT 의사 결정 관리자 인터뷰를 통해 이루어졌으며, 주요 내용은 기업의 IT 예산 동향이며 이러한 인터뷰 대상이 있는 회사는 세계 500대 기업의 약 40%를 차지한다. 조사 결과 Slack은 글로벌 대기업에서 시장 점유율이 하락하고 있으며 향후 채택 의향도 낮아지고 있으며 상당수 IT 의사결정 임원들은 이 서비스를 철수할 계획이라고 밝혔다. 동시에 조사 데이터에 따르면 Microsoft Teams의 시장 점유율은 증가하고 있으며, 채택률은 상대적으로 높으며 폐기율은 Slack보다 약간 낮다.

이 조사 결과는 Slack 상장 후 승승장구하는 모멘텀을 교란할 수 있을 뿐만 아니라 유럽과 미국의 기술 산업 혁신 분야의 어려운 도전을 반영하며, 기술 산업은 점점 더 소수의 거대 기업이 주도하고 있다. 일부 유명 인사들도 거물들이 만든 이른바 '킬러 콘텐츠'를 비판하고 있다. 그 결과 최고의 아이디어와 제품은 기존 기술 대기업의 손에 집중되어 지배적인 위치를 더욱 공고히 하고 미래의 혁신을 죽일 수 있다.

15.4 구독 피로 문제

구독 서비스의 호황은 소비자에게 이전보다 더 많은 선택권을 제공했지만 문제는 뒤따랐고 소비자는 '구독 피로'를 겪기 시작했다.

딜로이트 연례 디지털 미디어 보고서에 따르면 미국 소비자의 절반 가까운 47%가 구독 서비스 수가 늘어나는 데 대해 좌절하고 있다고 답했고, 49%는 TV 프로그램 수가 너무 많아 실제로 보고 싶은 콘텐츠를 고르는 데 어려움을 겪고 있으며, 43%는 몇 분 안에 보고 싶은 프로그램이나 영화를 찾지 못하면 검색을 포기한다고 답했다.

소비자는 더 많은 옵션을 원하지만 너무 많은 옵션은 아니다. 연구를 맡은 Kevin Westcott 부회장은 "우리는 '구독 피로'의 시대로 접어들고 있는 것 같다"고 진단했다.

구독 서비스는 계속 증가하고 있지만 사용자의 시간과 돈은 제한적이다. 가입자당 하루 24시간, 10여 개의 스트리밍 동영상을 동시에 구독하는 것은 불가능하고, 이용자의 예산도 가처분소득에 비례해 원하는 서비스를 보고 마음대로 구독하지 않는다.

새로운 구독 서비스는 구독 피로 때문에 더 높은 고객 비용과 더 많은 제품 투입을 부담해야 한다. 일부 소규모 및 저주파 구독 서비스의 경우 구독 피로는 사용자가 자주 사용하지 않는 구독을 먼저 포기할 것이 확실하기 때문에 생존 확률이 낮아진다는 것을 의미한다.

하지만 구독 창업자는 크게 걱정할 필요가 없다. eMarketer의 새로운 보고서에 따르면 미국인의 34%는 향후 2년 동안 사용할 구독 서비스의 수를 늘릴 것이라고 답했으며, 7%만이 향후 2년 동안 더 적은 수의 서비스에 구독할 계획이라고 말했다. Global Web Index가 영국과 미국을 대상으로 조사한 바에 따르면 약 75%의 소비자가 자신의 구독이 적절하다고 생각하는 반면 20%에 가까운 소비자만이 자신의 구독이 너무 많다고 생각한다. 이 때문에 전반적으로 구독 피로 현상이 나타나고 있지만 정작 구독을 해지하려는 사용자는 적고 행동으로 옮기는 사람은 더 적다.

많은 구독 플랫폼에서도 이 문제를 발견하고 이에 대응하기 위한 전략을 연구하기 시작했다. 예를 들어 디즈니가 내놓은 스트리밍 구독 플랫폼 디즈니+는 넷플릭스보다 저렴한 가격에 충성 팬을 보유한 독점 콘텐츠도 많다. 그러나 가장 중요한 것은 구독자에게 진정으로 가치 있는 콘텐츠를 제공하는 것이다.

팍스 어소시에이츠(Parks Associates)의 조사에 따르면 소비자는 가치를 인식하는 것을 전제로 구독뿐만 아니라 다양한 구독 서비스에 대해 더 높은 구독료를 지불할 의향이 있다.

스트리밍 구독 서비스 중 양질의 고가 제품이 늘고 있는 것은 소비자들이 고급 기능을 위해 기꺼이 비용을 지불할 의향이 있음을 보여준다. 예를 들어 넷플릭스 이용자들이 기본 서비스에서 고급 서비스로 이동하고 있다. 넷플릭스의 기본 구독료는 월 7.99달러, 표준 구독료는 월 9.99달러지만 두 서비스 모두 구독량은 하락하는 반면 프리미엄 11.99달러는 증가하고 있다. 2016~2018년 프리미엄 구독 서비스를 선택한 넷플릭스 가입자 비율이 18%에서 30%로 늘었다.

그만큼 기업들이 양질의 제품이나 서비스를 내놓지 못한다는 점이다.

15.5 데이터 개인 정보 보호 문제

소비자들은 기업이 자신과 관련된 프라이버시 데이터를 어떻게 처리할지에 대한 우려가 커지고 있다. 외국의 한 조사에서 82%는 기업이 개인정보를 제대로 보호하지 못하고 있다고 답했다.

구독 플랫폼은 높은 개인화를 달성하기 위해 충분한 사용자 정보를 수집해야 한다. 예를 들어, 사용자는 Stitch Fix에 로그인한 후 개인의 패션 선호도에 대한 설문지를 작성하고 개인 사이즈, 선호하는 색상, 선호하는 스타일 등의 개인정보를 제공해야 한다.

점점 더 많은 기업이 구독 기반 모델로 전환함에 따라 소비자는 당연히 이러한 개인 사생활 관련 데이터가 안전하게 보호되고 남용될 수 있는지 여부에 대해 우려하고 있다. 따라서 개인 정보 보호 데이터의 보안은 구독 기업이 직면해야 하는 문제가 되었다.

많은 구독 업체들은 개인정보 보호 정책을 명확히 하고, 가입하기 전에 개인정보 수집과 이용 상황을 알려준다. 각국도 관련 규제법을 마련해 구독 업체 운영에 영향을 미치고 있다.

GDPR은 General Data Protection Regulation의 약자로 일반적으로 '일반 데이터 보호 규정'으로 번역된다. GDPR은 개인정보 오남용을 방지하고 프라이버시를 보호하기 위해 EU가 도입했다. GDPR은 이미 2016년 4월에 출시되었지만 EU는 주요 기업에 2년의 완충 기간을 부여했으며 공식 발효일은 2018년 5월 25이다. GDPR 규정에 따르면 기업은 개인정보를 수집, 저장, 사용할 때 사용자의 동의를 받아야 하며 사용자는 자신의 개인정보를 절대적으로 통제할 수 있다.

다음과 같은 유형의 프라이버시 데이터는 GDPR에 의해 보호된다.

(1) 성명, 주소, 주민등록번호 등 기본적인 신원정보

(2) 위치, IP 주소, 쿠키 데이터 및 RFID 태그와 같은 네트워크 데이터

(3) 의료 및 유전 데이터

(4) 지문, 홍채 등 생체인식 데이터

(5) 인종 또는 민족 데이터

(6) 정치적 관점

(7) 성적 취향

소비자가 누리는 권리는 다음과 같다.

(1) 데이터 접근권 : 사용자는 개인정보가 처리되고 있는지 여부를 기업에 문의할 권리가 있으며, 처리되고 있는 경우 처리의 목적, 관련 데이터 유형, 데이터 수신자의 정보를 알 수 있으며, 대상이 데이터 수신자인 경우 데이터 출처를 문의할 수 있다.

(2) 삭제 권리 : 사용자는 기업에 개인 데이터의 삭제를 요청할 권리가 있으며, 데이터가 제3자에게 공개된 경우 사용자는 제3자에게 관련 데이터의 삭제를 요청할 수 있다.

(3) 처리권 제한 : 사용자는 수직 마케팅에 개인정보를 사용하는 것을 금지하는 등 기업이 개인정보를 특정 용도로 사용하는 것을 금지할 권리가 있다. 예를 들어 사용자가 최근 쇼핑몰에서 '수제맥주'를 키워드로 한 상품을 검색하면 사이트의 추천 정보 흐름이나 해당 사이트와 제휴한 다른 사이트에서 유사한 수제맥주를 사용자에게 추천할 수 있으며 사용자는 이 정보를 외부에 공개하지 말 것을 요청할 수 있으며 심지어 이 정보를 어떠한 마케팅 활동에도 사용할 수 없다.

(4) 데이터 휴대권 : 사용자가 플랫폼을 떠나고 싶을 때 플랫폼이 플랫폼에서 생성한 데이터를 포맷되고 기계가 처리할 수 있는 형식으로 제공하도록 요구할 수 있다.

GDPR은 구독 업무에 중대한 도전을 가져왔다. 구독 사업은 많은 양의 사용자 데이터를 처리해야 하며, 그 중 일부는 심지어 개인 신원 정보의 빨간색 영역에 있을 수 있습니다. 의심할 여지 없이 유럽에서 운영되거나 유럽 지역에 고객을 보유한 구독 기업은 GDPR 준수를 위한 조치를 취해야 한다.

그럼 구독업체는 어떻게 해야 하나? GDPR은 EU에 구독자를 보유하고 구독자에게 개인 데이터를 수집하는 모든 기업에 적용된다는 점을 분명히 해야 한다. 따라서 넷플릭스나 아마존 같은 구독 대기업이라도 이를 준수해야 한다. 구독업체들은 자신들이 사용하는 개인 데이터를 상세히 열거하고, 이미 저장된 개인 데이터를 재점검해 합법적으로 저장할 근거가 없는 데이터를 삭제해야 한다. 이 밖에 구독업체들은 데이터보호관(DPO)을 신설해야 할지를 결정해야 한다. 대규모 정기 데이터 및 시스템 모니터링 데이터와 관련된 모든 구독 기업은 데이터 보호를 전문으로 하는 데이터 보호관이 필요하다. 데이터 보호관은 내부 직원이거나 외부 직원이 될 수 있다.

대부분의 구독 비즈니스는 SaaS 솔루션에 의존하므로 자체 시스템이 요구 사항을 충족하는지 확인해야 할 뿐만 아니라 모든 공급업체, 특히 GDPR 요구 사항을 충족하지 못할 수 있는 EU 이외의 공급업체도 마찬가지인지 확인해야 한다. 또 구독업체들은 정해진 시간 내에 데이터 유출 문제를 해결할 수 있도록 강력한 이벤트 대응 메커니즘을 구축해야 한다.

구독 기업은 많은 세부 사항에서 GDPR의 요구 사항에 따라 보완해야 한다. 구체적인 예를 들어보자.

(1) 사용자의 동의를 구할 때는 사용자가 수동으로 선택해야 하며, 미리 체크된 상자를 사용하여 사용자의 동의를 묵인할 수 없다. 미리 체크하면 [그림 15-1]과 같이 구독이 유효하지 않다.

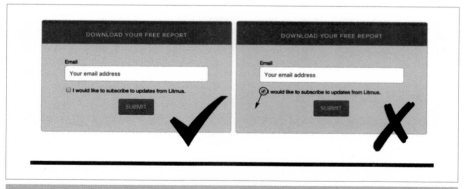

[그림 15-1] 수동 및 자동 선택

2) [그림 15-2]와 같이 사용자가 쉽게 구독을 취소할 수 있도록 하고 사용자에게 작동 방법을 명확하게 알려야 한다.

675 Massachusetts Ave.
Cambridge, MA 02139, USA
View online

You're receiving this email because you've signed up to receive updates from Litmus. If you'd prefer not to receive updates, you can manage your preferences or unsubscribe from all.

[그림 15-2] 구독을 취소하기 위한 명확한 조작 버튼

구독업체에서 보내는 프로모션 이메일마다 구독 취소 옵션이 반드시 담겨야 한다. 구독자가 구독 흥미를 잃으면 구독 취소를 쉽게 할 수 있다.

(3) 사용자가 구독에 동의했다는 증거를 유지한다. GDPR은 동의 구독을 수집하는 방법에 대한 규칙을 제공할 뿐만 아니라 기업이 관련 기록을 보유하도록 요구하며, 이는 기업이 다음과 같은 증거를 제공할 수 있어야 함을 의미한다.

▶ 누가 동의했나?

▶ 언제 동의했어?

▶ 사용자가 동의했을 때 어떤 말을 들었습니까?

▶ 이용자들은 어떻게 동의하나?

▶ 사용자가 동의를 철회했나?

예를 들어 사용자가 기업의 최신 제품 업데이트 목록을 받는 데 동의하면 구독 확인을 요청하는 이메일을 받게 된다. 사용자가 전자 메일의 링크를 클릭하면 전자 메일 서비스 공급자가 작업을 기록한다. 이 기록을 통해 구독자는 각 구독자의 동의 기간과 그들이 채택한 형식을 확인할 수 있다.

GDPR은 구독 사업의 디지털 전환의 중대한 도약이다. GDPR은 구독 기업에 많은 제약을 가하는 것처럼 보이지만 실제로는 더 높은 투명성을 요구하기 때문에 구독 사업의 평판을 높이고 고객의 평생 가치를 높인다. 분명히 GDPR 준수를 달성하기 위해 적시에 조치를 취하는 구독 기업은 구독 시장의 성장과 발전으로 인한 기회를 더 잘 파악할 수 있다.

15.6 자동 갱신

자동 리뉴얼은 구독 기업과 소비자에게 윈윈(win-win)이다. 소비자의 경우 자동 갱신 및 결제는 시간과 비용을 절약하고 기업의 경우 예측 결과를 더 좋게 만들고 사용자 보유율을 높일 수 있다. 자동 리뉴얼은 구독 모델의 핵심 프로세스라고 할 수 있으며 매우 중요하다.

버치박스, 이하모니, 노턴라이프락 등은 자동갱신으로 소송에 휘말린 바 있다.

eHarmony는 런칭 이후 꾸준히 인기 있는 데이트 사이트이다. eHarmony 가입은 무료이지만, 고급 기능을 얻기 위해서는 유료 구독으로 업그레이드해야 한다. 유료 구독은 사용자가 자신의 개인 정보를 열람한 사람을 볼 수 있게 하며, 메시지와 사진을 무제한으로 보내고, 일치하는 데이트 상대를 더 많이 연락할 수 있게 한다.

eHarmony에는 세 가지 구독 모드가 있다.

▶6개월 기준 구독, 월 59.95달러

▶12개월 기준 구독, 월 49.95달러

▶24개월 표준 구독, 월 39.95달러

2018년 eHarmony는 소비자 소송 문제를 해결하기 위해 128만 달러를 지불했다. eHarmony는 자동 갱신 구독료를 충분히 설명하지 않았고, 고객에게 계약을 제공하지 않았으며, 고객의 구독 취소 권리를 설명하지 않았기 때문이다. 2012년 3월 10일~2016년 12월 13일 자동 청구된 구독료를 지불한 캘리포니아 고객에게 eHarmony는 추가로 100만 달러의 배상금을 지불했다. 당시 검찰은 구독업무가 보편화되면서 소비자가 자신의 권리를 명확히 알아야 하고, 구독업체는 자신이 낸 구독료와 보유권, 기업이 돈을 받는 빈도를 명확히 알 수 있도록 해야 한다고 주장했다.

2019년 4월 미국 연방거래위원회는 샌프란시스코의 식품 구독 회사 UrthBox 및 그 책임자인 Behnami와 회사가 '무료 테스트'의 핵심 조항을 완전히 공개하지 못한 것에 대해 합의했다고 발표하였다. 어스박스(UrthBox)는 시범 혜택에 속은 소비자에게 보상하기 위해 미국 연방 무역 위원회에 10만 달러를 지불하였다.

2016년 10월부터 2017년 11월까지 어스박스는 소비자에게 배송비와 수수료를 상징적으로 부과하는 간식 상자의 '무료 테스트'를 제공하였다. 그러나 결제할 때 소비자는 계획된 구독 날짜 이전에 소비자가 취소하지 않는 한 77달러부터 269달러의 비용으로 6개월 스낵 박스를 자동으로 구독한다. 미국 연방거래위원회는 어스박스가 미국 연방거래위원회 법안 제5조를 위반했고, '무료' 스낵박스 견적의 핵심 조항을 공개하지 않았으며, '온라인 쇼핑객 신뢰 회복법'을 위반했으며, 중요한 조항을 충분히 공개하지 못했다고 주장했다.

캘리포니아, 컬럼비아, 버지니아, 버몬트 등 여러 지방 정부가 자동 갱신 관련 법률을 제정했다.

우선 자동갱신을 기반으로 상품이나 서비스를 판매하는 기업은 계약의 자동갱신 조항과 취소 절차를 명확히 공개해야 한다.

둘째, 기업이 자동 갱신 혜택을 제공하는 경우 초기 기간은 12개월 이상, 자동 갱신 기간은 1개월 이상이며 기업은 첫 해가 끝날 때 사용자에게 통지를 보내고 그 후 매년 발송해야 하며 메일, 이메일, 문자 메시지 또는 모바일 앱을 통해 사용자에게 알려야 한다. 통지는 사용자가 취소하지 않는 한 계약이 자동으로 갱신되고 자동 갱신 기간 동안 상품 또는 서비스 비용, 사용자의 서비스 취소 기한 및 자동 갱신 취소 방법 단계를 명확하게 공개해야 한다.

마지막으로 기업이 갱신 기간이 1개월 이상인 유료 구독자에게 무료 시범 서비스를 제공하는 경우 기업은 시범 기간 만료 1~7일 전에 사용자에게 계약이 자동으로 갱신됨을 통지하고 사용자에게 요금을 부과하기 전에 자동 갱신에 대한 사용자의 확인을 받아야 한다. 기업이 무료 시용에 대한 사용자의 동의를 얻었더라도 자동 갱신에 대한 사용자의 동의는 별도로 받아야 한다.

각 주의 구체적인 법률은 다음과 같다.

(1) 버몬트 주

2019년 7월 1일부터이다. 초기 기간이 1년 이상인 구독 또는 계약의 경우 갱신 기간이 1개월을 초과하는 경우 기업은 자동 갱신 조항을 명확하게 설명하고 굵게 표시해야 한다. 더 중요한 것은 버몬트 법률이 기업이 소비자의 동의를 얻을 때 소비자는 구독 계약을 긍정적으로 선택하고 특정 자동 갱신 조항을 개별적으로 선택해야 한다는 것이다. 기업은 또한 소비자에게 구독이나 계약을 취소할 수 있는 쉬운 방법을 제공하고, 자동 갱신 30~60일 전에 소비자에게 알림을 보내야 한다.

(2) 컬럼비아 특별구

2019년 3월 13일 콜롬비아 특별구의 '2018년 자동 업데이트 보호법'이 발효되었다. 새 법률에 따르면 기업은 무료 테스트 혜택에 대해 소비자와 자동 갱신 계약을 체결하기 전에 소비자의 동의를 얻어야 한다. 또한 기업은 무료 평가판 만료 1~7일 전에 소비자에게 자동 갱신 통지를 해야 하며, 이 사실을 명확하게 공개해야 한다. 자동갱신 초기기간이 1년 이상인 계약의 경우 기업은 갱신 30~60일 전에 소비자에게 통지서를 발송해야 하며, 통지서에는 갱신 기간 내 상품 또는 서비스 비용 및 취소 기한 등이 명확하게 명시되어야 한다.

(3) 노스다코타 주

2019년 7월 31일부터 기업은 자동 갱신 약관 및 취소 방법에 대한 정보를 명확하게 설명해야 하며(소비자가 보유할 수 있도록 이메일로 제공), 경제적이고 시기적절하며 간단한 구독 취소 방법을 제공해야 한다(위의 확인에서 설명해야 함). 초기 기간 후 6개월 이상 갱신된 구독의 경우 기업은 현재 구독이 만료되기 30~60일 전에 소비자에게 명확한 서면 통지를 해야 한다. 자동 갱신 약관의 주요 변경에 대해 기업은 소비자에게 명확하고 명백한 주요 변경 및 취소 옵션에 대한 통지를 제공해야 한다.

제16장 7가지 프로세스

구독업체는 다른 전통업체와 다른 점이 많고, 이면에는 운영 논리가 전혀 다르다. 구독 업체는 고객과의 장기 계약을 판매했고 지속적인 현금 흐름을 받았다. 비즈니스 프로세스, 재무 시스템, 결제 시스템에 이르기까지 구독 기업은 모두 새로운 것을 가지고 있다.

구독 기업은 구독 서비스를 한 부 팔아야 비로소 진정한 판매 업무를 시작할 수 있다. 신규 구독자 수, 신규 구독 금액 등으로 따질 게 아니라 구독자가 얼마나 고객을 붙잡고 있는지, 구독자 수 기반이 얼마나 되는지, 중복 구독 수입이 얼마나 되는지 등을 따져봐야 한다는 의미이다. 따라서 고객 보유율은 구독 기업을 측정하는 가장 중요한 지표이다. 성공적인 구독 기업을 만들려면 처음부터 이 지표를 중심으로 고객 마케팅 및 커뮤니케이션 전략을 구축하고 고객 충성도를 높이며 고객 이탈률을 줄여야 한다.

구독 기업은 처음부터 끝까지 고객의 요구에 신속하게 대응해야 한다. 구독 기업은 도매상, 소매상, 티몰, 징동 등 플랫폼을 통해 판매하지 않고 고객을 직접 상대해야 한다. 따라서 구독 기업은 고객 데이터를 저장하고 고객 커뮤니케이션을 수행하며 고객의 청구서와 수입 및 지출 프로세스를 지속적으로 처리해야 한다.

많은 구독업체들의 실패는 패러다임의 문제가 아니라 처음부터 대승적 계획을 제대로 세우지 못했기 때문이다. 다음 7가지 주요 절차(28단계 포함)는 창업자가 배울 가치가 있으며 맹목적인 조치들을 피할 수 있다.

16.1 프로세스 1 : 구독 모델 구축

구독업체를 운영하기 전에 제품과 서비스를 어떻게 설계할 것인지, 기업의 가치 주장은 무엇인지, 구독 서비스의 가격은 어떻게 책정할 것인지, 어떤 지불 방식을 채택할 것인지 등을 고민해 볼 필요가 있다.

16.1.1 단계 1 : 기업 업무가 구독 모델을 채택하기에 적합한지 여부 보기

대부분의 제품이나 서비스는 음악·동영상·소설부터 신선식품·화장품·자동차까지 구독 모델로 작동한다. 그러나 많은 전통 산업의 경우 많은 사람들이 구독 모델을 채택하는 것이 적절한지, 어떻게 적용해야 하는지 잘 모른다.

10년 전까지만 해도 구독경제가 자동차와 교집합할 것이라고 예상하지 못했던 자동차산업 종사자들은 Zipcar의 구독서비스가 갑자기 생겨나면서 자동차산업에 큰 영향을 미쳤다. 잠시 동안 자동차의 소유권이 덜 중요해졌고, 많은 사람들이 자동차 구독 서비스를 시도하여 언제든지 다양한 자동차를 이용할 수 있게 되었다.

물론 일부 제품 및 서비스는 구독 모델에 적합하지 않다. 그래서 시도하기 전에 우리 제품이 구독 모델을 채택하면 더 매력적일 수 있을까라는 질문을 분명히 해야 한다.

16.1.2 단계 2 : 구독 기업의 가치 주장을 명확하게 기술

일단 구독 서비스를 시작하기로 결정했으면 가치 제안을 명확하게 설명해야 한다. 가치 주장은 고객이 어떤 요구를 충족시키고 어떤 문제를 해결할 수 있는지 등 기업이 고객에게 제공할 수 있는 가치이다. 가치 주장은 매우 중요하며, 가치 주장이 명확하고 강력할수록 구독 기업의 성공 가능성이 높아진다.

Zipcar이용자는 언제든지 가입 → 요금 납부 → 필요에 따른 자동차 구독 등 매우 편리한 방식으로 렌터카를 이용할 수 있다. 따라서 자동차 소유에 대한 고민을 털어내고 이동의 편리함을 만끽해야 한다는 게 Zipcar의 주장이다. 정체와 주차난에 시달리는 많은 도시민들에게 이 가치 주장은 매력적이다.

영국 영화관 체인 Cineworld 월 18.9파운드의 월정액으로 무제한 영화 구독 서비스를 제공한다. Cineworld의 가치 주장은 영화를 보고 싶은 만큼 보고, 비용 걱정은 없다거나 영화를 많이 볼수록 싸다는 식으로 묘사할 수 있다.

매력적인 가치 주장을 하려면 구독 서비스가 사용자에게 제공할 수 있는 이점을 먼저 파악해야 한다. 일반적으로 사용자가 구독 서비스에서 얻을 수 있는 이점은 주로 편리함, 저렴함, 간편함, 놀라움 등이 있으며, 예를 들어 Zipcar의 구독자에게는 편리함, 저렴함, 간편함이 주요 이점이다.

16.1.3 단계 3 : 청구법

구독자는 구독 서비스를 어떻게 이용할까? 이것은 가격 책정 전략에 어떤 영향을 미칠까?

실제 제품의 경우 이는 매우 간단하며 사용자가 제품을 많이 소비할수록 더 많은 비용을 청구한다. 그러나 가상 제품의 경우 좀 복잡하다.

6가지 구독 청구 방법은 〈표 16-1〉에 나와 있다.

〈표 16-1〉 구독 청구 방법

요금계산방식	구체적으로 설명	사례
물량	사용자가 구매한 제품의 수량에 따라 요금을 계산	Dollar Shave Club
사용량	사용자의 사용 횟수에 따라 요금을 계산	Zipcar
계층적 패턴	일련의 다른 서비스 팩	소프트웨어 산업
사용자 수	서비스를 이용하는 사용자 수에 따라 요금이 부과	Salesforce
무한	고정요율, 콘텐츠 접근 무제한	넷플릭스, 소리발, Cups Tel Aviv
혼합	몇 가지 방식을 믹스매치	텔레콤 업체

구체적으로 어떤 방법을 사용하는지는 고정된 전략이 없으며, 이는 기업의 비즈니스 모델, 제품 또는 서비스 유형에 따라 달라지며 기업의 목표와 전략도 고려해야 한다.결정을 내리기 전에 최소한 두 가지 중요한 측면을 고려해야 한다. 하나는 제품 또는 서비스의 가변 비용을 포함하는 비용 구조이고 다른 하나는 시장 경쟁, 즉 경쟁 우위를 확보할 수 있는지 여부이다.

16.1.4 단계 4 : 가격 전략 수립

어떻게 해야만 시장 경쟁에서 고객을 유치할 수 있을까? 어떻게 다른 세분화된 고객에 대해 다른 가격 범위를 결정할까?

기업이 일회성 판매 제품과 주기 구독 제품을 모두 가지고 있는 경우 두 가격 간의 관계를 고려해야 하는 일반적인 가격 전략이다. 예를 들어 신문을 한 장씩 한 번에 살 수도 있고 매달 구독할 수도 있다면 구독은 일반적으로 개별 구매에 비해 할인율이 높아야 한다.

또 다른 일반적인 가격 전략은 일부 제품이나 서비스를 무료로 제공하고 더 높은 수준의 부가가치 비용을 부과하는 것인데, 이른바 '무료 부가가치 모델'로 드롭박스가 대표적인 사례이다. 드롭박스 가입자는 2G 무료 저장공간을 제공받지만 더 많은 저장공간을 얻으려면 추가 비용을 내야 한다.

세분화된 그룹에 따라 다양한 구독 서비스 패키지를 제공할 수 있다. e북 구독 사이트인 북번은 학생층과 기업에 위치하는 두 가지 다른 서비스를 제공하고 있으며, 두 서비스는 서로 다른 콘텐츠를 제공하며 가격도 다르다.

글로벌 구독업체들은 국가 간 차별성도 고려해야 한다. 글로벌 균일가도 하나의 선택이지만 국가별로 구독료를 다르게 책정하는 것이 더 적절하다.

16.1.5 단계 5 : 서브스크립션 패키지 설계

이 단계의 설계는 이전의 과금 방식과 가격 전략을 기반으로 한다. 예를 들어, 계층 과금 모델을 채택할 때 계층에 따라 구독 서비스 패키지를 다르게 설계해야 한다.

Spotify의 구독 서비스는 무료와 유료 두 가지 유형으로 구분된다. Spotify 는 계층적 유료와 무료 부가가치 모델을 결합하고 첫 번째 계층은 무료이며 더 많은 사용자가 스트리밍 음악 서비스를 경험하도록 유치하고 일부 무료 사용자를 유료 사용자로 전환하는 것을 목표로 한다.

아무리 설계해도 구독 서비스의 단순성은 반드시 유지되어야 하며, 특히 기업 창업 초기에 유지되어야 한다. 기업이 발전함에 따라 점차적으로 일부 새로운 구독 서비스 콘텐츠를 추가할 수 있다.

16.1.6 단계 6 : 구독 주기 설계

월별, 분기별, 연별 구독인가? 고객에게 옵션을 하나인지 아니면 여러 옵 션을 주는지요?

일반적으로 많은 창업자들이 1년, 2년 등 비교적 긴 구독 주기를 선호한 다. 기업의 경우 더 안정적인 비즈니스와 더 나은 현금 흐름을 가질 수 있지 만 고객에게는 이것이 위험하기 때문이다. 고객은 언제든지 구독을 취소할 수 있어야 하며, 자율성을 확보할 수 있어야 한다. 그래서 많은 성공적인 구 독 기업들은 보통 한 달이라는 짧은 구독 주기를 제공한다.

그러나 콘텐츠 구독의 일회성 비용이 너무 높다면 더 긴 구독 주기를 선 택할 수 있다. 고객은 낮은 구독료만 내면 고부가가치 서비스를 받을 수 있 기 때문에 더 긴 구독 주기를 원할 수도 있다.

고객에게 다양한 구독 주기를 제공하여 선택할 수 있지만 구독 주기가 길 면 더 큰 할인을 받을 수 있으므로, 고객이 더 긴 구독 주기를 선택하도록 장려할 수도 있다.

구독 주기를 어떻게 설계하든 기업의 목표는 고객의 평생 가치를 극대화 하는 것이며 이는 창업자의 경험에 의해 정해질 것이다.

16.1.7 단계 7 : 구독 가격 설정

구독 가격을 설정할 때 창업자는 일반적으로 이윤을 얻기 위해 돈을 받는 방법을 먼저 고려한 다음 비용과 이익을 계산하여 가격을 결정하는 가격 책 정 방식을 '원가 가산 가격 책정 방법'이라고 한다.

그러나 더 나은 고려 사항은 고객이 구독 서비스의 가치가 어느 정도라고 생각하는지 명확히 하고 그에 따라 구독 가격을 설정하는 것을 '목표 가격 책정법'이라고 한다. 고객의 지불의향뿐만 아니라 경쟁자의 가격도 고려해야 하므로 경쟁자보다 더 매력적이다.

16.1.8 단계 8 : 지불 방식 확정

외국에서는 신용카드로 구독료를 지불하는 것이 일반적이지만, 외국에서 는 신용카드의 보급률이 매우 높기 때문에 국내 고객은 알리페이나 위챗페 이와 같은 제3자 결제 채널을 우선시해야 한다.

다만 대상 사용자가 기업이나 정부 등 기관인 구독업체의 경우 수표 · 어 음 등 전통적인 기업의 고액 결제 방식을 지원하고 영수증 발급도 편리하게 할 수 있어야 한다.

일부 국가에서는 특히 동남아시아의 일부 신용 카드 및 모바일 결제가 발 달하지 않은 국가에서는 체크 카드 및 텔레그램 원천징수 방법을 고려해야 한다.

16.1.9 단계 9 : 청구서 생성 프로세스와 독촉 프로세스 명확화

어떻게 고객에게 청구서를 보낼 수 있습니까? 청구서는 언제 발송됩니까? 만약 고객이 제때 지불하지 않으면 어떻게 지불을 독촉합니까? 이런 일들은 번거롭지만 매우 중요하며 구독업체가 반드시 처리해야 할 업무 내용이다.

미리 청구서를 보내드릴까요, 아니면 가입자가 구독 내용을 받은 후에 청 구서를 보내드릴까요? 청구서를 미리 보내면 구독 종료 며칠 전에 고객을 초대해서 갱신해야 하나요? 고객은 청구서를 받은 후에 구독 서비스를 받을 수 있습니까? 아니면 반드시 결제가 완료된 후에만 구독 서비스를 이용할 수 있습니까? 이 문제들은 모두 잘 고려해야 한다.

고객 결제가 실패할 경우 기업은 사용자에게 알림 시간과 방법, 언제 구독 서비스를 종료해야 하는지 결정해야 한다.

신용카드를 사용하여 결제하는 고객들은 신용카드기간 만료 문제를 겪을 것이다. 카드 유효기간이 있어 카드를 분실하거나 바꾸기도 한다. 이 때문에 카드 결제자가 많을 경우 업체들은 미리 절차를 밟아 대비해야 한다.

16.1.10 단계 10 : 구독 계약 조건 작성

구독계약 조항은 일반적으로 서비스 이용약관, 사생활 보호 조례, 지급 · 송장, 구독 취소 정책, 계약 위반 시 감수해야 할 결과 등을 담아야 한다.

계약에서 고객에게 더 높은 유연성을 제공하기 위해 고객은 구독 서비스를 취소, 업그레이드 또는 다운그레이드하거나 구독 서비스를 중단할 수 있다. 구독 기업은 사용자가 계속 구독할 수 있도록 가능한 한 사용자를 유치해야 한다.

16.2 프로세스 2 : 구독 시스템 구축

모든 사항이 계획되면 구독 관리, 판매 및 결제, 마케팅 프로모션 등 비즈니스 운영을 지원하기 위한 완벽한 구독 시스템이 필요하다.

16.2.1 단계 11 : 제품, 사용자 및 청구서를 관리하기 위해 구독 관리 시스템을 사용

구독 관리 시스템은 구독 서비스 관리, 고객 데이터 저장 등의 역할을 한다.

많은 기업들이 이미 ERP 시스템이나 회계 관리 시스템을 가지고 있어 사용자 청구서를 관리하고 있다. 하지만 이것만으로는 충분하지 않다. 전통적인 ERP 시스템과 회계 관리 시스템은 구독 업무를 처리할 수 없다. 업무량이 적고 수작업으로 장부를 기입할 수 있는 경우가 아니라면 반드시 구독 관리 시스템을 갖추고 있어야 한다.

구독 관리 시스템의 핵심 기능은 구독 서비스 생성 및 관리, 고객 정보 입력 및 관리, 고객 청구서 기록 및 관리 등 3가지이다.

어떻게 구독 관리 시스템을 얻을 수 있을까? IT 능력이 뛰어나면 스스로 개발할 수도 있고, 전문 기관을 찾아 맞춤형으로 개발하거나 성숙한 구독 관리 시스템을 구입할 수도 있다. 전문 기관으로는 조루이, 리컬리, 스프레드리, SaaSy 등이 있다.

자체 개발 시스템의 장점은 시스템과 업무의 정합도가 매우 높고 운영이 효율적이며 유지 관리가 편리하다는 것이다. 단점은 비용이 많이 들고 최신 구독경제 트렌드를 반드시 따라갈 수 없다는 점이다.

기존의 구독 관리 시스템은 일반적으로 클라우드 모델을 채택하여 사용이 매우 편리하고 네트워크만 연결하면 되며 초기 비용도 매우 낮지만 시스템이 기업 비즈니스와 일치하는지 여부에 주의해야 한다. 또한 일부 시스템은 구독 점수를 받는데, 이렇게 하면 뒤로 갈수록 비용이 높아진다.

16.2.2 단계 12 : 쇼핑 시스템을 이용한 고객 편의 제공

고객이 구독 서비스를 구매하려면 먼저 주문을 하고 신용카드나 제3자 결제로 결제해야 하는데, 이를 위해서는 주문과 결제가 자동으로 처리되는 시스템이 필요하다. 쇼피파이, 마젠토, 프레스탑 등에서는 이러한 쇼핑 시스템을 제공할 수 있다.

어떤 쇼핑 시스템을 사용하든, 우리는 전체 결제 프로세스가 최대한 편리하고 간단하도록 보장하는 것이 매우 중요하다. 결제 과정에서 문제가 생기거나 번거로움이 생기면 기업들이 주문을 많이 잃어버리기 때문이다. 등록부터 결제까지 절차를 꼼꼼히 설계하고 문제가 없도록 엄격하게 테스트해야 한다.

16.2.3 단계 13 : 적절한 마케팅 도구를 사용하여 고객 확보

대부분의 구독 관리 시스템은 매우 제한된 마케팅 기능만 제공하기 때문에 하나의 CRM 시스템이나 마케팅 자동화 시스템이 필요하다. 성공적인 구독 기업은 신규 구독자와 기존 구독자를 동시에 관리할 수 있는 다단계 마케팅 채널과 떼려야 뗄 수 없는 관계이다.

가장 간단한 메일 마케팅 시스템, 확장 가능한 CRM 시스템, 고급 고객 관계 관리 시스템 등 시중에 나와 있는 마케팅 도구는 매우 다양하다.

16.2.4 단계 14 : 구독 관리 시스템과 다른 시스템을 유기적으로 통합

구독 관리 시스템, 결제 시스템, 마케팅 도구를 선택한 후 데이터 상호 연결을 보장하기 위해 이러한 시스템을 원활하게 통합해야 한다. 신용카드로 결제할 경우 카드 결제 게이트웨이를 결제 시스템에 통합해야 합니다.

구독 관리 시스템과 ERP 시스템 간에도 매일 구독 수입 데이터를 수동으로 가져오거나 내보낼 필요가 없도록 통합해야 한다.

16.3 프로세스 3 : 사용자 확보

시스템이 구축되었으니 이제 구독 서비스를 시장에 출시해야 한다. 이때 우리는 구독 서비스를 효과적으로 홍보하기 위한 전략과 계획을 가지고 있는 사용자가 있어야 한다.

16.3.1 단계 15 : 고객 확보 전략 수립

고객 확보는 전략 수립, 구현, 평가 및 개선의 순환 흐름인 지속적인 프로세스이다.

우선 고객 세분화와 포지셔닝을 진행해야 합니다. 고객의 연령, 성별, 소득, 소비습관, 취미, 생활습관 등에 따라 다양한 유형의 고객을 세분화한 후 맞춤형 마케팅을 진행한다. 일반적으로 고객이 개인 소비자인지 기관인지 구별해야 하며 개인 소비자의 의사 결정은 비교적 간단하지만 기관 소비자의 의사 결정 사슬이 길기 때문에 완전히 다른 홍보 전략이 필요하다.

둘째, 콜드 스타트 방법, 첫 번째 신규 사용자 유치 방법, 잠재 고객에게 구독 서비스를 시도하도록 유인하기 위해 어떤 인센티브를 제공해야 하는지 고민해야 한다. 가장 이상적인 시나리오는 물론 가치 주장이 매우 매력적이어서 많은 신규 고객을 유치하기 위한 노력이 거의 필요하지 않지만 대부분의 경우 추가 인센티브를 제공해야 한다.

가장 흔한 방법은 첫 달 무료 체험인데, 이는 넷플릭스나 스포티지와 같은 성공적인 구독업체들이 이미 검증한 효과적인 전략이다. 대부분의 고객은 체험 후 만족하면 유료 구독자가 된다.

16.3.2 단계 16 : 마케팅 활동 전개

구독 사업을 할 때 가장 중요한 업무는 시간과 자원을 집중하여 신규 사용자를 확보하고 마케팅 활동을 신중하게 계획하고 지속적으로 평가하는 것이다.

마케팅 활동에는 얼마나 많은 구독자를 확보하고, 어떤 마케팅 채널을 통해 사용자와 접촉하며, 각 사용자의 비용 예산을 얼마나 확보해야 하는지 명확한 목표가 있어야 한다.

목표와 예산에 따라 상세한 마케팅 활동을 계획하면 어떤 자원을 투자해야 하는지, 마케팅 홍보의 전반적인 효과를 평가하고, 다양한 마케팅 채널의 차이를 파악하는 데 도움이 될 수 있다.

마케팅 활동의 핵심은 올바른 마케팅 채널을 선택하는 것이다. 마케팅 채널은 소셜 미디어, 홍보 등을 통해 직접 고객과 접촉하거나 소매업체 또는 유통업체를 통해 간접적으로 고객과 접촉할 수 있다. 대부분의 구독 기업은 주로 직접 마케팅 채널에 의존하는데, 구독 모델의 본질은 중간 단계를 건너뛰고 고객을 직접 접촉하는 것이기 때문이다.

직접 판매하는 방식과 수단은 다양하며, 회사 판매팀, 메일, 바이두 입찰 순위, TV 광고, 소셜 미디어 등을 통해 판매될 수 있다. 제품과 고객에 따라 구독 회사는 다른 홍보 방법을 선택한 다음 가장 적합한 방법을 결정하기 위해 지속적으로 테스트해야 한다.

간과하기 쉬운 또 다른 채널이 있는데, 바로 기존 고객이다. 기존 고객이 입소문을 퍼뜨리고 소개하도록 장려할 수 있다면 전환율이 매우 높고 비용이 저렴할 것이다. 드롭박스의 경우 기존 가입자가 신규 가입자를 추천하면 500MB의 무료 저장공간을 제공받을 수 있는 드랍박스의 마케팅이 성공적이었다. 또한 소개 전환은 신규 사용자뿐만 아니라 기존 고객의 충성도를 높일 수 있다.

16.3.3 단계 17 : 여러 마케팅 채널 관리

동시에 여러 마케팅 채널을 통해 마케팅 활동을 수행하는데 어느 마케팅 채널이 사용자를 더 많이 데려왔을까? 어느 마케팅 채널의 전환율이 높을까? 이때 각 채널의 마케팅 상황을 정확하게 추적할 수 있는 마케팅 채널 관리 도구를 구축할 필요가 있다. 소규모 활동은 엑셀 양식을 활용할 수 있지만 대규모 마케팅 활동이 있다면 성숙한 소프트웨어 시스템을 선택하는 것이 좋다.

어떤 마케팅 채널을 사용하든 각 부서에서 마케팅 의식을 함양하고 전 직원 마케팅 시스템을 구축해야 한다.

16.4 프로세스 4 : 고객 보존

고객 유지는 구독 기업이 고려해야 할 가장 중요한 문제 중 하나이며, 높은 고객 유보율을 가진 구독 기업만이 성공할 수 있다.

A기업: 월별 고객 보유율은 90%이며, 매월 1,000개의 신규 구독 판매가 있으며, 1년 후 총 구독 수는 7,200개이다.

B기업: 월별 고객 보유율은 80%이며, B기업이 A기업과 동일한 총 구독 수를 달성하려면 매월 1550개의 신규 구독이 있어야 한다. 다시 말해 10%의 고객 유지율 차이로 인해 B업체는 매달 55%의 구독 서비스를 더 판매해야 A업체 수준에 도달할 수 있다.

작은 고객 보유율 차이도 큰 영향을 미친다는 것을 알 수 있다. 따라서 구독 기업은 고객 보유율을 높이기 위해 많은 시간과 노력을 기울여야 한다.

16.4.1 단계 18 : 고객 서비스 잘하기

우선 고객과의 소통이 잘 되어 만족스러운 고객 서비스를 제공해야 한다. 고품질의 고객 서비스는 고객 충성도를 확립하고 고객 보유율을 높이는 핵심이다. 기대 이상의 고객 경험을 구독자에게 제공하면 고객 만족도가 높아져 구독자가 계속 구독할 수 있다.

한 가지 중요한 측면은 구독 서비스 중단, 주소 수정, 서비스 업그레이드 또는 다운그레이드, 구독 취소 등 자신의 구독을 관리할 수 있도록 하는 것이다. 본질적으로 구독은 고객과 회사 간의 지속적인 관계이다. 구독자는 때때로 상황에 따라 자신의 구독 서비스를 조정해야 한다. 따라서 구독 기업은 고객에게 변화의 자유를 주어야 한다.

둘째, 고객이 언제든지 문제를 반영할 수 있도록 메일, 전화, 위챗, QQ, 웹 채팅 등과 같은 다양한 커뮤니케이션 방법을 구독자에게 제공해야 하며 기업은 고객의 피드백을 적시에 처리해야 한다. 시기적절한 피드백은 매우 중요하며, 고객의 문제가 일시적으로 해결되지 않더라도 고객에게 설명해야 한다. 고객 피드백이 시기적절할수록 사용자의 신뢰도는 높아진다.

대부분의 고객이 반영하는 문제는 비교적 쉽게 해결할 수 있지만 일부 피드백은 제품에 대한 고객의 불만과 불만을 포함할 수 있으며 기업은 반드시 고객 서비스를 통해 이러한 문제를 적절하게 해결해야 한다.

미국의 한 은행에 대한 연구에 따르면 고객의 55%는 불평한 적이 없으며 89%는 은행 서비스를 친지에게 추천하고 나머지 45%의 고객 중 55%는 은행에서 긍정적인 피드백을 받았으며 91%는 여전히 은행 서비스를 친지에게 추천한다. 이 연구는 기업이 고객 불만을 적절하게 처리할 수 있다면 오히려 고객 충성도를 높일 수 있음을 보여주며 동시에 사용자가 불만을 쉽게 발생시킬 수 있음을 보여준다. 구독 기업에 있어서, 이 연구는 참고할만 하고 시사하는 바가 크다.

16.4.2 단계 19 : 고객 충성도 관리 중시

구독 비즈니스에서 적절한 제품과 서비스를 제공하고 합리적인 가격을 선택하며 최상의 고객 서비스를 제공하는 것은 고객의 플랫폼 체류 기간을 연장하는 데 도움이 된다. 하지만 이 정도로는 부족하다. 구독 기업은 고객 충성도를 높이기 위해 더 많은 조치를 취해야 한다.

간단히 말해서, 고객 충성도 관리는 고객에게 다양한 인센티브, 혜택 등을 제공함으로써 고객의 충성도와 만족도를 높여 고객의 평생 가치를 높이는 것이다. 항공, 소매 및 기타 산업은 이미 매우 성숙한 고객 충성도 관리 관행을 가지고 있으며 구독 회사는 이러한 기업의 경험을 배울 수 있다.

포인트 정책, 권익 정책 등 두 가지 방법으로 고객 충성도를 관리할 수 있다.

마일리지 정책은 항공 마일리지, 신용카드 포인트와 유사하며 구독자가 구매하거나 갱신할 때마다 해당 포인트를 받을 수 있다. 포인트는 신제품을 구매하거나 할인을 받는 데 사용할 수 있다. 고객이 많이 소비하고 오래 사용할수록 더 많은 포인트를 획득하도록 설계할 수도 있다. 비누, 향수, 뷰티 케어 제품 등을 구독 방식으로 판매하는 구독업체 센티는 사용자가 1달러당 1포인트를 적립해 주는 마일리지 프로그램을 선보였다.

권익 정책은 사용자에게 회사 제품 또는 다른 회사와 협력하여 제공하는 특권인 일부 독점적 권리를 제공하는 것이다. 권익 정책은 신문 산업에서 매우 보편적이어서 구독량을 효과적으로 늘릴 수 있다. 영국 일간 텔레그래프는 구독자에게 구독자 특권 카드를 발급하고, 카드 소지자는 소매 · 음식점 등 파트너 혜택을 많이 받고, 골프클럽 · 뷰티클럽 등에 가입할 수 있도록 하는 권익정책을 폈다.

어떤 고객 충성도 관리 방법을 사용하든 기업은 고객에게 독특하고 매력적인 무언가를 제공해야 한다. 포인트를 이용해 교환하는 물품, 전속권익 등이 특별하지 않으면 구독자에 대한 매력을 잃어 고객 충성도 관리에 실패할 수 있다.

16.4.3 단계 20 : 고객 대화 메커니즘 구축

고객과 자주 소통하면 고객과 좋은 관계를 효과적으로 구축할 수 있다. 따라서 고객 대화 메커니즘의 구축은 메일, 전화, 위챗, 웨이보, 틱톡 및 기타 채널을 사용하여 고객의 참여를 심화시킬 수 있다. 그러나 현재 대부분의 기업은 웨이보와 위챗, 특히 위챗 공식 계정과 친구 커뮤니티를 위주로 한다.

우선 구독업체는 신규 가입자를 대상으로 특별대화를 해야 한다. 신규 사용자는 기존 사용자만큼 구독 서비스에 익숙하지 않으며 구독 제품을 더 잘 사용하기 위해 특별한 지원과 도움이 필요할 수 있다. 또한 처음 몇 개월은 사용자 보존에 매우 중요하다. 무료체험을 통해 단기간에 신규 가입자를 확보할 수도 있지만, 신규 가입자에게 인정받고 유료로 구독하기 위해서는 구독 서비스의 가치를 알려줘야 한다. 신규 사용자와의 원활한 커뮤니케이션은 무료 체험 사용자를 유료 구독 사용자로 효과적으로 전환할 수 있다.

글로벌 선도 CRM 소프트웨어 기업 세일즈포스는 포괄적인 새로운 사용자 환영 프로세스를 만들었다. 신규 사용자는 등록 및 무료 테스트 기회를 얻은 후 운영 안내 비디오가 포함된 일련의 이메일을 받게 되며, 이러한 비디오는 신규 사용자가 플랫폼의 다양한 기능과 특성을 빠르게 숙지하고 유료 사용자로의 전환을 촉진할 수 있도록 도와준다.

다음으로, 모든 고객과 지속적으로 소통하고, 사용자에게 제품의 새로운 특징을 알리고, 사용 지침을 제공하는 것이다. 가장 쉬운 방법은 모든 사용자 그룹에 이메일을 보내거나 웹사이트, 위챗 공식 계정에 정보를 게시하는 것이다. 그러나 고객마다 다른 커뮤니케이션을 하면 효과가 더 좋다.

넷플릭스는 세계 최고의 동영상 스트리밍 플랫폼으로 사용자와의 소통을 매우 중시한다. 넷플릭스는 사용자의 모든 영상 시청 행동을 기록한 뒤 이를 바탕으로 사용자와 개인화해 소통하고, 다양한 사용자에게 좋아할 만한 영상 콘텐츠를 추천한다.

16.4.4 단계 21 : 소셜 미디어 활용

음악 스트리밍 플랫폼 사운드트랙은 페이스북 친구가 어떤 노래를 듣고 있는지 보여주고 플레이리스트를 친구에게 공유할 수 있다.

특히 소셜 미디어를 통해 사용자와 소통하는 것은 고객 충성도를 높이고 고객 보유율을 높이는 좋은 방법이다. 우리는 모두 친구가 샀던 물건, 가족이 추천한 물건을 사고 싶어 한다. 구독자가 소셜 미디어 공유 구독 서비스를 사용하도록 장려하면 사용자가 기업의 홍보대사가 될 수 있다. 동시에 기업은 소셜 미디어를 사용하여 사용자와 소통하고 커뮤니티 구성원의 소속감을 자극하고 커뮤니티 구성원이 계속 구독할 수 있는 테마 커뮤니티를 만들 수 있다.

구독 기업은 구독 서비스를 기반으로 자체 소셜 네트워크를 만들어 구독자가 서로 소통할 수 있도록 할 수도 있다. Endomondo는 피트니스 훈련에 집중하는 구독 플랫폼으로 모든 사용자가 다른 사용자의 피트니스 계획에 관심을 갖고 도전할 수 있다. 이것은 한 사람의 피트니스 활동을 한 그룹의 사람들의 사교 활동으로 만들고 사용자가 이 커뮤니티의 일원이 되면 쉽게 떠나지 않는다.

또한 위챗, QQ 등 소셜네트워크서비스(SNS) 계정으로 로그인한 뒤 친구가 구독 서비스 이용 동향을 볼 수 있도록 지원한다. 많은 구독 회사는 종종 소셜 미디어에서 활동을 시작하고 사용자의 참여를 장려하며 소셜 플랫폼에 기업 제품 정보를 게시하여 구독 서비스에 대한 소셜 친구의 관심을 자극한다.

16.5 프로세스 5 : 단일 사용자의 소득 증대

구독 기업은 고객 유치를 잘하면서 모든 고객이 회사에 가져다주는 수익을 높일 수 있는 방법을 찾아야 한다.

단일 사용자의 소득을 높이는 일반적으로 추가 판매와 교차 판매의 두 가지 방법이 있다.

16.5.1 단계 22 : 추가 판매

맥도날드에 들어가 햄버거를 주문하면 종업원이 "감자튀김 더 드릴까요?"라고 물을 수도 있다. 이것이 바로 추가 판매의 방법, 즉 고객이 더 많이 소비하도록 하는 것이다.

한 구독업체가 서로 다른 가격의 구독상품을 여러 개 갖고 있다면 이를 추가로 판매하는 가장 대표적인 방법은 저가 구독자를 고가 구독자로 업그레이드시키는 것이다. 데이트 사이트 매치(Match)의 경우 이 회사는 고객에게 표준 구독 서비스를 먼저 판매하지만, 곧 고객은 더 많은 기능을 사용하려면 고급 구독 서비스로 업그레이드해야 한다는 것을 알게 될 것이다.

구독 제품이 팔리면 추가 제품이나 서비스를 추가하는 방법도 있는데, 신선도 구독업체인 시즌스가 그렇게 하고 있다. 사용자가 일주일 동안 야채를 구독하면 시즌스는 거의 매주 사용자의 다음 주 구독에 고품질 제품을 추가한다.

16.5.2 단계 23 : 교차판매

고객이 제품을 구독하고 장기적인 관계를 구축했기 때문에 고객에게 다른 제품을 판매하는 것이 가능하며 이것이 교차 판매이다.

Dollar Shave Club은 면도기 구독 서비스가 성공하자 제품을 확장하기로 결정했다. 그들이 먼저 추가한 제품은 면도기 오일인데, 이것은 면도기와 잘 어울린다. 이후 돌라쉐이브클럽에는 신제품 화장실 물티슈가 추가됐다. 면도기 구독을 기반으로 다른 제품들도 좋은 매출을 올리고 있다.

16.6 프로세스 6 : 유실된 사용자 복구

구독 사업을 만든다는 것은 우리가 끊임없이 새로운 사용자를 확보해야 한다는 것을 의미하며, 이 과정에서 기존 사용자가 지속적으로 이탈하게 되는데, 고객 이탈은 구독 기업의 불가피한 문제이다.

많은 사람들은 왜 제품이나 서비스에 만족하지 못하는 사람들과 소통해야 하는지 의문을 가질 수 있다. 새로운 사용자를 직접 개척하는 것이 좋지 않을까? 경험에 따르면 유실된 사용자를 만회하는 것은 사실 매우 효과적인 전략이다. 결국 기존 사용자는 구독 서비스에 대해 어느 정도 알고 있기 때문에 잠재적인 신규 사용자보다 유료 사용자로 전환하기 쉽기 때문에 고객 확보 비용이 더 저렴하다. 돌아온 기존 사용자의 평생 가치도 신규 사용자보다 높다.

16.6.1 단계 24 : 유실된 사용자 재유치

유출된 사용자를 복구하려면 일련의 프로세스가 필요하다. 첫째, 우리는 고객의 이탈 행동을 분석하여 취소의 원인과 잠재적 고객 가치를 파악해야 하며, 둘째, 어떤 조치를 취해야 하는지 명확히 하고 구체적인 일정을 제시해야 하며, 마지막으로 조치를 테스트, 평가 및 개선해야 한다.

유출된 모든 사용자가 만회할 가치가 있는 것은 아니라는 점에 유의해야 한다. 따라서 조치를 취하기 전에 손실된 사용자를 평가하고 분류하여 만회할 가치가 있는 사용자와 돌이킬 가치가 없는 사용자를 구별해야 한다.

유실 사용자는 일반적으로 다섯 가지 범주로 나눌 수 있다.

(1) 자발적으로 유실된 사용자

(2) 비자발적으로 유실된 사용자

(3) 다른 서비스에 매료된 사용자

(4) 경쟁사의 보조금에 매료된 사용자

(5) 서비스 가입자는 더 이상 필요하지 않다.

구독 기업은 다양한 사용자의 구독 중단 상황을 파악한 다음 상황에 따라 다른 고객 복구 프로세스를 설정해야 한다.

가입자가 정식으로 청약철회를 신청하면 기업은 가입자와 소통하며 청약철회 사유를 물어볼 수 있는 좋은 기회가 주어진다. 만약 사용자가 전화를 하면, 고객 서비스 직원은 상황을 정확히 물어본 후, 사용자를 붙잡을 수 있는 해결책을 제시해야 한다. 만약 사용자가 메일을 보내서 신청하거나, 셀프 구독을 취소한다면, 즉시 고객에게 전화를 걸어 사용자를 붙잡을 수 있는 방법을 찾아야 한다.

만약 사용자가 비공식적으로 신청하면, 지불을 하지 않는 등 처리가 좀 번거로울 수 있다. 이때 기업은 고객에게 직접 연락하여 고객의 불만을 해소하고 사용자에게 좋은 도움을 제공하여 사용자를 효과적으로 만회할 수 있는 방법을 찾아야 한다.

필요한 경우 사용자를 만회하기 위해 인센티브를 사용하는 것을 고려할 수 있지만, 이는 사용자의 불충실한 행동을 장려할 수도 있다. 대부분의 경우 사용자와 참을성 있게 소통하고 그들의 문제를 해결하면 그들을 남기기에 충분한다.

구독 기업의 경우 좋은 사용자 보유 메커니즘이 매우 중요하며 높은 충성도와 보유율은 고객의 평생 가치를 크게 증가시켜 구독 기업이 이익을 얻을 수 있다.

16.7 프로세스 7 : 데이터 분석

이전 프로세스가 끝나면 마지막으로 이전 프로세스에서 생성된 데이터를 지속적으로 추적 및 분석하여 지속적으로 개선한다.

구독 기업은 가장 중요한 성과 평가 지표를 명확히 해야 한다. 첫째, 전체 구독 비즈니스 모델을 명확하게 설명한 다음 구독 성과 지표(SPI)를 설정하여 비즈니스 운영을 평가하고, 둘째, SPI를 측정하고 평가하는 일상적인 프로세스를 설정하고, 마지막으로 지속적으로 개선된 기업 문화를 구축해야 한다.

16.7.1 단계 25 : 현재 구독 패턴 시각화

[그림 16-1]은 구독 모델을 알기 쉬운 그래프로 만들어 가시화한 것이다.

시각화는 명확한 성과 지표를 정의하고 분석 보고서를 작성하는 데 도움이 되며, 대상 고객과 미디어 등 구독 비즈니스를 빠르게 이해하는 데 도움이 된다.

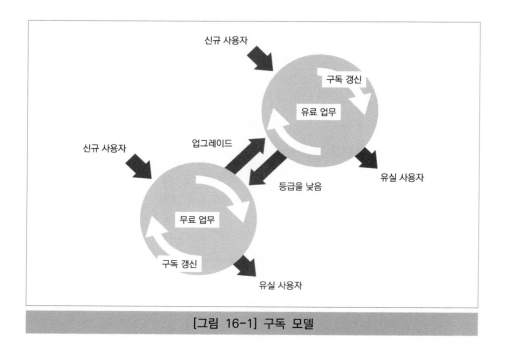

[그림 16-1] 구독 모델

16.7.2 단계 26 : 구독 업무 SPI 명확화

SPI는 어떤 행동이 효과적인지, 어떤 사항이 우선적으로 이뤄져야 하는지 알아내는 데 도움을 줄 수 있다. SPI는 일반적으로 다음과 같은 지표를 포함한다.

(1) 총 구독자 수 : 이것은 핵심 지표이다.

(2) ARPU(사용자당 평균 소득)라고도 하는 단일 구독 사용자의 평균 소득은 한 기간 동안 구독 회사가 각 사용자로부터 받는 소득이다.

(3) 신규 구독자 수 : 일반적으로 다양한 마케팅 채널 또는 다양한 마케팅 활동의 마케팅 효과를 측정하는 데 사용된다.

(4) 단일 사용자 획득 비용(Cost Per Acquisition, CPA)은 때때로 CPO(Cost Per Order, 각 획득 비용)로 표시된다.

(5) 전환율 : 등록, 시험 사용에서 유료화까지의 가입 사용자의 전환 비율입니다.

(6) 업그레이드율/다운그레이드율 : 사용자가 현재 계층에서 더 높은 계층으로 업그레이드(또는 더 낮은 계층으로 다운그레이드)되는 비율이다.

(7) 사용자 이탈률: 일정 기간 동안 전체 사용자 수에서 이탈한 사용자의 비율은 구독 기업의 가장 중요한 지표 중 하나이다.

(8) 고객 평생 가치(Customer Lifetime Value, LTV) : 가입자 이탈률과 ARPU를 결합하여 고객이 기업에 가져오는 총 수익을 계산할 수 있다. 구독업체가 수익을 내려면 LTV가 CPA보다 커야 하는데, 즉 고객한 명에게서 얻는 수익이 지불하는 비용보다 커야 한다.

이 SPI들은 모두 구독 업체와 관련이 있습니까?네, 모든 구독업체는 이러한 지표에 주목해야 한다. 다만 특정 업종의 구독업체들은 다른 SPI에도 관심을 가져야 한다. 예를 들어, 일부 기업은 순 권장 가치 지표를 사용하여 특정 고객이 다른 사람에게 구독 서비스를 추천하는 지수를 계산하여 사용자의 소개 전환 상황을 평가해야 한다.

16.7.3 단계 27 : 지속적인 데이터 추적 및 분석

SPI에 따르면 구독업체는 부서별로 다양한 데이터 보고서를 지속적으로 받아 실적을 추적할 수 있다.

성과 보고 시스템 세트를 설치해야 합니다. 첫째, 보고 빈도를 결정하고 일부 내용은 일별 보고가 필요하고 일부 내용은 주별 또는 월별 보고가 필요합니다. 둘째, SPI의 구체적인 기준을 명확하게 정의해야 한다. 예를 들어, 신규 가입자의 가입 기간은 결제일로부터 계산되나요, 아니면 구독 서비스가 시작된 날부터 계산되나요? 만약 한 사용자가 결제를 하지 않아 구독이 취소되었다가 이틀 후에 다시 구독한다면, 유출된 사용자라고 볼 수 있을까요? 이러한 문제는 상세하고 명확한 정의가 필요하다. 마지막으로 데이터 분석 도구와 시스템을 선택해야 한다. 소기업이면 그냥 엑셀로 하면 된다. 규모가 큰 기업이고 업무와 데이터가 복잡하다면 자동화 시스템을 갖춰야 한다.

16.7.4 단계 28 : 지속적인 개선 및 최적화

기업문화는 아무리 강조해도 지나치지 않을 정도로 중요하다. 이전의 모든 단계와 프로세스는 사람이 수행해야 했는데, 장기적이고 정확하게 구현하려면 강력한 기업 문화가 있어야 합니다. 그렇지 않으면 많은 프로세스와 규칙이 형식적으로 흐를 것이다.

SPI마다 구체적인 사람이 책임을 지도록 하고 책임자에게 직무 범위 내에서 권한을 부여해야 한다.

지속적으로 개선된 기업 문화를 구축하기 위해 많은 노력을 기울여야 합니다. 직원은 항상 고객 획득 비용을 줄이고 전환율을 높이며 고객 손실률을 줄이고 수입을 늘릴 수 있는 방법을 가지고 있다. 기업과 직원은 이러한 지표를 개선하고 작업 프로세스를 개선하는 방법을 지속적으로 고려하고 새로운 방법을 지속적으로 테스트해야 한다.

16.8 소결

위의 7가지 프로세스에 따라 구독 기업을 만들면 반드시 성공한다는 보장은 없지만 성공 확률은 훨씬 높아진다.

이른바 '준비 없는 싸움, 자신 없는 싸움'을 하지 않고 구독기업을 창업하려면 사전에 철저한 기획과 준비를 하고 운영의 모든 측면을 명확하게 인식해야 한다.

물론 이 절차를 엄격하게 따라야 한다는 의미는 아니다. 기업마다 상황이 다르므로 구체적인 문제를 구체적으로 분석해야 합니다. 그러나 이 7가지 프로세스와 관련된 구독 요금 전략, 구독 시스템 구축, 사용자 획득 및 사용자 보유 기술, 소득 향상 방법 등은 모두 창업자가 생각하고 배울 가치가 있는 문제이다.

이러한 참고가 있으면 구독 창업자의 성공 확률은 크게 높아진다.

번역자 소개

이 혁 진
세종대학교 경제학과 교수

장몽택 (ZHANG MENGZE)
세종대학교 경제학과 조교수

장일주(ZHAOG YIZOU)
안양대학교 글로벌대학원 특임교수

짱신단 (ZHANG XINDAN)
세종대학교 경제학과 박사 졸업

루안시(LUAN XI)
세종대학교 경제학과 박사 과정

배 기 형
세종대학교 경제학과 교수

저자와의
협의하에
인지생략

구독경제

2023년 2월 25일 1판 1쇄 인쇄
2023년 2월 28일 1판 1쇄 발행

편저자 安　　福　　双
번역자 이혁진 · 장몽택 · 장일주
　　　　짱신단 · 루안시 · 배기형
발행인 고　　성　　익

05027
발행처 서울특별시 광진구 아차산로 335 삼영빌딩
도서출판 三英社
등 록 1972년 4월 27일 제2013-21호
전 화 737-1052 · 734-8979 FAX 739-2386

ⓒ 2023. 이혁진 외　　　　　　　정가 25,000원
ISBN 978-89-445-0568-3-93320

이 책은 2022년도 세종대학교 교내연구비(미래전략 연구지원사업) 지원에 의한 책입니다
This work was supported by the faculty research fund & Sejong University in 2022